Wankel auf dem Prüfstand

Waxmann Verlag GmbH
Steinfurter Straße 555, 48159 Münster
info@waxmann.com

Cottbuser Studien
zur Geschichte von Technik, Arbeit und Umwelt

herausgegeben von Günter Bayerl

Band 28

Waxmann 2006
Münster/New York/München/Berlin

Ulrich Christoph Knapp

Wankel auf dem Prüfstand

Ursprung, Entwicklung und Niedergang
eines innovativen Motorenkonzeptes

Waxmann 2006
Münster/New York/München/Berlin

Bibliografische Informationen Der Deutschen Bibliothek
Die Deutsche Bibliothek verzeichnet diese Publikation in
der Deutschen Nationalbibliografie; detaillierte bibliografische
Daten sind im Internet über http://dnb.ddb.de abrufbar.

ISBN 3-8309-1637-X
ISSN 1430-2659

© Waxmann Verlag GmbH, 2006
Postfach 8603, D-48046 Münster
Waxmann Publishing Co.
P.O. Box 1318, New York, NY 10028, USA

www.waxmann.com
E-Mail: order@waxmann.com

Umschlaggestaltung: Pleßmann Kommunikationsdesign, Ascheberg
Titelbild: Bildmontage verschiedener Motive
zum Kreiskolbenmotor, Ulrich Ch. Knapp
Satz: Stoddart Satz- und Layoutservice, Münster
Druck: Buschmann Druckerei GmbH & Co KG, Münster
Gedruckt auf alterungsbeständigem Papier,
säurefrei gemäß ISO 9706
Alle Rechte vorbehalten
Printed in Germany

Inhalt

1.	Einleitung	9
2.	Zielstellung der Arbeit und wissenschaftlich-theoretische Orientierung	18
2.1	Zielstellung	18
2.2	Wissenschaftlich-theoretische Orientierung	22
3.	Methodische Überlegungen und Vorgehensweise	26
4.	Entwicklungsgeschichte und Grundlagen der Kreiskolbentechnik (Wankel-Motor)	29
4.1	Felix Wankel (1902-1988): Biographische Eckdaten	29
4.2	Fehlschläge und Erfolge Wankels in der Entwicklung der Dreh- beziehungsweise Kreiskolbentechnik bis 1945	35
4.2.1	Entwicklungsschritte bis zur Erstpatentierung einer Kreiskolben-Maschine 1933 (DKM32)	35
4.2.2	Kooperation mit BMW und technische Arbeiten in den Lahrer Versuchswerkstätten 1933-1936	42
4.2.3	Gründung und Arbeitsergebnisse der Wankel-Versuchs-Werkstatt in Lindau	44
4.2.4	Finanzierung und mögliche Instrumentalisierung durch die nationalsozialistische Ideologie: Versuch einer Wertung	47
4.2.5	Zwischenbilanz zur Phase bis 1945 unter Berücksichtigung des Forschungsstandes zur Technikgenese	51
4.3	Versuche zur Wiederaufnahme und Fortentwicklung der Rotationskolbentechnik durch Wankel nach dem Zweiten Weltkrieg	53
4.3.1	Suche nach technischen Entwicklungsmöglichkeiten und Industriekontakten in den Jahren nach 1945	53
4.3.2	Zusammenarbeit mit NSU in den Jahren 1954 bis 1959	55
4.3.2.1	Erstkontakte mit NSU	55
4.3.2.2	Kooperation mit NSU bis zum Durchbruch der „Trochoide" (1954)	58
4.3.2.3	Testläufe von Drehkolbenmotoren und Aufgabe des Konzeptes zu Gunsten der Kreiskolbentechnik (1954-1959)	64
4.4	Finanzielle Einschränkungen und wirtschaftlich-technische Ausweitung der Trochoideninnovation über NSU hinaus (1956-1959)	66
4.4.1	Finanzielle Lage von NSU und Kontakte mit externen Partnern	66

4.4.2	Gründung der Wankel GmbH und Transfer der Rotationskolbentechnik (Deutschland-USA)	70
4.5	Versuch einer Zwischenbilanz zur Entwicklung der Wankelschen Kreiskolbenmotorinnovation in den Nachkriegsjahren bis 1959	76
5.	Der „NSU-Wankel-Motor": Gang an die Öffentlichkeit und frühe Erfahrungen mit der Serienfertigung von Kraftfahrzeugen mit Kreiskolbenmotor (1959-1967)	80
5.1	Der Gang an die Öffentlichkeit	80
5.2	Frühe Erfahrungen mit der Serienfertigung von Kraftfahrzeugen mit Kreiskolbenmotor (1960-1967)	87
5.2.1	Wirtschaftlich-technische Erfordernisse zur Platzierung eines serientauglichen Wankel-Fahrzeuges: Entwicklung des ‚NSU-Spider'	87
5.2.2	Transfer des Wankel-Motors auf ein größeres NSU-Fahrzeug: Begründung, Planung und Umsetzung	96
5.3	Der NSU-Wankel-Motor in den Jahren 1960 bis 1967: Eine Zwischenbilanz	102
6.	Wankel-Motoren in Serienfertigung: Technische Erfahrungen, Rückschläge und Niedergang	107
6.1	Grundsätzliche Hinweise zur nationalen und internationalen Entwicklung der Wankel-Technik im Automobilbereich bis zur ‚Ölkrise' 1973	107
6.1.1	Schwachstellenanalysen und Entwicklungsarbeiten am Wankel-Motor seitens NSU und Daimler-Benz	111
6.1.2	Versuche der Anwendung des Wankel-Prinzips auf Diesel-Motoren	120
6.2	Unternehmerisch-organisatorische Umbrüche für die deutsche Wankel-Technik: Die Integration von NSU in den VW-Konzern	122
6.3	Die Ölkrise 1973: Unmittelbare Effekte auf den Wankel-Motor und Auswirkungen in den Folgejahren	129
6.4	Kritische Zwischenbilanz zu dem durch die Ölkrise forcierten Bedeutungsverlust des Wankel-Motors	135
7.	Die Entwicklung des Wankel-Motors seit 1980: Probleme, Risiken und Möglichkeiten	141
8.	Versuch einer Zwischenbilanz zur Entwicklungsgeschichte des Wankel-Motors im Kontext der Überlegungen Weyers zur Technikgenese	149

9.	Zusammenfassende Diskussion der Arbeitsergebnisse	154
10.	Literaturverzeichnis	164
11.	Abkürzungsverzeichnis	173
12.	Abbildungsverzeichnis	174
13.	Danksagung	175
14.	Anhang: Transkription maßgeblicher Passagen aus den mehrstündigen Interviews mit Dipl.-Ing. Dankwart Eiermann und Dipl.-Ing. Peter Zoege von Manteuffel	177
	Interview mit Dipl.-Ing. Eiermann im Oktober 2003 (K: Ulrich Knapp, E: Dankwart Eiermann):	177
	Interview mit Dipl.-Ing. Peter Zoege v. Manteuffel im November 2004 (K: Ulrich Knapp, MT: Peter Zoege v. Manteuffel)	202

1. Einleitung

Im Mittelpunkt der vorliegenden Arbeit steht der sog. ‚Wankel-Motor', ein auch als Kreiskolbenmotor bezeichnetes Antriebsaggregat, das sich von einem üblichen Hubkolben-Verbrennungsmotor „durch einen drehenden Kolben" unterscheidet (de Pay, 1989, S. 2). Bei dem Wankel-Antrieb handelt es sich zwar auch um einen Verbrennungsmotor nach dem Viertaktprinzip, jedoch ist ersterer mit einer ganz unterschiedlichen Triebwerkskonstellation ausgestattet:

> „Beim klassischen Hubkolbenmotor muß die hin- und hergehende Bewegung des Kolbens erst umständlich, verlustreich und mit hohem mechanischen Aufwand in rotierende Bewegungen der Antriebswelle übersetzt werden. (...) Beim Kreiskolbenmotor wird der Zylinder durch ein Gehäuse ersetzt, das in Form einer zweibogigen Epitrochoide ausgearbeitet ist. Der Kolben hat sich in einen Läufer verwandelt, der die Form eines Bogendreiecks aufweist, der mit seinem Schwerpunkt eine Kreisbahn beschreibt und zusätzlich um seine Achse rotiert. Die Rotationsbewegung des Läufers um die Exzenterwelle übernimmt dabei die Funktion der Kurbelwelle. Damit entfallen die Kurbelwelle und das Kurbelgehäuse. Dieser Motor kommt damit dem Traum aller Techniker, der Realisierung einer ‚unausgesetzten Drehbewegung' sehr nahe" (Knie, 1994b, S. 71).

In der Literatur über den Wankel-Motor werden häufig die Begriffe Dreh-, Kreis- und Rotationskolbenmotor synonym oder sogar falsch verwendet. Daher soll an dieser Stelle zunächst eine grundsätzliche Begriffsklärung vorgenommen werden, bevor Wankels technisches Wirken reflektiert wird.

Gemäß Korp (1959, S. 20) sind die Begriffe wie folgt voneinander abzugrenzen:

> Rotationskolbenmaschinen: Übergeordneter Sammelbegriff für alle Maschinen mit drehenden oder kreisenden Teilen, die ineinanderkämmen, -greifen oder -gleiten. Dazu gehören ihrem System nach auch Zahnradpumpen (‚Parallel- oder außenachsige Drehkolbenmaschinen'), Roots-Drehflügel-Kompressoren oder Zoller-Verdichter.
> Drehkolbenmaschinen: Untergruppe obigen Begriffs. Sie besitzen nur mit gleichförmiger Geschwindigkeit sich drehende Teile, die unmittelbar in sich auszuwuchten sind. Die Kurvenform der Außenläufer ist mathematisch eine Epitrochoide. Der Motor ist eine ‚innenachsige Drehkolbenmaschine'.
> Kreiskolbenmaschinen: Ebenfalls Untergruppe von Rotationskolbenmaschinen. Sie besitzen ebenfalls nur gleichförmig sich bewegende Teile, von denen mindestens eines kreist, es ist über eine Lagerstelle vollständig auszuwuchten. Die Kurvenform des umhüllenden Gehäuses entspricht ebenfalls einer Epitrochoide.

Als Wankel-Prinzip im Automobilbau nahm seit ca. 1960 der Kreiskolbenmotor, bei dem der Innenläufer praktischerweise der Arbeit leistende Teil ist, die dominierende Rolle ein. Hier können „Ein- und Auslaßkanäle im ruhenden Gehäuse untergebracht werden, desgleichen eine Zündkerze" (Korp, 1959, S. 21). Auf jede Umdrehung des Läufers kommt dabei ein Zündvorgang.

Das Viertakt-Wankel-Prinzip (Bewegungsfolge des Innenläufers, Zündfolge usw.) geht aus der folgenden Abbildung 1 hervor.

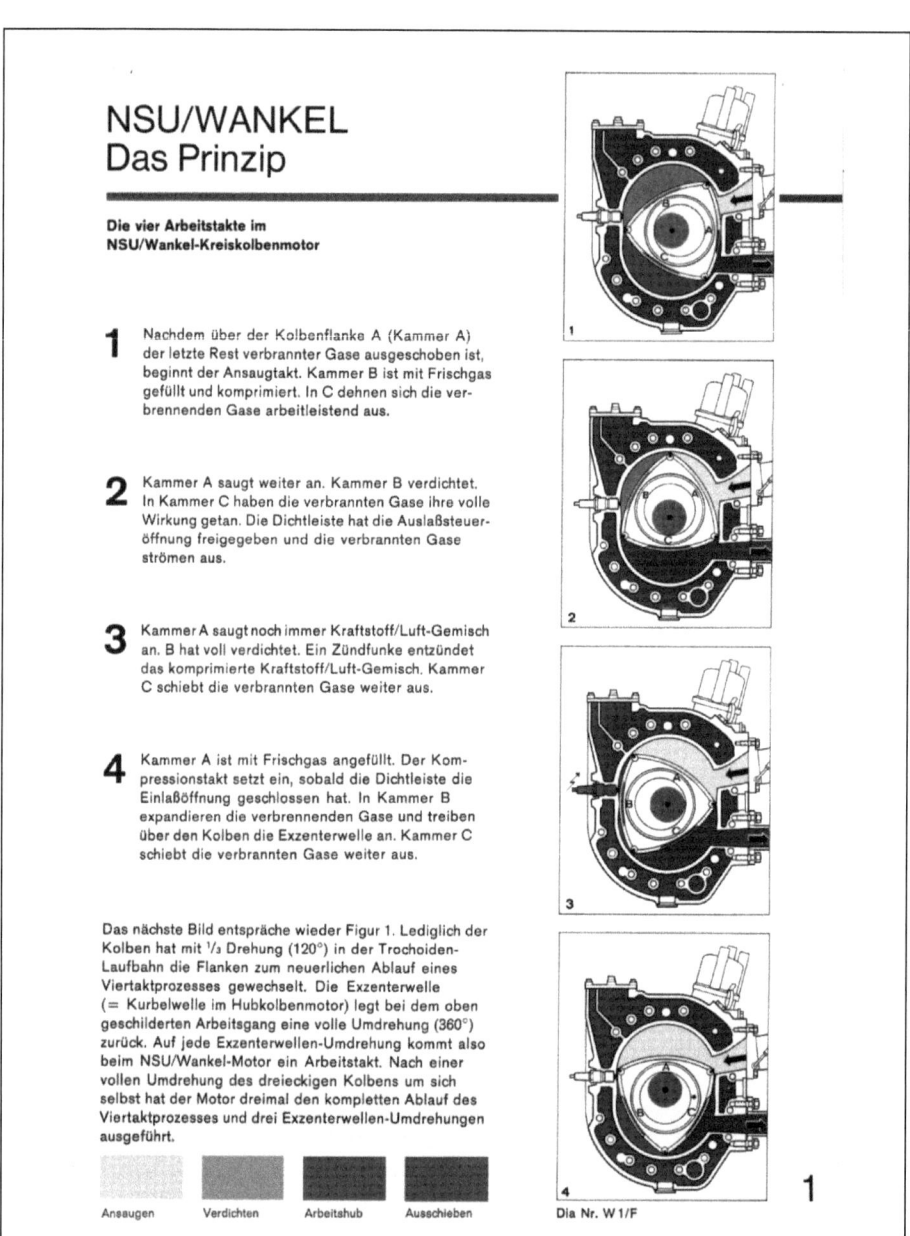

Abb. 1: Prinzip des Wankel-Motors (aus: Becker et al., 2002, S. 29)

Seit den 1920er Jahren hatte der badische Erfinder und Techniker Felix Wankel (1902-1988) unter mannigfachen Rückschlägen und technischen Änderungen mühevolle Entwicklungsarbeit investiert, bevor die Vision einer solchen Kreiskolbenmaschine Gestalt annahm.

Als eigentliche ‚Geburtsstunde' dieser Maschine gilt der 13. April 1954, als es Felix Wankel zum ersten Mal gelang, an seiner Forschungs- und Konstruktionsstätte in Lindau am Bodensee „einen viertaktenden Verbrennungsmotor ausnahmslos rotarisch funktionieren und arbeiten zu lassen" (Häberer, 2002, S. 3; vgl. ausführlicher: Korp, 1975, S. 64 ff.). Das in den Folgejahren weiteren technischen Anpassungen, insbesondere hinsichtlich der geometrischen Form, unterzogene Rotationskolbenaggregat wurde dann erstmals 1963 serienmäßig in der Automobilindustrie verwendet (NSU Spider).

Im allgemeinen Sprachgebrauch hat sich spätestens seit diesem Zeitpunkt der Begriff ‚Wankel-Motor' etabliert, wobei dieser primär mit dem Automobilbereich assoziiert wird. Im Kontext der Thematisierung des Wankel-Motors wird allerdings oftmals übersehen, dass das Aggregat nicht nur für den Automobilsektor (Benzinmotoren) in Frage kommt, sondern auch auf Basis andersartiger Betriebsstoffe und Energieträger[1] für den Diesel-, Vielstoff-, Gas-, Methanol- und Wasserstoffbetrieb sowie für Flug- und Rennsportmotoren, Industriemaschinen, Turbinen etc. eingesetzt werden kann (Eiermann und Bax, 1992, o.S., Übersicht). Als weiteres Beispiel lässt sich die englische ‚Norton Villiers Triumph Group' anführen, die ab 1982 sogar ein Motorrad mit Kreiskolbenmotor fertigte (Eckermann 1988, S. 44); zudem wurden Wankel-Aggregate als Motoren für Boote, Wasserski-Schleppgeräte und Schneemobile verwendet (Becker et al., 2002, S. 48 ff.; Korp, 1975, S. 189; Marr, 2000, S. 3). Auch für Schwergewichts-Torpedos konnte die Eignung von Kreiskolbenmotoren als technisch anspruchsvolle und gleichwohl praktikable Antriebsalternative belegt werden" (Battelle-Institut, o.J.).

Für die nach dem Wankel-Prinzip zu fertigenden Antriebsaggregate besteht – abgesehen von der Notwendigkeit technischer und einsatzbedingter Feinjustierungen – kein grundsätzlich neues Entwicklungsrisiko mehr. Insofern kann es nicht überraschen, dass auch bis in die jüngste Vergangenheit hinein Kundeninteresse „im privaten, industriellen und militärischen Bereich" zu verzeichnen war, „ergänzt durch Nachfragen mit steigender Tendenz" (Häberer, 2002, S. 4).

Untrennbar verknüpft ist bis in die Gegenwart der Terminus Wankel-Motor mit dem ‚legendären' NSU Ro 80, einem zwischen 1967 und 1977 mit einer Stückzahl von insgesamt 37398 gebauten Fahrzeug der oberen Mittelklasse.[2] Für die

---

1   Insbesondere in den 1960er Jahren wurde als Argument für den Wankel-Motor dessen Genügsamkeit hinsichtlich der Kraftstoff-Klopffestigkeit betont (Schwoch, 1965, S. 38).
2   Berechnung der Stückzahl gemäß de Pay (1989, S. 8). Zwischen dieser Angabe und den Angaben von Korp (1993, S. 260) sowie des Verbandes der Automobilindustrie (VDA 1992, S. 37) bestehen marginale Differenzen, was möglicherweise darauf zurückzuführen ist, dass

Produktionseinstellung dieses Fahrzeuges wurden insbesondere folgende Gründe angeführt (de Pay, 1989, S. 9):

> „1. Technische Mängel des Motors in der Einführungszeit, die sich rufschädigend auswirken.
> 2. Ungenügend geschultes Werkstättenpersonal.
> 3. Hoher Benzinverbrauch, der sich gerade in den Jahren der Ölkrise, die die Jahre sind, in denen der RO 80 auf dem Markt ist, stark absatzmindernd auswirkt".

Die Produktionseinstellung des NSU Ro 80 markierte zugleich das Ende des Wankel-Motors in der deutschen Automobilindustrie (Serienfahrzeuge). Kritische Stimmen wiesen allerdings darauf hin, dass das Scheitern des automobilen Kreiskolbenmotors hier zu Lande weniger an technischer Unzulänglichkeit, sondern vielmehr „an Investitionsscheu, an Kurzsichtigkeit und auch an Emotionen" scheiterte (Eckermann 1988, S. 44).[3]

Auch der Erfinder und Namensgeber des Kreiskolbenmotors hatte seit Mitte der 1970er Jahre zunehmende Antipathien gegen eine seines Erachtens vorliegende Blockadehaltung der Motorindustrie und Wankel-‚feindliche' Stimmen in Automobilzeitschriften geäußert:[4]

> „Der Wankel ist ein böser Bengel
> Die Industrie hat lauter Engel !
> Doch warum stellt man das so dar?
> Verlag und Autor sind sich klar
> Sie sind auf Motorfirmen angewiesen
> Die Wahrheit würde diese sehr verdrießen !"
> (Wankel, 1975, o.S.).[5]

Insbesondere in Japan konnte mithin durch die dortige Automobilindustrie belegt werden, dass der Wankel-Motor für bestimmte Fahrzeugtypen durchaus ein leistungsstarkes, technisch zuverlässiges Aggregat mit vertretbarem Kosten-Nutzen-Verhältnis darstellt. Verwiesen sei in diesem Zusammenhang auf die von der

---

je nach Quelle auch Prototypen bzw. gefertigte, jedoch nicht an Endnutzer abverkaufte NSU Ro 80 in die Zählung aufgenommen wurden.

3 Die entsprechenden Emotionen gegen den Wankel-Motor resultierten teils auch aus Aversionen gegen die für manche Beobachter exzentrisch anmutende Persönlichkeit ihres Erfinders. Diese Aspekte, die für die hier geplante Arbeit als durchaus wichtig erscheinen, werden in der Folge der Arbeit noch näher aufgegriffen.

4 In diesem Zusammenhang hat sich der Begriff des ‚Hubkolben-Kartells' eingebürgert; die damit zusammenhängende Kritik an der konventionell orientierten Motor-/Automobilindustrie stellt einen zentralen und kritisch zu hinterfragenden Aspekt der vorliegenden Arbeit dar.

5 Persönlicher Eintrag von Felix Wankel in der Publikation „Protokoll einer Erfindung – der Wankel-Motor" des der Wankel-Technologie im Unterschied zu manchen Fachkollegen wohl sehr geneigten Automobil-Journalisten Dieter Korp.

Firma Mazda als Wankel-Motor-Lizenznehmer (Vertragsabschluss: Februar 1961) seit 1967 unter Federführung des Ingenieurs Kenichi Yamamoto (Abb. 2) produzierten Fahrzeuge, vor allem den bekannten, allerdings erst in den Folgejahren am Markt platzierten Sportwagen Mazda RX-7 (Jahresdaten gemäß: Mazda Corp., 1986; Mazda Motor Europe, 2003, Yamamoto, 1982).

Abb. 2: Kenichi Yamamoto (geb. 1923), auch als der „japanische Mister Wankel" bekannt gewordener Chefentwickler für Wankel-Motoren bei Mazda (Toyo Kogyo) (aus: Yamamoto, 1981, S. 3)

Seit 2003 steht der ebenfalls mit der Wankel-Technologie (sog. RENESIS-Motor) ausgestattete Mazda RX-8, ein viersitziges Sport-Coupé, Kunden in Europa zur Verfügung. Am 4. Juni 2003 wurde den Vertretern der Mazda-Motorenentwicklung der prestigeträchtige ‚International Engine of the Year Award', ausgeschrieben von der Zeitschrift ‚Engine Technology International', verliehen. Dabei hatten sich 44 von 50 internationalen Motorjournalisten und -fachautoren für das Wankel-Aggregat des Mazda RX-8 ausgesprochen – ein solch eindeutiges ‚Sieger'-Votum hatte es bis dahin in der Geschichte des ‚International Engine of the Year Award' noch nicht gegeben (Mazda Motor Europe, 2003, S. 155).

Graham Johnson, Herausgeber von ‚Engine Technology International' äußerte im Zusammenhang mit der Preisvergabe seinen Respekt dafür, dass Mazda das Wankel-Konzept im Unterschied zur europäischen und amerikanischen Autoindustrie seit den 1970er Jahren stets weiter verfolgt habe: „Für viele war der Wankelmotor schon Geschichte, jedoch hat Mazda mit dem immens beliebten RENESIS bewiesen, dass sie falsch lagen" (Johnson, 2003, o.S.).

Yu Okhawa von der verkehrswirtschaftlichen Zeitschrift NAVI drückte im gleichen Kontext seine Bewunderung für Mazdas „enthusiastischen Geist" aus, „mit dem von einem völlig anderen Blickwinkel aus die Herausforderung des Verbrennungsmotors angenommen und Entwicklungsarbeiten fortgesetzt wurden" (Okhawa, 2003, o.S.).

Kritisch ist hier allerdings auch darauf hinzuweisen, dass bei einer Testfahrt durch die Mitarbeiter der Zeitschrift Auto-Motor-Sport für den 250 PS starken Mazda RX-8 – abweichend von den niedriger liegenden Herstellerangaben – „inakzeptable" 15,5 Liter Superbenzin als Durchschnittsverbrauch auf 100 Kilometer ermittelt wurden (Beck, 2004, S. 10); die alte Kritik vom ‚durstigen' Wankel-Motor erhielt so neue Verstärkung (s. auch Abb. 3).

Er eiert genial, hat aber einen beträchtlichen Durst: der Wankelmotor.   Zeichnung Friederike Groß

Abb. 3: Aktuelle Karikatur zum noch in Japan in Serie gefertigten PKW-Wankel-Motor (aus: Beck, 2004, S. 10)

Es ist unstrittig, dass es dem Konstrukteur Felix Wankel gelungen war, mit dem Kreiskolbenmotor die weltweite Dominanz der Hubkolbenmotoren erstmalig – und bis heute wohl auch einmalig – ernsthaft in Frage zu stellen.

Wenngleich sie auch stets Vorbehalte an der Wankel-Technologie zum Ausdruck brachten, erwarben doch fast alle namhaften und international tätigen Auto- und Motorenproduzenten seit den späten 1950er und den 1960er Jahren Lizenzen als Basis für die Nutzung der relevanten Wankel-Fertigungs-Patente.[6] Als Resultat dieses Patent- und Lizenzhandels „flossen in den sechziger und siebziger Jahren

---

6   Den ‚Reigen' der Lizenznehmer eröffnete Curtiss Wright (USA) im Jahre 1958 (Völker, 2003b, S. 149).

des vorigen Jahrhunderts viele hundert Millionen Deutsche Mark, amerikanische Dollar und japanische Yen in die Kassen der Wankel-Firmen", jedoch ohne dass dies jemals mit einer eigenen (Serien-)Fertigung unter unmittelbarer Kontrolle und Koordination durch die Wankel-Konstruktions- und Forschungsstätten in Lindau am Bodensee verbunden gewesen wäre (Häberer, 2002, S. 3).

Vielmehr wurde die 1957 gegründete Wankel GmbH Lindau 1971 mit allen Rechten an die britische Lonrho Ltd. veräußert, im Jahre 1974 folgte ein Transfer von 50 % der Anteile an der Wankel GmbH an die kuwaitische Regierung. Die Wankel-Aktivitäten waren im Zuge dieser Entwicklungen zu einem Objekt für mehr oder minder spekulativ orientierte Investoren ‚mutiert'.

Wankel, der die Veräußerung des Jahres 1971 damit begründete, er wolle nicht Verwalter seiner Erfindung sein, sondern seinen Kopf frei halten für neue Ideen, hatte sich selbst jede Möglichkeit einer Einflussnahme auf die weitere Entwicklung des Motors genommen (Becker et al., 2002, S. 6). Durch sein neuartiges Antriebskonzept zum Multimillionär geworden, verfolgte er das ‚Geschachere' um Firmenanteile und Rechte an dem Antriebsaggregat und den Durchsetzungsgrad des herkömmlichen Hubkolbenmotos, den er selbst als „Schüttelhuber" bezeichnete, bis zu seinem Tode 1988 mit gelassener Ironie (Becker et al., 2002, S. 5 f.).

Als letztes ‚legitimes' Wankel-Nachfolgeunternehmen musste die Wankel Rotary GmbH (Korb bei Stuttgart) im Juni 2001 Insolvenz anmelden, wobei die Ursachen für das Scheitern verschiedenartig, jedoch nachweislich nicht primär technischer Natur gewesen sein sollen (Eiermann, 2003, persönl. Mitteilung an den Verf.;[7] Häberer, 2002, S. 4). Nach intensiven Bemühungen konnte vor einer endgültigen Zerschlagung durch den Insolvenzverwalter per 1. Juli 2002 die gesamte Konkurs- beziehungsweise Insolvenzmasse der Wankel Rotary GmbH für die Wankel AG Kirchberg (Sachsen) erworben werden. In dieser Region, in der sich seit den 1960er Jahren auch die damaligen Automobilwerke ‚Sachsenring Zwickau' der Konstruktion von Motoren nach dem Wankel-Prinzip widmeten, sollen nunmehr Entwicklung, Herstellung und Vertrieb der Rotationskolbenmaschinen in Einzel- und Serienfertigung sowie Lizenzvergaben auf Basis der vorhandenen Patente,[8] Neukonstruktionen und serienreifer Produkte im Bereich des allgemeinen Fahrzeug- und Maschinenbaus sowie der Luftfahrt voran getrieben werden (Häberer, 2002, S. 5).

Als weiteres deutsches Unternehmen arbeitet auch die Wankel Super Tec GmbH in Cottbus an der Neu- und Fortentwicklung der Rotationskolbentechnik. Während der Schwerpunkt der Wankel AG auf der Konstruktion von Benzin-Wankel-Motoren liegt, fokussiert die Wankel Super Tec GmbH einen Wankel-Diesel-Motor mit günstigsten Verbrauchswerten (als Antwort auf die alte Kritik vom

---

7 Dipl.-Ing. Dankwart Eiermann war in der Wankel GmbH als Mitarbeiter von Felix Wankel maßgeblich an der Entwicklung des Antriebskonzepts beteiligt, in der Wankel Rotary GmbH fungierte er als Mitgesellschafter.

8 Mithin sind die Patente der Wankel-Technologie überwiegend ausgelaufen.

angeblichen ‚Schluckspecht') und Einsatzmöglichkeiten im Kraftfahrzeug-Bau, aber auch in automobilexternen Anwendungsfeldern (Beck, 2004, S. 10).

Felix Wankel ist aus der bundesdeutschen Nachkriegsgeschichte nicht wegzudenken. Mit seinem Namen verbindet sich ein wesentlicher Teil bundesdeutscher Identität: Technische Innovation, Mobilität, Erfindungsgeist und anfangs scheinbar grenzenloser Fortschritt. Im Nachkriegsdeutschland repräsentierte die Automobilherstellung eine wichtige Industriebranche, die im öffentlichen Bewusstsein in hohem Maße präsent und lange nicht nur mit Attributen wie Wohlstand, Innovation und Weltmarktführung, sondern in den 1950er Jahren sogar mit der „Illusion des individuellen Reisens und Erfahrens, des durch das Auto erst ermöglichten intensiveren Naturgenusses" verbunden war (Bayerl, 1994, S. 344).

Manche Autoren stellen Felix Wankel auf eine Stufe mit anderen Wegbereitern automobiler Innovationen wie etwa Nikolaus Otto, auf dessen Wirken ja der gleichnamige Hubkolbenmotor beruht, oder mit dem Erfinder des Selbstzünderaggregates, Rudolf Diesel (Busse, 2002, S. 1). Einige Zeitgenossen hielten Wankel für einen begnadeten Tüftler, andere sahen in ihm das verkannte Genie oder gar den tragischen Helden. Möglicherweise lässt er sich als Konstrukteur charakterisieren, „der unbeirrt eine brillante Idee in die Tat umsetzte, letztlich jedoch an der Zeit scheiterte, in die seine Erfindung nicht hineinzupassen schien" (Busse, 2002, S. 1). In diesem Zusammenhang ist aber auch auf die Gefahr hinzuweisen, den Wankel-Motor nostalgisch zu verklären bzw. gleichsam ‚mythologisch' zu überhöhen. Hieraus dürften sich wiederum enttäuschte Reaktionen mancher Anhänger dieses Antriebskonzeptes erklären lassen, welche Wankel als Opfer einer vermeintlichen ‚Verschwörung' der Automobilindustrie sehen und damit die weitgehende Nichtdurchsetzung des Konzepts in der Automobilindustrie begründen wollen.

Am Anfang der 1970er Jahre erschien es mithin nicht ausgeschlossen, dass der Wankel-Motor, der sich neben der bereits beschriebenen Anspruchslosigkeit hinsichtlich der Kraftstoffe auch durch sein geringes Gewicht und durch geringe bewegte Massen (potenzielle Verschleißminderung) auszeichnete, mit den konventionellen Motoren gleichziehen könnte.

Bis 1988, dem Todesjahr Wankels, waren jedoch kaum mehr als 1,6 Millionen Wankel-Motoren für den KFZ-Sektor hergestellt worden – im Vergleich zur gesamten KFZ-Motorenproduktion ein nur verschwindend geringer Bruchteil. An dieser Relation sollte sich auch in den Folgejahren nichts grundlegend ändern. Die mögliche „Revolution der Automobilgeschichte" (Busse, 2002, S. 1) war also ausgeblieben.

Bis zum heutigen Tage konnten die Gründe für die mangelnde Durchsetzung des Wankel-Motors im Automobilbereich, aber auch in den anderen potenziellen Anwendungsfeldern, noch nicht hinreichend aufgeklärt werden. Derzeit dürften es wohl kaum eine Handvoll Firmen sein, die im Bereich der Rotationskolben-Verbrennungsmotoren tätig sind. Unstrittig ist es, dass die mit dem NSU Ro 80 verbundenen technischen Defizite zum Scheitern als KFZ-Antriebskonzept hier zu Lande beigetragen haben.

Ebenso unstrittig ist es jedoch, dass für das ‚Aussterben' des Wankel-Motors als Automobilantrieb auch industriepolitische beziehungsweise soziologisch geprägte Gründe verantwortlich waren. Der Kreiskolbenmotor mag unter den Entwicklern und Konstrukteuren in der Autoindustrie keine Lobby gehabt haben, denn die Mehrzahl von ihnen waren mit den konventionellen Hubkolbenmotoren ‚aufgewachsen' und besaßen insofern möglicherweise Vorbehalte gegenüber einem Motor, der sie zu neuen Lösungen und Innovationen gezwungen hätte (Becker et al., 2002, S. 5).

Auch Popplow (2003), der eine Vielzahl von Medienberichten über den Wankel-Motor für den Zeitraum 1959-1989 analysierte, fand zahlreiche Belege für die These, dass das Motorenkonzept in der öffentlichen Berichterstattung durchaus mit Wohlwollen aufgenommen wurde, jedoch einer eigentlichen Lobby in Autoindustrie und auch Politik entbehrte.

Mithin belegt die Entwicklung und Marktplatzierung des Wankel-Motors durch Mazda eindrucksvoll, dass das Aggregat unter bestimmten Bedingungen bzw. in speziellen Anwendungskontexten konventionellen Antrieben gleichwertig, wenn nicht sogar technisch überlegen sein kann.[9]

Diese offenkundige Diskrepanz zwischen technikgeschichtlicher Realität beziehungsweise Status quo und den eventuell nicht konsequent genutzten Potenzialen des Wankelschen Antriebskonzepts aufzuklären, stellt neben weiteren Fragestellungen, die im Folgekapitel erläutert werden, ein entscheidendes Motiv der vorliegenden Arbeit dar.

Vorurteilsfreiheit und Unbefangenheit sowie der Versuch, die verschiedenen Positionen und Argumentationsalternativen zum Untersuchungsgegenstand stets kritisch zu hinterfragen, sollten als Leitlinien der Arbeit dienen – dies gerade auch angesichts der Tatsache, dass man allzu leicht bzw. unbewusst dazu neigen kann, dem vermeintlichen ‚Underdog' Wankel-Motor eine gewisse Opferrolle zu attribuieren und den entwicklerischen und anwendungstechnischen ‚Main stream' der Automobil- und Maschinenindustrie (Fokussierung der konventionellen Hubkolbentechnik) in der Position von Verhinderern und Blockierern zu sehen.

---

9   Verwiesen sei in diesem Zusammenhang auch auf die Entwicklung Wankel-getriebener Mazda-Rennsportfahrzeuge, die am 22./23. Juni 1991 mit dem Sieg des Mazda 787B beim 24-Stunden-Rennen von Le Mans über knapp 5000 Streckenkilometer einen Höhepunkt erreichte. In den Jahren nach diesem Ereignis wurden Wankel-Fahrzeuge allerdings per Reglement vom Rennen ausgeschlossen (Begründung: leichtere Motoren, Gewichtsvorteil ggü. konventionell angetriebenen Fahrzeugen). Vgl. Völker (2003a, S. 125 ff.).

2. Zielstellung der Arbeit und wissenschaftlich-theoretische Orientierung

2.1 Zielstellung

Zur Entwicklung sowie zu den möglichen Bauarten und Optimierungsmöglichkeiten des Wankel-Motors existiert eine immense Zahl an Abhandlungen. Die umfassende ‚Bibliographie über den Wankel-Motor' der Audi NSU Auto Union AG (Neckarsulm) wies bereits im Jahre 1978 915 entsprechende (nationale wie internationale) Fachartikel, 27 Monographien, 11 wissenschaftliche Dissertationen, 21 Diplomarbeiten, sowie 68 Broschüren und Pressemappen, Firmenschriften und Prospekte aus. Seit den 1980er Jahren wurde der Thematik Kreiskolbenmotor vor allem im japanischen, aber auch angelsächsischen Sprachraum weitere Aufmerksamkeit zuteil (vgl. auch Popplow, 2003).

Neben den zahlreichen Beiträgen aus der Automobil-Fachpresse handelt es sich bei den meisten Veröffentlichungen zum Wankel-Motor mithin um rein technisch geprägte, ingenieurwissenschaftliche Studien, in denen insbesondere Fragen zur Verschleißminderung, Kolbenbeschichtung, verbesserten Abdichtung und Verbrauchssenkung des Aggregates aufgegriffen werden.

Nach Angabe von Eckermann (1988, S. 44) konnte noch bis etwa Mitte 1974 von einer „regelrechten Wankel-Euphorie" gesprochen werden, die u.a. durch weltweite Lizenzeinnahmen, die Präsentation immer neuer Prototypen und die seit 1967 in Serie gefertigten Wankel-Fahrzeuge NSU Ro 80 und Mazda Cosmo Sport gekennzeichnet war (vgl. auch Korp, 1975, S. 117 ff.).

Diese Entwicklung spiegelte sich auch in der Fachliteratur wider: Die Anzahl der jährlichen Fachartikel war ab 1970 deutlich im Steigen begriffen, erreichte einen absoluten Höhepunkt im Jahre 1972, verblieb 1973-1974 auf hohem Niveau, um im Anschluss wieder deutlich zurückzugehen (s. Tab. 1).

Auch für die hier vorliegende Arbeit soll den genuin ingenieurwissenschaftlichen, technischen bzw. technikgeschichtlichen Aspekten nicht zu unterschätzende Bedeutung zukommen.

Gleichwohl können diese Aspekte, die ja – wie zuvor umrissen – bereits intensiv in der Literatur erläutert wurden[10], nicht den eigentlichen Interessenschwerpunkt der Arbeit bilden. Der Interessenschwerpunkt und damit die Zielstellung der Arbeit soll sich vielmehr auf folgende, an der interdisziplinären Schnittstelle von Technikgeschichte, Forschung zur Technikgenese, Wirtschaftswissenschaf-

---

10 Bei jedoch hauptsächlicher Konzentration auf die Anwendung in Automobilen / Straßenfahrzeugen.

Tab. 1: Entwicklung der Anzahl jährlicher Fachartikel zur Wankel-Technologie in den Jahren 1957-1978 (Daten gemäß Audi NSU Auto Union AG, 1978)

Jahr	Anzahl (Summe: 915)	Besonderheiten
1957	2	
1958	-	
1959	11	
1960	42	
1961	27	
1962	23	
1963	34	Erstes Wankel-Serienfahrzeug (NSU Spider)
1964	31	
1965	29	
1966	43	
1967	39	Serienfertigung des NSU Ro 80 und Sportcoupés Mazda Cosmos (=Beginn der jap. Serienfertigung)
1968	28	
1969	40	
1970	53	
1971	67	
1972	109	
1973	86	Ölkrise (teils Fahrbeschränkungen, KFZ mit geringem Kraftstoffverbrauch sind „en vogue")
1974	81	
1975	44	
1976	46	
1977	55	
1978 (bis April)	25	

ten und nicht zuletzt Psychologie und Industriesoziologie einzuordnende Fragen beziehen:

1. Inwieweit wurden Fortschritte bei der Entwicklung des Wankel-Motors und bei den Bemühungen um dessen Praxistauglichkeit (Automobilbereich und weitere Felder) von Ressentiments und Widerständen gegen die Person Felix Wankel gehemmt?

2. Forderten das persönliche wie fachliche Profil von Felix Wankel (der Erfinder und Techniker besaß keinerlei ingenieurwissenschaftliche Ausbildung geschweige denn einen Hochschulabschluss[11], auch verfügte er über keinen Führerschein), dessen offensichtlich zuweilen gegebene Exzentrik sowie die mangelnde

---

11 Allerdings erhielt Wankel für seine Innovationen 1969 die Ehrendoktorwürde der Technischen Hochschule München und in gleichem Jahr auch das Ehrenzeichen des VDI (Verein Deutscher Ingenieure); 1970 wurde ihm das Große Bundesverdienstkreuz zuteil. Im Jahre

institutionelle Einbindung (über Jahrzehnte hinweg keine unmittelbare Konzerneinbettung) Widerstände gegen seine Entwicklungen heraus? Wankel scheint Zeitzeugen bereits in der Zeit während des Zweiten Weltkrieges und kurz danach des öfteren „vor den Kopf gestoßen" zu haben: Dr. Walter Froede, seinerzeit Leiter der NSU-Motorenforschung, berichtete, NSU-Vertreter seien anlässlich eines Besuches bei Wankel im Jahre 1951 „mit einer derartigen Fülle von Material" überhäuft worden, „daß es schwer war, aus dieser Menge von Ideen, Konstruktionen, Versuchsergebnissen und Plänen zu einem klaren Bild zu kommen" (Froede, 1974a, S. 4). Damals habe sich der – später radikal revidierungsbedürftige – Eindruck von Wankel bei NSU-Vertretern in etwa wie folgt zusammenfassen lassen: „Der Kerl scheint ganz vernünftig zu sein, aber wenn er mit seinen Ideen über Drehkolben- und Kreiskolbenmotoren kommt, dann fängt er an zu spinnen" (Froede, 1974a, S. 5).

3. Wie lässt es sich erklären, dass trotz der hier zu Lande immens hohen Bekanntheit des Wankel-Motors das Antriebs-Aggregat für die deutsche Automobilindustrie seit 1977 keine Rolle mehr spielte, während die entsprechenden Lizenzen in anderen Ländern auf reges Interesse stießen bzw. sich das Motorenkonzept im Ausland – zumindest für bestimmte Fahrzeugtypen – tatsächlich als praktikabel, zuverlässig und ökonomisch nutzbringend erwies?

4. Ist vor diesem Hintergrund die in der bisherigen Wankel-Historiographie immer wieder zum Tragen kommende Hypothese angemessen, dass der mangelnde Erfolg des Wankel-Motors in der deutschen Automobilbranche, v.a. der diesbezügliche Akzeptanzeinbruch im VW-Konzern[12], auf ein institutionelles Verhinderungskartell (‚Hubkolbenmotorkartell'), das sich eigene ‚Pfründe' sichern wollte, zurückzuführen sei?[13] Waren in der entscheidenden Phase der Anwendung des Wankel-Motors in der Automobilindustrie möglicherweise existierende soziale bzw. ‚strategische' Netzwerke für eine Durchsetzung des Motorenkonzeptes nicht effektiv genug?

5. Ist nicht möglicherweise die Hypothese zutreffend und an Hand der technikgeschichtlichen Quellenlage stützbar, dass der Wankel-Motor tatsächlich erhebliche Nachteile im Automobilbereich aufweist und für das Gros der Fahrzeuge einer modernen Generation – objektiv betrachtet (Verbrauch, Verhältnis von

---

1987 erfolgte durch die Landesregierung Baden-Württemberg ehrenhalber seine Ernennung zum Professor.

12 Die Firmen Audi/NSU waren als Tochterfirmen dem VW-Konzern eingegliedert worden, der es seit Anfang der 1970er Jahre in Angriff nahm, das technisch überholte Konzept luftgekühlter Boxer-Motoren durch die wassergekühlte Hubkolbentechnologie zu ersetzen. Der Wankel-Motor als Antriebsalternative kam im Zuge dieser Ersetzung eben nicht zur Geltung.

13 Verhinderungskartell meint – grob formuliert – Folgendes: Viele führende Techniker und Marketingexperten in der Automobilindustrie waren fast ausschließlich von Erfahrungen mit den üblichen Hubkolbenmotoren geprägt worden und standen alternativen Antrieben skeptisch bis ablehnend gegenüber (vgl. Knie, 1994b, S. 9: „Inzucht-Engineering"). Gestützt wurden und werden nach Auffassung verschiedener Autoren solche Strukturen durch informelle Netzwerke auf Interkonzernebene (Automobil- und Mineralölbranche), die bspw. auch Umwälzungen wie etwa die Wasserstofftechnologie verschleppen könnten (vgl. zu diesem Komplex Knie, 1994b, S. 9 ff., S. 221 ff.; s. auch Canzler, 1993).

Fertigungsaufwand und Leistung, ‚Fahrkultur') – nur mit einem unvertretbaren Kosten-Nutzen-Saldo nutzbar war und ist? Hinweis: Selbst der Automobilfachautor Dieter Korp konnte in einer 1975 erschienenen Monographie zum Wankel-Motor nicht umhin, auf dessen Anfälligkeit bei (allzu leichter) Fehlbehandlung durch den unerfahrenen Fahrer sowie die technische Unausgereiftheit des Antriebes in den ersten NSU Ro 80-Modellen hinzuweisen (Korp, 1975).

6. Kristallisiert sich im Umkehrschluss aus der technikgeschichtlichen Perspektive die Eignung des Wankel-Antriebs für automobilexterne Bereiche, insbesondere drehmomentstabile Aggregate wie etwa Turbinen heraus; falls ja – spielte und spielt hier eine institutionelle Ressentiment-‚Gemengelage' eine untergeordnete Rolle? Ferner: Inwieweit profitier(t)en ursprüngliche Lizenzgeber von einer tatsächlichen Marktfähigkeit des Wankel-Aggregates in automobilexternen Anwendungsfeldern?

7. Besteht die Möglichkeit, dass der Wankel-Motor im Kontext eines ‚Paradigmenwechsels' in der Automobilindustrie eine ‚Wiedergeburt' erlebt? Genannt sei hier die Tatsache, dass der Motor beispielsweise für einen Betrieb mit Wasserstoff geradezu prädestiniert ist und auch für Vielstoffbetrieb bzw. Hybrid-Antriebe geeignet wäre (Häberer, 2002, S. 3).[14]

Faktisch ist der Forschungsstand hinsichtlich der vorgenannten, in wesentlichem Maße sowohl technikgeschichtlich als auch industriesoziologisch beziehungsweise psychologisch geprägten Fragestellungen 1-7 recht ‚dünn', woraus sich – neben der generellen Faszination des Phänomens Wankel-Motor als Motivation für eine historiographische Analyse – aber wiederum das Erkenntnisinteresse für die vorliegende Arbeit ableitet. Aus den eher wenigen Quellen sei hier insbesondere auf die Studie von Knie (1994b) verwiesen, in der das Phänomen Wankel-Motor allerdings im Zusammenhang mit einer Grundsatzkritik hinsichtlich mangelnder Innovationsfähigkeit der etablierten Automobilkonzerne behandelt wird.[15] Hinweise zu den verfügbaren Quellen sowie zur konkreten (möglichen) Vorgehensweise gehen aus dem Abschnitt 3 hervor.

---

14 Die Frage nach den Einsatzmöglichkeiten solcher Hybrid-Aggregate nimmt aus ökologischen Gründen und angesichts der vergleichsweise hohen Mineralölpreise gerade in der jüngsten Vergangenheit an Bedeutung zu und soll daher auch im Rahmen dieser Arbeit mit Bezug auf den Wankel-Motor wesentlich vertieft werden.

15 Im Übrigen soll vorliegend die von Knie vertretene Hypothese, das Scheitern des Wankel-Motors in der Autobranche sei in vorderster Linie auf Innovationsdefizite und ‚Inzucht-Engineering' zurückzuführen, durchaus nicht durchgehend geteilt werden (s. auch Fragestellung 5). Ferner seien noch die Arbeiten von de Pay (1989) sowie Schaicher (1992) hervorgehoben, in denen ebenfalls institutionelle wie auch industriesoziologische und psychologische Rahmenbedingungen des hier zu Lande von der Automobilindustrie letztlich verworfenen Kreiskolbenmotors behandelt werden (zwar handelt es sich bei letztgenannten Arbeiten um wissenschaftliche Fallstudien, allerdings weisen diese ‚nur' ein Volumen von 33 bzw. 37 Seiten auf).

2.2 Wissenschaftlich-theoretische Orientierung

Bislang wurden unternehmenshistorische Arbeiten überwiegend am Rande der Wirtschafts- und Geschichtswissenschaften realisiert. Oftmals erbrachten derartige Untersuchungen in wissenschaftlicher Hinsicht eher fragwürdige Ergebnisse, da eine theoretische Fundierung, die über deren Methoden und Ergebnisse aufklärt, kaum versucht wurde (Pierenkemper, 2000, S. 13 ff.). Die in solchen „Unternehmensbiographien" zugrunde gelegte Sichtweise war entweder eine eher makroökonomische und gesellschaftliche Zusammenhänge reflektierende oder aber eine mikroökonomische Perspektive der betrieblichen Entwicklung (Erker, 1997, S. 321 ff.).

In der mehr makroökonomisch orientierten Forschung betrachtete man Unternehmen in Verbindung mit der Branchengeschichte und deren Stellenwert in der jeweiligen Volkswirtschaft. Meist stand dabei die Relation von Unternehmensfinanzierung und Kapitalmarkt, ferner von Güterproduktion und Außenhandel sowie von Unternehmensexpansion und gesamtwirtschaftlichem Wachstum im Mittelpunkt der Studien.

Im Rahmen einer eher mikroökonomischen Betrachtungsweise von Unternehmen hatten sich die Autoren auf eine primär chronologische Darstellung wichtiger Eckpunkte ökonomischer Sachverhalte der Unternehmensentwicklung beschränkt. Diese Arbeiten beinhalteten aber einen überwiegend einseitigen Fokus aus der Sicht des Managements oder der Eigentümer und wurden sehr häufig als Jubiläumspublikationen verfasst (Pfliegensdörfer, 1988).

Vor einem solchen Hintergrund wurden Arbeiten mit so einseitiger Perspektive oftmals als eine Art von ,Haus- und Hofberichterstattung' für die Wirtschaft angesehen, die letztlich nur Wunschbilder des Managements oder der Eigentümer zeichneten. Da eine solchermaßen begrenzte Sichtweise in vielen Fällen tatsächlich vorzuliegen schien, genügen viele dieser Arbeiten wissenschaftlichen Ansprüchen kaum und können vor allem dem komplexen Zusammenhang von technischer Produktentwicklung und Unternehmensentwicklung, der auch hier von Interesse ist, nicht gerecht werden. Insofern stellte sich vorliegend die Notwendigkeit einer wissenschaftlich-theoretisch fundierten Kontextualisierung.

Eine derartige Kontextualisierungsmöglichkeit für die meisten der zuvor unter Kap. 2.1 genannten Fragestellungen ist sicherlich an Hand der Forschungen zur Technikgenese gegeben. Der seit Mitte der 1980er Jahre in Westdeutschland stark vertretenen Technikgeneseforschung lag die Programmatik zu Grunde, durch Aufarbeitung der sozialen Prozesse der Technikentstehung die politische Steuerung von Technik nachvollziehbar zu machen und auch einen Beitrag zur präventiven Technikfolgenabschätzung zu erbringen (Dierkes, 1987; Dierkes, 1993).

Das von Forschern wie Meinolf Dierkes, Renate Mayntz und Burkhard Lutz verfolgte Programm der Technikgeneseforschung lässt sich gemäß Johannes Weyer (2004, S. 9 f.) wie folgt darstellen:

> „[Es] verknüpft erstmals Technikgenese- und Technikfolgenforschung in einer Weise, die zu einer Soziologisierung der Technikgeschichte, aber auch zu einer Historisierung der Techniksoziologie führte und die beiden Teildisziplinen der Technikforschung einander erheblich näher brachte. Denn die Technikgeneseforschung basierte auf der programmatischen Annahme, dass bereits in der Frühphase einer Technik Schlüsselentscheidungen fallen, die den gesamten Prozess der Technikentwicklung (bis hin zu den manifesten Folgen in der Gegenwart) prägen; dies hatte zwingend zur Folge, dass man weit in die Geschichte von Technisierungsprojekten zurückgehen musste, um dort nach prägenden Entscheidungen zu suchen".

Dieses von Dierkes, Mayntz und Lutz mitgestaltete Programm wurde insbesondere am Wissenschaftszentrum in Berlin, am Max-Planck-Institut für Gesellschaftsforschung in Köln, sowie an der Bielefelder Fakultät für Soziologie umgesetzt. Als exemplarisches und auch für die vorliegende Arbeit thematisch relevantes Beispiel für die an dieser Programmatik orientierten Studien, welche die Erkenntnis über soziale Prozesse bei der Entstehung technischer Innovationen und deren Etablierung als sozio-technische Systeme beträchtlich bereichert haben, sei die bereits im Vorkapitel kurz angeschnittene Forschungsarbeit von Andreas Knie (Berlin) zum Wankel-, aber auch zum Diesel-Motor genannt (Knie, 1989, 1994a, 1994b).

Als grundsätzlicher Konsens des Forschungsprogrammes zur Technikgenese hatte sich herauskristallisiert, dass eine entscheidende Basis für die Etablierung einer technischen Innovation in sozialen Aushandlungs- und Schließungsprozessen liegt. Der sozialkonstruktivistische ‚Closure'-Begriff[16] bezieht sich auf die Kernthese dieser Programmatik, wonach „eine diskursive Verständigung über die Bedeutung und die Tragweite einer neuen Technik erzielt werden muss, damit ein innovatives sozio-technisches System entsteht, das sich in unterschiedlichen Anwendungskontexten bewähren kann" (Weyer, 2004, S. 10). Im Rahmen dieser diskursiven Verständigung kommt sozialen beziehungsweise institutionellen Netzwerken, zum Beispiel strategischen Netzwerken, Policy- und Innovationsnetzwerken zentrale Bedeutung zu.[17]

In seinen modelltheoretischen Überlegungen zu Innovations-Netzwerken und ‚hybriden sozio-technischen Systemen' konzentriert sich Weyer vor allem darauf, dass die besagten Netzwerke mit der Generierung einer neuen Technik mit-

---

16 ‚Closure' (Schließung); vgl. zur Begriffsbildung Pinch und Bijker (1987, S. 17 f.).
17 Vgl. zur Beschreibung solcher Netzwerke Heidling (2000, strategische Netzwerke), Mayntz (1993, Policy-Netzwerke), sowie Kowol und Krohn (1995, Innovations-Netzwerke).

nichten geschlossen werden, sondern dass sich im Laufe der Durchsetzung[18] und Ausbreitung einer Technologie immer neue Konstellationen von Akteuren und Netzwerken formen (vgl. zusammenfassend Weyer, 1997; Degele, 2002, S. 62 ff.). Weyer (2004, S. 25) geht für diesen Durchsetzungs- und Diffusionsprozess zunächst von der Identifizierbarkeit dreier Phasen aus:

„Indem wir Technikgenese als einen mehrstufigen Prozess der sozialen Konstruktion von Technik betrachten, setzen wir (...) voraus, dass die Akteurkonstellationen, die eine technische Innovation tragen, wie auch die Nutzungsvisionen im Laufe der Entwicklung mehrfach wechseln. Man kann diesen Prozess als eine Abfolge sozialer Schließungen beschreiben, der sich grob und idealtypisch in die drei Phasen ‚Entstehung', ‚Stabilisierung' und ‚Durchsetzung' (sowie die damit verbundenen Phasenübergänge) untergliedern lässt".

In Anlehnung an Weyer (2004, S. 26 ff.) sind die drei Phasen – grob zusammengefasst – wie folgt charakterisierbar:
I. Entstehungsphase: Privaten Tüftler- und Erfindergemeinschaften in sog. subkulturellen Nischen wohnt hier ein hoher Stellenwert inne, da sie den Informationsaustausch zwischen den häufig isolierten Mitstreitern der ‚Vision' ermöglichen. Die vorrangige Leistung in dieser Phase besteht in der Generierung des sozio-technischen Kerns der Innovation. Dieser sozio-technische Kern stellt eine paradigmatische Basisentscheidung mit zwei Zügen dar: a. technisch-instrumentelle Konfiguration (als allgemeines, aber noch keineswegs abgeschlossenes Konstruktionsprinzip), b. soziale Konfiguration (als vorweg genommenes Arrangement von Akteuren).
II. Stabilisierungsphase: Für diese Phase ist maßgeblich, dass sich ein soziales Netzwerk herausbildet, welches die ‚Vision' bis zur Entwicklung des Prototyps voran bringen kann. Es müssen hier die Handlungsprogramme heterogener Akteure, die durchaus unterschiedliche Persönlichkeitsstrukturen und Zielvorstellungen, aber ein gemeinsames Oberziel (der Prototyp-'Durchbruch') haben, aufeinander abgestimmt werden. Der sozio-technische Kern (s. Stufe I) bleibt erhalten, aber technische, administrative und soziale Komponenten ändern und entwickeln sich weiter (‚Rekombination'). Operational und sozial schließt sich das Netzwerk (‚Closure'), auch die ‚informationale Offenheit' wird reduziert. Die Schließung des Netzwerkes vermindert damit Instabilität und Unsicherheit bei den Beteiligten; deren Erfolgserwartungen und die Plastizität der ‚Vision' nehmen immer mehr zu und es erfolgt eine Konzentration auf die Kardinalprobleme (Erstellung des Prototyps, Sicherung gegen Begehrlichkeiten bzw. Störfaktoren ‚von außen'). Der Fortschritt in dieser Stabilisierungsphase geht einher mit hohen Leistungssteigerungen

---

18 Eine letztlich defizitäre Durchsetzung wie im Falle des Wankel-Motors kann dabei auch auf ineffiziente Netzwerke oder ‚Anti-Netzwerke' (opportunistische Kartelle, Verweigerungszirkel) zurückgeführt werden. Vgl. zur Grundproblematik auch Weyer (1993).

und Kompetenzzuwächsen bei den Beteiligten sowie entsprechenden Effizienzverbesserungen der fraglichen Technik.

III. Durchsetzungsphase: Das ‚Closure'-Modell der Technikgenese geht nicht über die vorgenannte Stufe II. hinaus. Zweifellos ist die Fertigung und Sicherung des Prototyps einer neuen Technik ein wichtiger Schritt bei der Etablierung einer neuen Technik, ebenso wichtig ist es jedoch, dass weitere Schritte der sozialen Konstruktion von Technik erfolgen, damit die Innovation auch außerhalb des bisherigen Netzwerkes um sich greift und sich durchsetzen kann. Durchsetzung (Diffusion, Ausbreitung) bedeutet: Märkte werden erschlossen oder geschaffen, der Kreis der Akteure ändert sich bzw. weitet sich aus (neue Nutzungsinteressen gehen mit neuen sozialen Netzwerken einher, industrielle Standards werden gesetzt).

Nach diesem Konzept macht die Sequenz von Konstruktions- und Vermarktungsaktivitäten mit den hierbei involvierten unterschiedlichen Netzwerken und Akteuren, deren Antriebe und Zielvorstellungen ebenfalls sehr unterschiedlich sein können, den Verlauf einer technischen Innovation von der ‚Vision' bis zu ihrer ‚Erfüllung' erst wirklich nachvollziehbar.

Technikgenese und -gestaltung werden gemäß dem Konzept nicht linear oder hierarchisch durch den Staat oder eine Aufsichtsinstanz gesteuert, sondern vollziehen sich durch Austauschprozesse innerhalb von Netzwerkstrukturen, die vor allem zwischen der Stufe der Stabilisierung und Durchsetzung einer Technik merklichen Umbrüchen unterliegen können. Die sich entwickelnde und schließlich zu einer Marktreife gelangende Technik wirkt über komplexe Interaktionen auf die Akteure zurück und moduliert deren soziale Handlungs- und Denkungsweise (‚hybrides' sozio-technisches System).[19]

---

19 Hier knüpft die Systemtheorie an die sog. ‚Actor-Network-Theory (Callon und Law, 1989) an, bei der allerdings – vereinfacht ausgedrückt – in radikal-provokanter Weise die technischen Apparate selbst zu Akteuren werden.

3. Methodische Überlegungen und Vorgehensweise

Die vorliegende Arbeit weist eine generelle Dichotomisierung in primär deskriptiv und primär hermeneutisch geprägte Darlegungen auf. Beide Ebenen sind miteinander verknüpft, können also nicht schematisch oder isoliert voneinander betrachtet werden.

Eine Deskription der biographischen Charakteristika Felix Wankels und des historischen Ablaufes der Wankel-Motor-Erfindung – angefangen von der erstmaligen Konzeption des Motors über den Verkauf von Lizenzen bis hin zur Herstellung bzw. Markteinführung von damit ausgestatteten Fahrzeugen – kann an Hand einer differenzierten Auswertung bereits vorliegender oder grundsätzlich verfügbarer Quellen vorgenommen werden.

Hierbei handelt es sich um frei zugängliches Material (technikgeschichtliche und anderweitige Beiträge in Fachzeitschriften, entsprechende Monographien, digitalisierte Beiträge), das der Verfasser im Rahmen seiner Recherchen zusammengetragen hat. Als fruchtbares Recherchefeld sei an dieser Stelle insbesondere auf das Felix-Wankel-Archiv des Landesmuseums für Technik und Arbeit in Mannheim verwiesen (unbefristete Leihgabe der Felix-Wankel-Stiftung). Der Bestand dieses Archivs, der einer genauen Registratur unterliegt, erstreckt sich auf rund 80 laufende Meter Akten. Er umfasst 1539 Aktenstücke und ist in vier Bereiche eingeteilt:
– Persönliches.
– Tätigkeit Wankels als Konstrukteur, Erfinder und Unternehmer.
– Technisches Werk.
– Versuchswerkstätten, Forschungs- und Entwicklungswerke, Unternehmen von Felix Wankel.

Mithin sollen auch in die deskriptiven Passagen neue Perspektiven eingearbeitet werden, indem die Identifizierung von automobil<u>externen</u> Anwendungsfeldern beziehungsweise Zukunftsperspektiven außerhalb des gegenwärtigen automobilen Standards (Stichwort: Hybrid- und Wasserstoffmotoren) für das Wankel-Antriebsaggregat dargelegt werden.[20] Gerade in diesem Zusammenhang war auf die Befragung von Zeitzeugen mit einer auch prospektiven Expertenmeinung zurückzugreifen (siehe unten).

Für den hermeneutischen Hauptabschnitt der vorliegenden Arbeit, sprich: die interpretative Abklärung von (offenkundigen) institutionellen, industriestrategischen wie auch psychologischen Faktoren sowie ‚Netzwerkeinflüssen' contra und pro Wankel-Motor, kann ansatzweise auch auf das vorbezeichnete Material zurückgegriffen werden.

---

20 Diese Anwendungsmöglichkeiten spielten ja in der bisherigen Wankel-Forschung eine eher untergeordnete Rolle (s. Abschnitt 1).

Wesentlich wichtiger ist es für diesen Hauptabschnitt allerdings, auch bislang von der Forschung nicht ausgewertetes, authentisches Material zu berücksichtigen, sowie an der Entwicklung des Wankel-Motors und entsprechenden Anwendungsentscheidungen beteiligte Zeitzeugen zu befragen. Zu diesem Zwecke konnte der Verfasser das Archiv von Dankwart Eiermann (Weißensberg bei Lindau) nutzen.

Dankwart Eiermann, geb. 1933, der als langjähriger Chefingenieur bei der Entwicklung des Wankel-Motors unmittelbar mit Felix Wankel kooperierte und derzeit als technischer Senior-Consultant für die Cottbuser Wankel Super Tec GmbH in führender Position tätig ist, hat über viele Jahre hinweg einen vermutlich einzigartigen Fundus von schriftlichem Material und auch technischen Archivalien zum Wankel-Antrieb zusammengestellt.[21]

Dem Verfasser wurde die Möglichkeit zur Erschließung des Eiermannschen Archivs im Oktober und November 2003 eingeräumt. Eiermann sammelte im Laufe der Jahre umfangreiches Material zu den verschiedenen Phasen der mit dem Wankel-Motor assoziierten Firmengeschichte(n). Der Bestand umfasst rund 15 Meter Aktenordner. Die Aktenordner folgen in der Systematik den verschiedenen Produktvarianten (also verschiedene Entwicklungen des Motors für Automobile, Rennboote usw.). Außerdem liegen etwa 10-20 Aktenordner sowie zahlreiche Handakten mit Korrespondenzen der Wankel GmbH (1957-1971) sowie der TES (ca. 1961-1986) sowie den nachfolgenden Firmen bzw. Lizenzinhabern vor. Die einzelnen Akten enthalten oft umfangreiche Sammlungen mit Presseartikeln (allgemein zur Firma oder dem jeweiligen Entwicklungsprodukt). Außerdem ist eine kleine Bibliothek mit Publikationen zum Thema vorhanden. Eine eigenständige Registratur für das Archiv besteht nicht.

Aus Eiermanns Archiv konnten insgesamt fast 2000 Seiten an thematisch relevantem Material kopiert werden; ferner nutzte der Verfasser die Option, auf ‚historische' und bislang unveröffentlichte Foto- und Filmaufnahmen zum Einsatz des Wankel-Motors sowie auch aktuelle Materialien zu den neuesten Entwicklungsschritten in der Entwicklung eines Diesel-Wankels zurückzugreifen.

Dankwart Eiermann stand zudem als Interviewpartner zur Verfügung. Unter den weiteren Zeitzeugen, die persönlich befragt werden konnten, seien an dieser Stelle insbesondere Prof. Dr.-Ing. Georg Jungbluth (Universität Karlsruhe, mittlerweile emeritiert) sowie Dipl.-Ing. Peter v. Manteuffel hervorgehoben.[22] Beide nahmen in einer entscheidenden Entwicklungsphase des Wankel-Motors in den 1960er Jahren technische bzw. technisch-administrative Führungspositionen bei NSU ein. Die genauere Charakterisierung der betreffenden Tätigkeitsbereiche wird im

---

21 Zudem arbeitete Eiermann maßgeblich an Wankels Buchveröffentlichung ‚Einteilung der Rotationskolbenmaschinen' (1963) und weiteren Veröffentlichungen zur Wankel-Technik mit; zudem wurde er als Erfinder bei über 80 Wankel-Patenten mit aufgeführt (Eiermann, 2002; Stübner, 2002).

22 Selbstverständlich wurde die Befragung auch weiterer Zeitzeugen und aktuell an der Entwicklung der Wankel-Technologie Beteiligter realisiert.

Verlauf der Arbeit vorgenommen. Die teils mehrstündigen Interviews wurden bei Einwilligung der Gesprächspartner auf Band aufgenommen und anschließend transkribiert.

Methodenkritisch ist zu der Auswahl der befragten Personen anzumerken, dass diese natürlich keine Repräsentativität hinsichtlich der an der Entwicklung des Wankel-Motors und an entsprechenden Managemententscheidungen Beteiligter für sich beanspruchen kann. Gleichwohl war das Gros der Befragten an wichtigen technisch-administrativen Schnittstellen der mit dem Wankel-Motor befassten Unternehmen bzw. Forschungseinrichtungen angesiedelt und konnte daher differenzierte, thematisch wichtige Rückmeldungen erteilen.

Da – wie eingangs erwähnt – die deskriptive Ebene nicht von der hermeneutischen getrennt werden kann, soll in der Folge so verfahren werden, dass nach Deskription einer bestimmten Entwicklungsstufe der Wankel-Technologie beziehungsweise eines entsprechenden Zeitabschnittes dieser Abschnitt unter Verwendung der Modelle zur Technikgeneseforschung reflektiert wird.

Dabei kann jeweils ein Rückschluss auf die Phase I. bis III. vorgenommen werden; ferner sind Schlussfolgerungen hinsichtlich der möglichen Rolle der Netzwerke und ihrer Effizienz versus Ineffizienz sowie in Bezug auf soziologische und psychologische Einflüsse zu ziehen. Die erste auf diese Weise reflektierte Entwicklungsstufe wird den Zeitraum von der Herausformung der ‚Vision' in den 1920er Jahren bis zu dem erzwungenen Stillstand der technischen Entwicklungsbemühungen 1945 umfassen.

4. Entwicklungsgeschichte und Grundlagen der Kreiskolbentechnik (Wankel-Motor)

4.1 Felix Wankel (1902-1988): Biographische Eckdaten[23]

Felix Wankel wurde am 13. August 1902 in Lahr (Schwarzwald) als Sohn des Forstbeamten Rudolf Wankel und seiner Frau Gerty geboren. Der Vater war an technischen Fragen sehr interessiert und sah sich oftmals als „verhinderten Ingenieur" an (Damolin, 1989, S. 40). Obwohl es sich bei Felix Wankel um einen „ausgesprochenen Spätreifer" handelte, der erst im Alter von 3-4 Jahren allein im elterlichen Forsthaus gehen konnte, zeigte das Kind doch „frühzeitig reges Interesse für alle erdenklichen Maschinen", darunter Holzsägemaschinen und Lokomotiven (o.V., 1988, S. 1958). Im Jahre 1912 bekam er von seinen Eltern einen Heißluftmotor geschenkt, „mit dem er verschiedene Modelle wie Sägen, Hämmerwerke, Mühlen usw. antrieb" (o.V., 1988, S. 1960).

Die erste Berührung Wankels mit einem Kraftfahrzeug lässt sich für die Phase kurz vor dem Ersten Weltkrieg dokumentieren: Sein Vater hatte sich einen zweisitzigen ‚Adler'-Sportwagen mit abnehmbaren Verdeck angeschafft, der jedoch mit Ausbruch des Krieges der Militärverwaltung übergeben wurde (o.V., 1988, S. 1960).

1915 siedelte die Familie nach Heidelberg über, nachdem der Vater im ersten Kriegsjahr gefallen war.

Das Gymnasium in Weinheim bei Heidelberg verließ Wankel 1921 vorzeitig ohne Ablegung der Reifeprüfung. „Mich stören die Formeln" führte Wankel in seinen Tagebuchaufzeichnungen als Grund der für den Abbruch der Gymnasiallaufbahn mitverantwortlichen Mathematikdefizite an[24]; darüber hinaus widerstrebte ihm jedoch auch zutiefst „der Drill an der Schule" (Damolin, 1989, S. 40; vgl. auch Becker et al., 2002, S. 11).

1921-1924 absolvierte er in Heidelberg – mehr auf Drängen des Elternhauses (sprich: seiner Mutter, die 1934 verstarb) als aus eigenem Interesse – eine Lehre als Verlagskaufmann. In Wirklichkeit handelte es sich bei dieser Ausbildung aber mehr um eine ‚Alibitätigkeit', denn es sollte – wie in der Folge näher darzulegen ist – eines seiner Interessen in den 1920er Jahren wie auch später im Bereich des Politischen liegen.

---

23 Die nachfolgenden Aussagen/Eckdaten beruhen insbesondere auf den Angaben von Eckermann (1988, S. 43 f.), de Pay (1989, S. 2 ff.), sowie Becker et al. (2002, S. 3 ff.), sowie den Hinweisen im Felix-Wankel-Archiv des Landesmuseums für Technik und Arbeit in Mannheim.

24 Tagebuchaufzeichnung; Archivierungsstelle: Felix-Wankel-Archiv des Landesmuseums für Technik und Arbeit in Mannheim, Oberrubrik ‚Persönliches' (Unterrubrik 102: Tagebücher).

Seit Anfang der 1920er Jahre engagierte sich Wankel, der wie viele seiner Zeitgenossen unter der Niederlage von 1918 litt („Schmach von Versailles', ‚Verrat der Novemberverbrecher'), in nationalen Kreisen („Nationale Heidelberger Jugendbewegung'). Das mütterliche Vermögen war durch die galoppierende Inflation bis 1923 fast komplett aufgezehrt worden und wie Millionen anderer Deutscher litten auch Wankel und seiner Mutter unter der wirtschaftlichen Not. Der junge Wankel sah die Deutschen als Opfer einer „Juden-Spießer-Republik", die von „Verbrechern in der Politik" bestimmt werde (Damolin, 1989, S. 40).

1922 wurde auf Initiative von Wankel der ‚Sturmtrupp Lenz', eine Vorläuferorganisation der Heidelberger SA, gegründet; 1923 war er maßgeblich – offensichtlich inspiriert durch Literatur des Kaiserlichen Deutsch-Ostafrika-Generals Paul von Lettow-Vorbeck (1870-1964) – an der Gründung der national orientierten Jugendgruppe ‚Heia Safari' beteiligt und 1924 engagierte er sich für die ‚Großdeutsche Jugendwehr', die später in der Hitler-Jugend (HJ) aufging (Damolin, 1989, S. 40). Anhänger der Weimarer Republik nahm der offensichtlich nicht von einer gewissen Überheblichkeit freie Wankel oftmals als „spießige Demokraten" wahr und vermerkte des weiteren in seinem Tagebuch, dass seine politischen Gegner Angst davor hätten, mit ihm in Diskussionen verwickelt zu werden, „wegen meiner hypnotischen Macht".[25]

1926 trat er in die NSDAP ein und fungierte Anfang der 1930er Jahre als Gauleiter der HJ Baden. Eine politische Karriere im nationalsozialistischen System stand ihm zu diesem Zeitpunkt offen, er nahm diese Möglichkeit jedoch nicht an, da nach seinem Eindruck in der NS-‚Bewegung' „Korrupteure" und neue „Bonzen" am Werke waren und er sozialrevolutionäre Ideen, für die in der NSDAP insbesondere der von ihm geschätzte Gregor Strasser (1892-1934, von der Gestapo ermordet) eintrat, nicht umgesetzt sah (Burgmaier, 2002, S. 3). 1932 trat Wankel – wie im gleichen Jahr Strasser – aus der NSDAP wieder aus, was insbesondere auf Konflikte mit dem badischen Gauleiter Robert Wagner (1895-1946, von französischem Kriegsgericht zum Tode verurteilt) zurückzuführen war. 1933 wurde Wankel für ein halbes Jahr als politisch Missliebiger von den Nationalsozialisten inhaftiert,[26] in der Folgezeit intensivierte er allerdings seine Kontakte mit NS-Funktionären und leitenden Vertretern der deutschen Maschinen- und Fahrzeugindustrie mit dem Ziel, technische Innovationen stärker in die als solche wahrgenommene ‚Wiedererstarkung' Deutschlands einzubringen (persönliche Kontakte auch mit Hitler und hochrangigen NS-Politikern).

---

25 Ebenda.
26 Wankel hatte mitzuhelfen versucht, eine undurchsichtige Korruptions- und Unterschlagungsaffäre, in die offenbar Wagner und Anhänger verwickelt waren, aufzuklären und war daraufhin ‚in Ungnade' gefallen. Der Inhaftierung ging eine Verprügelung Wankels durch NS-Schergen voraus (Hagedorn, 2002). Es war vor allem Wilhelm Keppler (1882-1960) aus Heidelberg, ein Förderer Wankels und – als Reichstagsabgeordneter des Wahlkreises Baden – zudem persönlicher Berater Hitlers in Wirtschaftsfragen, der Wankel durch direkte Intervention bei der Staatsführung wieder aus der Haft „herauspauken" konnte (Damolin, 1989, S. 40).

Das Leben Felix Wankels zwischen 1918 und 1933 war sicherlich ganz wesentlich von den wirtschaftlich-politischen Wirren der Jahre nach dem Ersten Weltkrieg und den daraus erwachsenden nationalideologischen Versuchen, eine Kompensation des als ‚Schande' empfundenen Vertrages von Versailles zu erreichen, gezeichnet. Die erste Hälfte der 1920er Jahre zeigt ihn als selbstsicheren, zuweilen überheblichen jungen Mann, der sich – als Anhänger des sog. ‚linken Flügels' der NSDAP – seit dem Ende der 1920er Jahre immer stärker „an Parteibürokratie, dem Machthunger und dem Karrieredenken vieler Funktionäre" stößt und für eine Parteilaufbahn ungeeignet ist (Mietzner, 2002, o.S.).

In mancherlei Hinsicht offenbart Wankel seit dieser Zeit immer mehr Attribute des zuweilen kauzigen Exzentrikers, der sich den „Anfechtungen des Politischen" entzieht; ob er – wie er 1976 in einem Nachtrag zu seinen Tagebuchaufzeichnungen anführt – gar zu einem insgeheimen „Gegner der braunen Gewaltherrschaft"[27] wurde, erscheint fraglich, aber nicht gänzlich ausgeschlossen (diese Fragestellung wird im Kontext des Folgeabschnittes anhand des Quellenmaterials noch weiter präzisiert). Auf jeden Fall dürfte Wankel in den Jahren bis 1933 eine gewisse Abneigung gegen bestimmte Formen von Bürokratie und gegen den Integrationsdruck in (bürokratische) Organisationen respektive Institutionen entwickelt haben. Insofern lagen in dieser Phase wohl ganz entscheidende Prägungen beziehungsweise Neu- und Umorientierungen in Wankels Persönlichkeit vor, welche in manchen sozialen Situationen sicherlich auch als Hemmnis wirken konnten und die teils mangelhafte ‚institutionelle Einbindung' der Entwicklung des Wankel-Motors beziehungsweise dessen letztliche Nichtdurchsetzung am Markt in den Folgejahren erklären dürften.

Vorliegend wird also auch die Frage aufgeworfen, ob Wankel für die Durchsetzung des von ihm erfundenen Motorenprinzips möglicherweise – zumindest in Bezug auf bestimmte Zeitabstände – ein ‚Hindernis' darstellte. Zur Beantwortung dieser Fragestellung sind aus historisch-biographischer Perspektive die komplexen Interaktionen zwischen Technik, Persönlichkeit und sozialem Umfeld zu reflektieren, wobei sich hier im Sinne einer ‚Antithese' bzw. vergleichenden Perspektive sogar eine Art von Gegenmodell aufstellen lässt.

Auf Basis eines derartigen Gegenmodells kann anhand von Fallbeispielen – zu denken ist etwa an Ferdinand Porsches (1875-1951) Boxermotor[28] oder an die Innovationen des Motorenpioniers Rudolf Diesel (1858-1913) – aufgezeigt werden, inwieweit durch im Vergleich zum Wankel-Motor unterschiedliche Rahmenbedingungen und Strategien die erfolgreiche Durchsetzung einer neuen Technik

---

27 Archivierungsstelle: Felix-Wankel-Archiv des Landesmuseums für Technik und Arbeit in Mannheim, Oberrubrik ‚Persönliches' (Unterrubrik 102: Tagebücher).
28 Der Siegeszug des von Porsche entworfenen ‚Käfers' begann am 17. Januar 1934. Im Jahre 1972 war dieses Gefährt zum meistverkauften Automobil aller Zeiten avanciert (o.V., 2004, S. 47) und dies, obwohl das luftgekühlte und zugegebenermaßen robuste Antriebsaggregat seinerzeit längst als überaltet und zudem vergleichsweise ‚durstig' zu kennzeichnen war (Kontrast zum Wankel-Motor, dem ja nach Auffassung vieler Zeitzeugen keine wirkliche ‚Chance' gegeben worden war).

vonstatten ging.[29] Mittels einer solchen vergleichenden Perspektive, die als heuristisches Hilfsmittel dienen kann, könnten sich die gleichsam ‚hemmenden' Parameter in den besagten Interaktionen besser extrahieren lassen als bei einer ‚Nur'-Betrachtung der Wankelschen Biographie und seines technischen Wirkens.

Den ersten ‚hautnahen' Kontakt zum Verbrennungsmotor hatte Wankel erst im Frühjahr 1922, als er von seiner Mutter ein ‚Fahrrad mit Hilfsmotor' geschenkt bekam; diesen Motor baute er später in ein Eigenbau-Motorboot ein (o.V., 1988, S. 1960). Seit 1924 betrieb Wankel, zunächst unterstützt vor allem mit Geldmitteln seiner Mutter, in Heidelberg eine eigene Versuchswerkstatt; zum Ende der 1920er Jahre lag sein Tätigkeitsschwerpunkt auf der Konstruktion von Drehschiebersteuerungen (genuine Eigenentwicklung) und Abdichtversuchen. Wankel berichtete, das Rotationskolbenprinzip habe ihn bereits seit Anfang der 1920er Jahre interessiert, „weil ich das Schütteln und Stampfen des Hubkolbenmotors für unschön hielt, gegenüber dem Lauf einer Turbine oder eines Elektromotors" (Wankel, 1976, S. 2).

In den Jahren 1930-32 im Zuge der allgemeinen wirtschaftlichen Depression weitgehend verarmt (1930 wird ihm das Telefon seiner Werkstatt abgestellt, 1932 dann endgültig auch die Stromversorgung), musste Wankel die Heidelberger Versuchswerkstatt aufgeben und zog zu seiner Mutter ins badische Lahr, wo er seine technischen Versuche nur eingeschränkt fortsetzen konnte (Becker et al., 2002, S. 17). In den Jahren nach 1932 vollzog sich dann aber eine gewisse Konsolidierung seiner Finanzlage: 1934-1936 nahm er in dem Segment der Drehschiebersteuerungen einen Forschungsauftrag der BMW AG wahr, 1934 gelang ihm der Erstlauf einer Drehkolbenmaschine (DKM32).

Im Jahre 1936, in dem er auch seine Frau Emma (geb. 27. Oktober 1905), genannt „Mi", heiratete, wurde die Wankel-Versuchs-Werkstatt (W V W) in Lindau gegründet (bis zum Kriegsende Arbeiten an Rotationskolbenmotoren und – mit dem Ziel auch militärischer Nutzung – an Booten etc., wesentliche Unterstützung durch den NS-Apparat). Tatsächlich lebte Wankel spätestens von 1936 an „hauptsächlich von Entwicklungsaufträgen, die ihm sein alter Gewährsmann Keppler zu besorgen weiß, darunter auch Projekte für die Waffen-SS" (Damolin, 1989, S. 40). Die Jahre 1940 bis 1944 erbrachten eine enge Kooperation mit der Deutschen Versuchsanstalt für Luftfahrt in Berlin-Adlershof, wobei Wankel auch in dieser Phase „jedoch nie den privaten Charakter seiner Forschungstätigkeit aufgab" (Korp, 1959, S. 19).

1945 ergingen die Beschlagnahme der Versuchs-Werkstatt und ein vorübergehendes Berufsverbot durch die französische Besatzungsmacht. Das Verfahren zur ‚Entnazifizierung' überstand Wankel „unbeschadet" (Mietzner, 2002, o.S.).

---

29 Hierbei geht es natürlich auch um die Durchsetzungsfähigkeit der Erfinderpersönlichkeit (mögliche Forschungsfrage: hatte Wankel, als es in den 1970er Jahren um den Verkauf ‚seines' Unternehmens ging, vielleicht schon resigniert und Optionen auf zukünftige Mitspracherechte bewusst aufgegeben?).

Im Jahre 1951 gründete Wankel die Technische Entwicklungsstelle (TES) in Lindau und konzentrierte sich – in enger Kooperation mit NSU (Neckarsulm) – auf die Weiterentwicklung der Rotationskolbenmaschinen (in der Folge Gründung der Wankel GmbH). Darüber hinaus arbeitete er an Fertigungs- und Forschungsaufträgen für Industriemaschinen mit Rotationskolbenelementen sowie Kolbenringen (Borsig-Werke Berlin, Goetze AG Burscheid). 1954 konnte der technische Durchbruch mit dem Lauf eines ausschließlich rotarischen viertaktenden Verbrennungsmotors vollzogen werden (‚Wankel-Motor').

Ende 1959 wurde auf einer gemeinsam von NSU und dem VDI (Verein Deutscher Ingenieure) in München stattfindenden Tagung erstmals der Fachwelt ein voll funktionsfähiger automobiler Kreiskolbenmotor vorgestellt (KKM250, 29 PS aus nur 250 ccm Gesamtkammergröße). Sowohl in Fachkreisen wie auch in der gesamten Öffentlichkeit stieß der Motor auf ein enormes Interesse; die NSU-Aktien begannen zu haussieren und sollten später an der Börse immer mehr Züge eines Spekulationsobjektes annehmen.

Die Folgejahre waren geprägt von der Verbesserung des Wankel-Motors, entsprechenden Lizenzvergaben an in- und ausländische Auto- und Motorenproduzenten, sowie den eigenen (zeitweise) erfolgreichen Anstrengungen zur Etablierung des Wankel-Motors in der Automobilindustrie. Anfang 1962 erfolgte in Kooperation mit der Fraunhofer-Gesellschaft[30] gemäß Wankels Ideen der Bau des architektonisch anspruchsvollen und lichtdurchfluteten, in klarer Linienführung gehaltenen TES-Hauptgebäudes in Lindau (als Industrie-Baudenkmal anerkannt). 1963 veröffentlichte Wankel in der Deutschen Verlags-Anstalt (Stuttgart) unter Mitarbeit von Dankwart Eiermann eine Systematisierung seiner bisherigen Forschungs- und Konstruktionserfahrungen („Einteilung der Rotationskolben-Maschinen"). Unbestritten war die 1967 vollzogene Markteinführung des NSU Ro 80 ein Höhepunkt im Leben des Felix Wankel.

1966 verunglückten Wankel, seine Frau sowie sein Fahrer bei einem Autounfall in München schwer (unverschuldeter Zusammenstoß seines Mercedes S, wegen dessen Farbe von Wankel auch gern als „Silberlöwe" bezeichnet, mit einem Tanklastwagen, Abb. 4). Seine Frau Mi erlitt dabei Schnittverletzungen im Gesicht, die komplizierte und langwierige chirurgische Eingriffe erforderlich machten, und auch Wankel, der nunmehr Schadenersatz- und Schmerzensgeldprozesse angestrengt hatte, war über mehrere Monate für die Teilnahme an der Entwicklung und Vermarktung ‚seines' Motors nicht einsatzfähig. Inwieweit sich diese nicht gegebene Einsatzfähigkeit auch in der Organisation der TES in Lindau und letztlich in der Durchsetzung des Motoren-Konzepts niederschlagen sollte, wird in der Folge anhand des Quellenmaterials noch näher diskutiert.

---

30 Diese Kooperation bestand bis zum 31.12.1972 (Froede, 1974b, S. 101).

Abb. 4:
Wankels Mercedes S nach dem schweren Unfall im Jahre 1966

Felix Wankel, der sich – selbst stets Hundehalter (Abb. 5) – über Jahrzehnte hinweg für soziale Belange sowie insbesondere den Tierschutz engagierte[32] und 1970 das Große Bundesverdienstkreuz erhielt, starb am 9.10.1988 in Heidelberg und wurde auf dem dortigen Bergfriedhof beigesetzt. Ein aus Edelmetall gefertigtes Trochoidensymbol mit dem kreisenden Kolben ziert das schlichte Grabmal aus Naturstein (Abb. 6).

Abb. 5:
Wankel mit seinem Neufundländer „Pascha" (um 1980, aus: Becker et al., 2002, S. 6)

---

31 Quelle: Unfallakten (Einzelstücke) im Felix-Wankel-Archiv des Landesmuseums für Technik und Arbeit Mannheim, hier Inventarnummer 0077-1174.
32 Hierbei stellte er erhebliche Summen zur Verfügung. Beispielsweise spendete Wankel allein für den Bau eines „Katzenhauses" (auf Katzen spezialisiertes Tierheim) Ende der 1960er Jahre einen Betrag von DM 100.000. Persönliche Mitteilung von Dipl.-Ing. v. Manteuffel an den Verf. im Gespräch im. November 2004.

Abb. 6: Grabmal Wankels in Heidelberg (aus: Klein, 1992, S. 11)

4.2 Fehlschläge und Erfolge Wankels in der Entwicklung der Dreh- beziehungsweise Kreiskolbentechnik bis 1945

4.2.1 Entwicklungsschritte bis zur Erstpatentierung einer Kreiskolben- Maschine 1933 (DKM32)

Nach Ende des Ersten Weltkrieges hatte Wankel, dessen technische Interessen ja weit in die Kindeszeit zurück reichten, mit Freunden immer wieder verschiedenartige mechanische Apparaturen gebaut. Darunter befand sich auch ein aus einfachsten Mitteln zusammengesetztes Rennwägelchen, der mit einem 2-Zylinder-V-Hubkolbenmotor ausgestattete „Teufelskäfer" (Becker et al., 2002, S. 15) (s. auch Abb. 7).

Eine Beschäftigung Wankels mit Motorenprinzipien, die nicht der konventionellen Hubkolbentechnologie entsprachen, lässt sich erstmals für das Jahr 1924 nachweisen:[33] „Seit dem Winter 1924 zuckte manchmal in mir der Gedanke eines Benzinmotors ohne hin- und hergehende Kolben, aber auch nicht rein turbinenmäßig mit Strahl und Schaufeln, sondern mit einer Art drehendem Kolben mit ausweichendem Zylinderboden" (Wankel, 1926, o.S.).

---

[33] Offenbar ging eine gewisse Inspiration für die Beschäftigung Wankels mit einem Motor mit sich drehenden Kolben auch durch die Kenntnisnahme von speziellen Turbinenversuchen aus, die 1924 in einem nahe Heidelberg gelegenen BBC-Werk durchgeführt wurden (Korp, 1975, S. 15).

Abb. 7: „Teufelskäfer" auf Hubkolbenmotorbasis (Aufnahme um 1925)[34]

Dieses zunächst nur sporadische ‚Zucken', manifestierte sich im Juni 1926 geradezu in der Art eines Erfindungssturms: Wankel zeichnete im Laufe einer einzigen Woche die Pläne für acht mögliche Rotationskolbenmaschinen (Wankel, 1926, o.S.).

Inwieweit die ihm zu diesem Zeitpunkt bereits bekannte Entlassung als Verlagsmitarbeiter zum 1. Juli 1926 diese kreativen Impulse frei zu setzen verhalf, lässt sich anhand des Quellenmaterials nicht mit hinreichender Sicherheit nachvollziehen. Evident wird mithin aus der Durchsicht von Wankels Aufzeichnungen bis 1926, dass ihn die Verlagstätigkeit in keiner Weise innerlich befriedigte und primär dem Lebensunterhalt diente.[35] Seine Mutter, vor dem Ersten Weltkrieg eine wohlhabende Frau, hatte durch die Inflation bis 1923 den Großteil ihres Vermögens verloren (s. auch Kap. 4.1) und konnte keine vollständige Übernahme der Lebenshaltungskosten ihres nun arbeitslos gewordenen Sohnes übernehmen, um diesem maximalen technisch-erfinderischen Freiraum zu verschaffen (Wankel, 1949, S. 1). Gleichwohl unterstützte sie ihn gemäß der ihr verbliebenen finan-

---

34 Quelle: Von Dipl.-Ing. Dankwart Eiermann, Weißensberg, zur Kopie überlassenes Archivmaterial.
35 Zusammenfassende Bewertung anhand der eingesehenen Briefe Wankels (1924-1926) an seine Mutter über seine Tätigkeit im Verlag, die ausgesprochene Kündigung und die fokussierte Tätigkeit in der Heidelberger Werkstatt (Standort: Mannheim: Felix-Wankel-Archiv im Landesmuseum für Technik und Arbeit, Klassifikation 103, Signatur 1521).

ziellen Ressourcen über die zweite Hälfte der 1920er Jahre hinweg, wobei Felix Wankel über die Einzelbeträge peinlich genau Auflistungen anlegte.[36]

Insgesamt darf man trotz nicht stabiler Quellenlage der Einschätzung des Automobilautors Dieter Korp, welcher in den späten 1950er Jahren intensive Gespräche mit Wankel auch zu dessen Lebensgeschichte geführt hatte, zustimmen, wonach nach Wankels erzwungenem Abschied vom Verlagswesen bei diesem neue Kräfte wach wurden und der Grundstein für die nachfolgende Ausrichtung auf die Motoren mit drehenden Kolben gelegt wurde (Korp, 1975, S. 16).

Unter erbärmlichen wirtschaftlichen Bedingungen – er finanzierte sich mit Fahrzeugreparaturen und gelegentlichen Auftragsarbeiten für mechanische Teile etc. – nutzte Wankel die auf die Entlassung folgenden Jahre, um sich in seiner Heidelberger Versuchswerkstatt[37] intensiv den Umsetzungsmöglichkeiten für seine im Juni 1926 zeichnerisch konzipierten Maschinen zu widmen (Abb. 8). Daneben betrieb er mit Freunden von hier aus noch eine DKW-Vertretung, die aber mit einer Pleite endete. Wankel äußerte später zu dieser Episode: „Ich selbst stand diesen kaufmännischen Dingen hilflos gegenüber" (Wankel, 1949, S. 1).

Seine soziale Einbindung in der ‚Heidelberger Phase' erscheint gut; er verfügte über einen Freundeskreis zumeist Technikbegeisterter, die ihm in der gerade nach 1929 (Beginn der Weltwirtschaftskrise) stetig schwieriger werdenden Zeit hilfreich zur Seite standen. Unter diesen Freunden befand sich seit Mitte der 1920er Jahre auch Ernst Wolf, ein ebenfalls von Arbeitslosigkeit betroffener Ingenieur und Mechaniker (Wankel, 1949, S. 1 f.). Mit dessen Hilfe, die sich bis 1936 erstrecken sollte, vermochte Wankel seine Vorstellungen in professionelle Reißbrettzeichnungen zu übertragen.

Insgesamt verlief die Entwicklung von Wankels Maschinenplänen und -versuchen bis zum Jahre 1932 wirtschaftlich und – oberflächlich betrachtet – auch technisch wenig erfolgreich. Es dürfte kaum Sinn machen, im Rahmen dieser Arbeit zu sehr auf die technischen Detailaspekte einzugehen, doch sei darauf hingewiesen, dass es sich um interessante und teils hoch komplexe Konstruktionsentwürfe von Rotationskolbenmaschinen handelte.

Als Hauptproblem bei der seit 1928 vollzogenen versuchsweisen Testung von Prototypen mit drehenden Kolben erwiesen sich stets Abdichtungsdefizite, durch die Anteile des Benzingasgemisches entwichen, was wiederum einen Energieverlust für die Maschine beinhaltete.[38] Ein bereits am 2. September 1926 eingereichter

---

36 Auflistungen vom 22. Oktober 1926 bis 13. April 1932 (Standort: Mannheim: Felix-Wankel-Archiv im Landesmuseum für Technik und Arbeit, Klassifikation 103, Signatur 1521).
37 Es handelte sich dabei um bescheidene Abstellräumlichkeiten, die ihm ein Gipsermeister, Vater eines Freundes, in der dortigen Kleinschmidtstraße (Hausnummer 8) bereits 1924 überlassen hatte.
38 Zusammenfassende Darstellung im ‚Technischen Tagebuch 1926-1931', Sektion ‚Abdichtungsversuchsvorrichtung DKM' (Standort: Mannheim: Felix-Wankel-Archiv im Landesmuseum für Technik und Arbeit, Klassifikation 102.001, Signatur 00390).

Abb. 8: Wankel in der Heidelberger Versuchswerkstatt (um 1930)[39]

Patentantrag für einen Rotationskolbenmotor[40] erwies sich zudem in der Folge als redundant, da sich heraus stellte, dass das ihm zugrunde liegende Prinzip bereits 1886 von dem Ingenieur Karl Enke erfunden worden war. Mithin erwarb Wankel bei seinen Explorationen der Möglichkeiten von Drehkolbenmaschinen profunde Kenntnisse über Abdichtungsarten und Rotationsmechanik, die sich in den 1930er Jahren (technisch wie finanziell) noch massiv auszahlen sollten.

---

39 Quelle: Von Dipl.-Ing. Dankwart Eiermann, Weißensberg, zur Kopie überlassenes Archivmaterial.
40 Bauprinzip: Zwei parallel zueinander liegende Wellen, auf denen rechts eine so genannte ‚Kolbentragscheibe' mit kurzer ‚Kolbenschaufel' KS und links die Absperrscheibe rotieren; Absperrscheibe begrenzt die bei der Rotation rechts entstehende, ringförmige Arbeitskammer; in die resultierenden Lücken greift beim Umlaufvorgang der Kolben.

Die Basis späterer politisch beziehungsweise institutionell förderlicher Kontakte für Wankels technisches Wirken wurden in den Jahren 1927 und 1928 gelegt: Durch Vermittlung von Leopold Plaichinger[41], eines vormals im Bereich der Werkstoffchemie der BMW-Motorradentwicklung in München und anschließend in den Odin-Gelatine-Werken Eberbach (Neckar) als Fotochemiker tätigen NSDAP-Parteimitgliedes, ließen sich Beziehungen zu Wilhelm Keppler, welcher Besitzer eben jener Gelatine-Werke war, anknüpfen (Wankel, 1949, S. 2; Wankel, 1952, S. 2, S. 18).[42]

Durch Einwirken Kepplers, der ja nach 1933 als einflussreicher Wirtschaftsberater der NS-Regierung fungieren sollte, kam es unter Beteiligung von Plaichinger zu Treffen mit Joseph Goebbels am 8. Dezember 1927 in Heidelberg und mit Hitler sowie Rudolf Hess am 31. August 1928 in Berlin. Neben Wankel wohnten diesen Treffen jeweils noch einige seiner (politischen) Freunde und Konstruktionsmitarbeiter bei. Eine Unterstützung von Wankels technischen Vorstellungen resultierte aus diesen Treffen jedoch nicht; das entsprechende Interesse bei Hitler bestand wohl, aber gemäß Wankels Aufzeichnungen schien es so, dass die Ansprechpartner zu diesem Zeitpunkt zunächst einmal die Stellung ihrer Partei stärken und keine Verpflichtung zur Förderung technischer Forschungsvorhaben eingehen wollten.

Ohne greifbares Ergebnis blieben zum Ausgang der 1920er Jahre schließlich auch Versuche Wankels, mittels Vermittlung von Freunden Kooperationsmöglichkeiten mit der Technischen Universität Darmstadt sowie der Daimler Benz AG auszuloten (Korp, 1975, S. 19).[43]

Im Laufe der Jahre 1930 und 1931 hatte sich, wie bereits weiter oben umrissen, die wirtschaftliche Situation von Wankels Versuchswerkstatt in der Heidelberger Kleinschmidtstraße zunehmend verschlechtert. Allerdings schaffte es Wankel, mit der Patentschrift Nr. 595 824 noch im Januar 1932 ein „Getriebe zur Umsetzung einer umlaufenden Drehbewegung in eine geradlinig hin und her gehende Bewegung mit zwischen Schubstange und Kurbel geschaltetem verzahnten Kardankreisgetriebe" zur Anmeldung zu bringen (Erteilung am 29. März 1934, Abb. 9).

Auch dieses Patent belegt, mit welch immensem Eifer sich der junge Wankel in die Prinzipien und Anwendungsmöglichkeiten rotierender Teile, hier konzipiert

---

41 Nach Angabe von Wankel (1952, S. 18) verstarb Plaichinger am 27. Februar 1933 und wurde in München beigesetzt, wobei zu diesem Anlass auch Heinrich Himmler persönlich erschien und einen Kranz niederlegte; das Geburtsjahr Plaichingers ließ sich vom Verf. nicht mehr ermitteln.
42 Die erste persönliche Begegnung mit Keppler erfolgte gemäß Wankels Erinnerungen im Jahre 1928 (Wankel, 1955, o.S.).
43 Der damalige Chefkonstrukteur bei Daimler-Benz, Ferdinand Porsche, ließ Wankel Ende 1927 ausrichten, dass man zwar Interesse an einem Drehkolbenmotor habe und auch zukünftig den Ankauf entsprechender Patente nicht ausschließe, jedoch keine Eigenentwicklungen in diesem Bereich anstrebe.

als „Rollkurbel", eingearbeitet hatte und damit die modellhaften beziehungsweise konstruktionstheoretischen Grundlagen für die spätere Kreiskolbentechnologie legte.

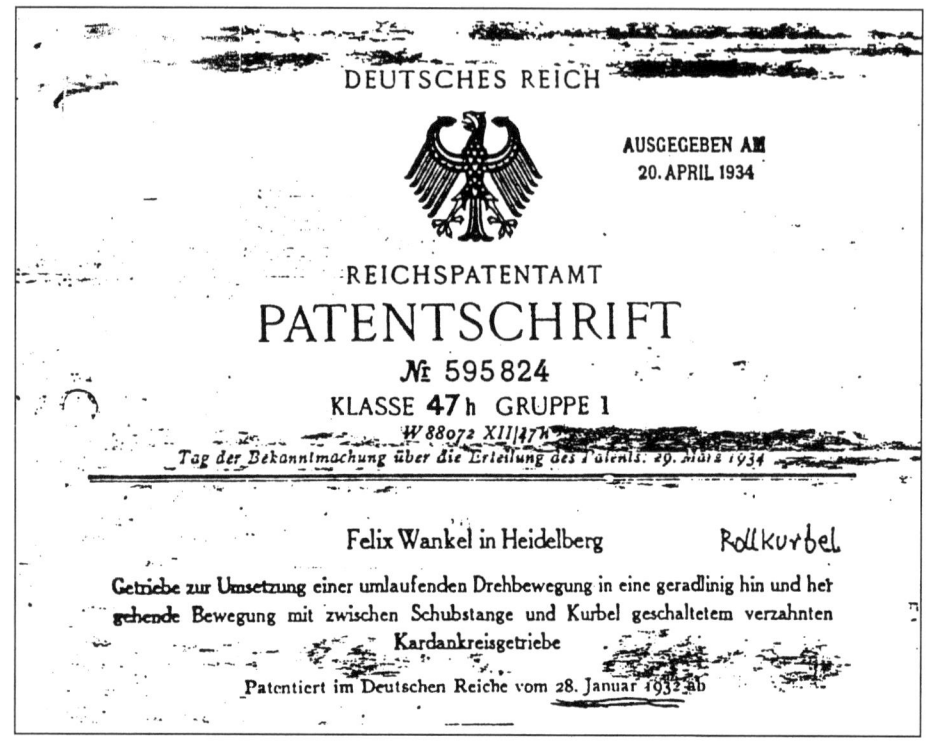

Abb. 9: Deckblatt der Patentschrift zur „Rollkurbel"[44]

Im Frühjahr 1932 musste die Heidelberger Werkstatt schließlich geschlossen werden. Wankel zog sich in das Haus seiner Mutter nach Lahr (Baden) zurück, wo er mit Unterstützung des Direktors der ‚Automatenbau Lahr' neue Versuchsräumlichkeiten in besagter Fabrik zwecks Planung von Drehkolbenmodellen übernehmen konnte.

Hierbei spielte gemäß eines Hinweises von Wankel an Korp offenkundig auch die Aussicht dieses Direktors auf eine spätere Gewinnbeteiligung an den zu konstruierenden Drehkolbenmaschinen eine nicht unwesentliche Rolle (Korp, 1975, S. 24).

---

44 Quelle: Von Dipl.-Ing. Dankwart Eiermann, Weißensberg, zur Kopie überlassenes Material. Hinweis: Der handschriftliche Eintrag „Rollkurbel" auf der ersten Seite der Patentschrift stammt von Wankel.

Als ein Produkt der Lahrer Schaffenszeit konnte die DKM32 (Drehkolbenmaschine 1932) realisiert werden, die 1933 zum Patent angemeldet wurde (Patentschrift Nr. 637 701, erteilt 1936).

Die zunächst probeweise mit einem Elektromotor angetriebene Maschine (Abb. 10) erwies sich als lauffähig und mechanisch zuverlässig, womit durch diesen Prototypen zumindest der Beweis für die grundsätzliche Praktikabilität des Drehkolbenprinzips bestätigt wurde. Die Laufversuche unter Benzinzufuhr (1933 und 1934) verliefen mithin unbefriedigend, da keine ‚runde' Zündfolge im Viertaktbetrieb erreicht werden konnte. Als Grund hierfür ließ sich eine durch den sich drehenden Kolben nicht adäquat geöffnete und wieder geschlossene Brennkammer ermitteln (letztlich also ein mechanischer Mangel); die Brennkammerabdichtung als solche war hingegen zufrieden stellend.

Abb. 10: Drehkolbenmaschine DKM32 (zwei rotierende Absperrscheiben, jeweils gegen Kolbentragscheibe auf einer mittleren Welle laufend, bis zu 10.000 U/Min. im Elektroprobelauf) (aus: Becker et al., 2002, S. 21)

4.2.2 Kooperation mit BMW und technische Arbeiten in den Lahrer Versuchswerkstätten 1933-1936

Bedingt durch die auf Betreiben des badischen Gauleiters Wagner erfolgte Inhaftierung Wankels konnten im Laufe des Jahres 1933 seine technischen Entwicklungsarbeiten nicht voran kommen (s. auch Kap. 4.1). Durch die Fürsprache von Wilhelm Keppler, der sich persönlich bei der neuen NS-Staatsführung für die Haftentlassung Wankels einsetzte und dessen technische Fähigkeiten betonte, sowie durch das Engagement von Wankels Freundeskreis, wurde man allerdings im 1933 neu eingerichteten Reichsluftfahrtministerium (RLM) auf die in Heidelberg und Lahr ausgearbeiteten Pläne für Drehkolbenmotoren aufmerksam (Wankel, 1949, S. 3 f.).

Hans Erb, ein an dem DKM-Projekt mitarbeitender kontaktfreudiger Ingenieur und Freund Wankels, wurde nach einer Kooperationsanfrage in Sachen DKM vom RLM an den für technische Innovationen aufgeschlossenen Chefkonstrukteur (1928 Nachfolger von Ferdinand Porsche) der Stuttgarter Daimler-Benz AG, Hans Nibel, verwiesen. Nibel zeigte sich zugänglich für das ungewöhnliche Konstruktionsprinzip mit rotierenden Kolben sowie Wankels sonstige mechanische Studien und bot ihm im Juni 1934 einen Forschungsvertrag an. Allerdings brachte der seinerzeitige Daimler-Benz-Generaldirektor Wilhelm Kissel den Wankelschen Innovationen nur mäßige Akzeptanz entgegen. Wankel lehnte daraufhin das Angebot von Daimler Benz ab und unterschrieb nur wenige Tage später einen ähnlichen Vertrag mit den Bayerischen Motorenwerken in München (Wankel, 1949, S. 3 f.).

Anhand des Quellenmaterials lässt sich diese abrupte und bemerkenswerte Wendung einschließlich der Vertragsunterzeichnung binnen kürzester Zeit nicht aufklären, doch erscheint es plausibel, dass seitens Wankel auch in Richtung BMW bereits im Vorfeld intensivst die Kooperationsmöglichkeiten ausgelotet worden waren und hierbei möglicherweise auch auf informelle Kontakte im Sinne des ‚kleinen Dienstweges' zurückgegriffen werden konnte (man denke an die in den späten 1920er Jahren zu dem Chemiker Plaichinger, einem ehemaligen BMW-Mitarbeiter, geknüpften Kontakte; siehe Kap. 4.2.1).

Der für die Jahre 1934 bis 1936 ausgelegte Forschungsvertrag mit BMW beinhaltete eine monatliche Zahlung von 2000 RM für Wankel und dessen Mitarbeiter, die zunächst noch in den Räumlichkeiten der Lahrer Automatenfabrik und später auch in der im Haus seiner Mutter eingerichteten ‚Versuchsabteilung Lahr'[45] (1935) arbeiteten (Wankel, 1949, S. 4 f.). Der Versuchsraum mit Motorenprüfstand verblieb mithin in den Jahren 1935 bis 1936 in der ‚Automatenbau Lahr'.

Wankel, der sich nach eigenen Worten in diesem Zeitraum zwischen 1934 und 1936 als „freier Forscher" betrachtete (Wankel, 1976, S. 3), entwickelte in Lahr eine Drehschiebersteuerung für einen BMW-Einliter-Vierzylinder-Versuchsmotor

---

45 Konstruktionsraum und Werkstatt im Erdgeschoss des Hauses.

(A.M. 1000). Das Aggregat barg „eine lange, im Zylinderkopf rotierende Walze, ein kompliziertes Werkstück, das für alle Zylinder die Ein- und Auslaßkanäle aufnimmt" (Korp, 1975, S. 26).

Daneben trieb Wankel in Lahr gleichsam in eigener Regie seine in den 1920er Jahren begonnenen Untersuchungen zum Betrieb dreiwelliger Drehkolbenmotoren[46] und zur Gasabdichtung bei Verbrennungsmotoren weiter voran. Hierbei wurden „auf einen modifizierten Zylinderkopf eines Einzylinder Prüfmotors zusätzlich die neuen zu prüfenden Dichtelemente angebracht und von außen fremd angetrieben bewegt" (Geiling 2002, S. 12).

Die in diesen Versuchsreihen gewonnenen Erkenntnisse und die daraus resultierenden Konstruktionsfertigkeiten sollten nach 1936 auch Wankels Tätigkeit in der Werk- und Entwicklungsstätte in Lindau am Bodensee, worauf im Folgekapitel einzugehen ist, und die Konstruktion des eigentlichen Wankel-Motors nachhaltig befruchten.

Durch Vermittlung seines Freundes und Konstruktionsmitarbeiters Hans Erb hatte Felix Wankel ja bereits erste Kontaktanbahnungen zum RLM unternommen (s.o.). Mitte der 1930er Jahre wurden in diesem Ministerium Pläne zur Optimierung von Flugmotoren, die wiederum in den Fertigungsanlagen der BMW AG erstellt werden sollten, diskutiert. Mittels Verbindungen des BMW-Generaldirektors Franz-Josef Popp[47] kam Wankel mit der mit dem RLM eng kooperierenden Deutschen Versuchsanstalt für Luftfahrt (DVL) in Berlin-Adlershof in Berührung und durfte dort seine eigenen technischen Überlegungen zur Optimierung der Flugmotoren darlegen.

Hier traf er auf den Diplom-Ingenieur Wolf-Dieter Bensinger (Abb. 11), der ihm beziehungsweise seinen Vorstellungen zunächst eher reserviert gegenüber stand, sich aber schließlich durch die profunden Kenntnisse Wankels hinsichtlich der Gasabdichtung bei Motoren und der Drehschiebersteuerungen beeindrucken ließ.[48] Wankel illustrierte Bensinger und den leitenden Herren der DVL, wie durch adäquat abgedichtete Drehschiebersteuerungen die aufwändige Ventilsteuerung bei Flugmotoren ersetzt werden konnte. Der Vorteil der neuen Motoren, die in den Folgejahren tatsächlich von BMW und ferner von Daimler-Benz gebaut wurden und in Militärflugzeugen im Zweiten Weltkrieg zur Anwendung kamen, bestand

---

46 Entsprechende Prototypen erwiesen sich als mechanisch tauglich, aber als zu schwer; zudem traten wieder Zündprobleme bei Benzinbetrieb auf.
47 Dieser überwarf sich nach Wankels Erinnerung allerdings um 1936 wegen persönlicher Animositäten mit der Leitung des RLM (Wankel, 1949, S. 4 f.).
48 Dipl.-Ing. Wolf-Dieter Bensinger (1907-1974) war seit 1931 Abteilungsleiter bei der DVL in Berlin-Adlershof. 1944 erfolgte der Eintritt in die Daimler-Benz AG als Leiter der Abteilungen ‚Konstruktion Neuentwicklung' und ‚Studien in der Kolbenmotoren-Konstruktion'. Seit 1945 fungierte Bensinger als Leiter der Abteilung ‚PKW-Konstruktion Motoren'. 1959 wurde ihm Prokura für Stuttgart erteilt, ab 1963 war er Chefingenieur für die PKW-Motorenkonstruktion (alle Angaben gemäß ‚Ordner Werksangehörige' im Daimler-Benz Konzernarchiv in Stuttgart-Untertürkheim, vom Verf. eingesehen im März 2004).

– im Vergleich zu den herkömmlichen Motoren – in verringertem Gewicht und hoher Leistungsausbeute (Wankel, 1949, S. 4 f.; Korp, 1975, S. 26 f.).

Bei einem Besuch Bensingers in Wankels Lahrer Versuchsabteilung im Frühjahr 1936 vertieften sich die Kontakte beider Persönlichkeiten und es entstand eine Zusammenarbeit beziehungsweise ein Vertrauensverhältnis, das über Jahrzehnte währen sollte (dies gilt gerade für die 1960er und 1970er Jahre, als Bensinger bereits in die Leitung der Daimler-Benz-Motorenkonstruktion aufgestiegen war und hier die Kooperation mit Wankel im Bereich der Rotationskolbenmotoren, also in Bezug auf den eigentlichen Wankel-Motor, fördern konnte).

Abb. 11: Dipl.-Ing. Wolf-Dieter Bensinger (1907-1974)[49]

4.2.3 Gründung und Arbeitsergebnisse der Wankel-Versuchs-Werkstatt in Lindau

Eine ähnlich intensive und weit über die Phase des ‚Dritten Reiches' hinaus gehende Zusammenarbeit wie mit Bensinger lag für Felix Wankel auch mit Hitlers Wirtschaftsberater Keppler vor, welcher sich – im Verbund mit dem wiederum eng mit der DVL kooperierenden Staatssekretär Milch[50] – höchstpersönlich

---

[49] Quelle: Von Dipl.-Ing. Dankwart Eiermann, Weißensberg, zur Kopie überlassenes Archivmaterial.

[50] Erhard Milch (1892-1972), der vom 22. Februar 1933 bis Juni 1944 Staatssekretär im RLM und zudem zwischen 1933 und Januar 1945 Generalinspekteur der Luftwaffe war, wurde aus Gründen der politischen Opportunität von Göring zum ‚Arier' deklariert: „Daß er [Milch; d.Verf.] jüdischer Abstammung war, stand seiner raschen Karriere nicht im Weg, da Göring kurzerhand M.s Mutter überredete, eine Erklärung zu unterzeichnen, M. sei ‚arischer' Abstammung" (Wistrich, 1993, S. 242 f.).

bei Hermann Göring (nach der ‚Machtergreifung' der Nationalsozialisten Reichskommissar für Luftfahrt und zunächst Reichsminister ohne Geschäftsbereich) für Wankel einsetzte. Tatsächlich kam es auf Görings Initiative hin – die NS-Machthaber versprachen sich viel von Wankels Fähigkeiten – im Jahre 1936 zur Gründung der W V W (Wankel-Versuchs-Werkstatt) in Lindau am Bodensee.

Felix Wankel hatte sich nach eigenen Angaben (Wankel, 1949, S. 5) für den Standort Lindau im bayerischen Schwaben nicht zuletzt deshalb eingesetzt, da hier kein direkter Zugriff des mit ihm verfeindeten Gauleiters beziehungsweise späteren Reichsstatthalters für Baden, Wagner, möglich war (s. zu diesem Konflikt auch Kap. 4.1).

Für die W V W wurde ein älteres, anderweitig nicht mehr genutztes Industriegebäude erschlossen. Das Investitionsvolumen, bereit gestellt vom RLM, belief sich auf die für Wankels bisherige wirtschaftliche Verhältnisse geradezu astronomisch hohe Summe von 2,5 Mio. RM.

Angesichts dieser Ressourcenausstattung konnte Wankel nach 1936 weitere kompetente Mitarbeiter einstellen, von denen insbesondere der Diplom-Ingenieur Ernst Höppner (gest. 1967) zu nennen ist, welcher mit Wankel eng verbunden blieb und nach dem Krieg auch maßgebliche Konstruktionsarbeit für den eigentlichen Wankel-Motor leistete (Korp, 1975, S. 27).

Vor allem für die Münchener BMW AG, Daimler-Benz und die Flugzeugwerke Junkers in Dessau wurden in der W V W, die in den Jahren 1941 und 1942 noch durch einen Neubau[51] erweitert wurde, Drehschiebersteuerungen für Motoren (darunter der Junkers-Motor JUMO 210 mit 680 PS Startleistung und der Daimler-Benz-Flugmotor DB 601 mit 1175 PS Startleistung) konzipiert. Solche Drehschiebersteuerungen wurden zudem für Torpedos, Unterwasserkleinfahrzeuge und Gleitboote entworfen (Wankel, 1949, S. 6, S. 9 f.).

Wankel arbeitete zudem „an den von der Propaganda herausgestellten ‚Geheimwaffen', von denen die meisten für den Kriegsverlauf bedeutungslos blieben" (Becker et al. 2002, S. 18). Häufig wurde er von Militärführern und Entscheidungsträgern der Rüstungsindustrie in Lindau aufgesucht, mit denen er sich über die laufenden Forschungs- und Entwicklungsarbeiten austauschte und neue Waffensysteme diskutierte. Im Jahre 1944 fanden sich neben dem ‚Reichsführer SS' Heinrich Himmler Repräsentanten der Kriegsmarine in Lindau ein, um sich auf dem Bodensee das von Wankel konstruierte Gleitboot ‚Zisch 42' vorführen zu lassen (Wankel, 1949, S. 13; Speer, 1981, S. 204 ff.).[52]

---

51 Dieses neue ‚Entwicklungswerk' diente der Inspektion und dem Probelauf kompletter Flugmotoren und wurde nochmals vom RLM mit 2,4 Mio. RM bezuschusst.
52 Offenkundig hatte Wankel bei der Gründung der W V W (1936) – neben politischen Gründen (kein Zugriff Wagners) – mit Bedacht auch deshalb für den Standort Lindau plädiert, da ihm bereits Arbeiten im Maritimbereich ‚vorschwebten' und der Bodensee angesichts seiner Ausdehnung ideale Möglichkeiten für Versuchsfahrten bot.

Die in der W V W geleisteten Arbeiten an den Walzen- und Drehschiebersteuerungen beförderten Wankels ohnehin schon ausdifferenzierte Kenntnisse über die Mechanik drehender und gleitender Teile sowie der entsprechenden Abdichtungsmöglichkeiten noch weiter. Ohnehin verlor er in den Jahren, die seit dem (glücklosen) Entwurf der DKM32 verstrichen, die Vision eines funktionstüchtigen, auch im Automobilbereich praxistauglichen Rotationskolben-Aggregates, nicht aus den Augen. Dafür spricht nicht zuletzt die Tatsache, dass Wankel in den letzten Kriegsjahren schon mehrere Aufzeichnungen zur Einteilung und zum Massengang von Rotationskolbenmaschinen, die dem späteren Wankel-Motor ‚immer näher kamen', angefertigt hatte (Wankel, 1945, o.S.).

Von Seiten der Rüstungsindustrie nur mit mäßigem Interesse verfolgt, da für wehrtechnisch eher weniger relevant gehalten[53], vermochte Wankel bis 1940 drei- und vierwellige Drehkolbenmaschinen zu entwickeln, für die sich trotz Lauffähigkeit jedoch zunächst kein unmittelbarer Einsatzbereich fand.

Anders verhielt es sich mit seinem ‚Rotationskolbenverdichter', der ab 1940 zusammen mit der in der Wehrtechnik und im Lokomotivenbau tätigen Firma Rheinmetall-Borsig in Berlin entwickelt wurde. Die für Luft- und Gasverdichtung geeignete Maschine, die als Dampfmotor auch für den Torpedoantrieb eingesetzt werden sollte, wurde gemäß Korp (1975, S. 28) 1944 einem erfolgreichen Versuchslauf unterzogen, konnte jedoch angesichts des sich vollziehenden Zusammenbruchs Deutschlands nicht mehr in Serienfertigung gehen.

Im April 1945 rückten französische Truppen in verschiedene west- und süddeutsche Regionen des Reiches ein und besetzten auch Lindau. Alle Anlagen der W V W wurden zerstört oder beschlagnahmt, demontiert und anschließend nach Frankreich verbracht. Wankels Lindauer Wohnhaus diente französischen Besatzungssoldaten bis 1949 als Unterkunft. Als Betriebsleiter einer kriegswichtigen Forschungs- und Entwicklungseinrichtung wurde Wankel im weiteren Laufe des Jahres 1945 durch die Besatzungsorgane verhört und mehrere Wochen lang auch inhaftiert. Neben der Aussprache eines Forschungsverbotes musste er sich zudem ab 1948 in einem Prozess vor alliierten und deutschen Behörden wegen seiner Beteiligung an der wehrtechnischen Unterstützung des Dritten Reiches verantworten. Der Prozess zog sich bis Mitte der 1950er Jahre hin, wurde dann jedoch eingestellt.[54]

---

53 Konträr zu dieser Einschätzung Wankels erinnerte sich Albert Speer (1905-1981, Reichsminister für Rüstung und Kriegsproduktion in den Jahren 1942-1945) allerdings in seinen „Spandauer Tagebüchern" daran, dass Wankel in der Kriegszeit „an einer Art Rotationsmotor" arbeitete und er – Speer – „Mittel und Materialien bereitstellen mußte, da es Techniker gab, die sich viel davon versprachen" (Speer, 1975, S. 320).

54 Hier zeigen sich im Übrigen gewisse Parallelen zu anderen Nachkriegsprozessen gegen ehemalige Forscher und Entscheidungsträger (Rüstung, Wirtschaft) im NS-Staat. Dieser Personenkreis, so er denn in gehobenen Positionen auch kriegsrelevante Tätigkeiten für das Dritte Reich übernommen hatte, sah sich ab ca. 1950 oftmals vermindertem Druck seitens der bundesdeutschen, aber auch alliierten Justiz und Politik ausgesetzt. Die veränderten Rahmenbedingungen – der ‚Kalte Krieg' war nun in vollem Gange und die westdeutsche Indus-

Wankel wurde durch die Beschlagnahme und Demontage seines Forschungsinventars und seiner Maschinen materiell-konstruktionstechnisch auf den Nullpunkt gebracht, was einen erheblichen Einschnitt in seiner Biographie darstellte und ihn zweifellos auch innerlich tief getroffen haben muss. So beklagte er sich in einem Brief an Dr. Enders von der Augsburger Industrie- und Handelskammer später einmal darüber, dass die ‚Mission Scientifique, Section T' (zuständige Besatzungseinheit) „das Forschungswerk (...) ausräuberte" und – nachdem ehemalige Mitarbeiter die entsprechenden Informationen verraten hätten – „Stahlblechbehälter mit den wichtigsten Zeichnungen der W V W und meinen Handzeichnungen ausgraben ließen" (Wankel, 1961, S. 1).

Wankel sah sich von den französischen Besatzungssoldaten dennoch insgesamt „recht ordentlich" behandelt und es finden sich im Quellenmaterial auch keine Hinweise auf gewalttätige Übergriffe, doch seine bis in die 1950er Jahre hinein betriebenen Recherchen hätten ergeben,

> „daß die Maschinen meiner Institute wohl größtenteils auf dem grauen Markt in Frankreich verschoben worden sind, anstatt an die staatlichen Stellen zu gelangen. Dies ist um so wahrscheinlicher, da ich niemals einen Demontageschein oder sonst eine amtliche Bestätigung für die abtransportierten Ausrüstungen des Entwicklungswerkes, des Forschungswerkes [gemeint sind die Einrichtungen der W V W; d. Verf.] und meines Hauses von irgend einer französischen Dienststelle erlangen konnte" (Wankel, 1961, S. 2).

Trotz der materiellen Einschränkungen sollte es Wankel nach 1945 vergleichsweise rasch gelingen, unter Nutzung alter und neu geknüpfter Kontakte die technischen Entwicklungen, die mit dem klassischen Wankel-Motor ihren Durchbruch fanden und seine Stellung als anerkannter Erfinder für alle Zeit zementierten, wieder aufzunehmen.

4.2.4 Finanzierung und mögliche Instrumentalisierung durch die nationalsozialistische Ideologie: Versuch einer Wertung

Wie bereits unter Punkt 4.1 angemerkt, birgt die Einschätzung von Wankels Haltung gegenüber dem Nationalsozialismus gewisse Schwierigkeiten.

Auf der einen Seite ist es evident, dass er dem Weimarer System ablehnend bis feindselig gegenüber stand, wobei hier anfangs aber auch eine gewisse Unreife das Ihrige getan haben dürfte. Wankel selbst räumte dazu nach Ende des Zweiten Weltkrieges offen ein:

---

trie bzw. Gesellschaft ‚brauchte' diese vormaligen Entscheidungsträger wieder – dürften viel zu dieser Veränderung beigetragen haben.

"In der Nachkriegszeit [gemeint ist die Phase nach dem Ersten Weltkrieg; d.Verf.] glaubte ich, 21 Jahre alt, schließlich in der damals ganz kleinen NSDAP eine Partei gefunden zu haben, die einerseits deutsche Belange nicht vernachlässige und andererseits für die ärmeren Klassen ein Herz habe. Seit 1923 betrachtete ich mich als Nationalsozialist, doch gab es vor 1923 in Heidelberg keine richtige Ortsgruppe und erst im September 1926, als am Wohnort meiner Mutter in Lahr eine Ortsgruppe entstand, wurde ich dort eingetragen" (Wankel, 1949, S. 1).

Allerdings ist hier auch darauf hinzuweisen, dass Wankel in dieser Phase aufgrund seines Alters in jeder Hinsicht voll zurechnungsfähig war. Die nationale Orientierung und die anfängliche Wertschätzung für die ab Mitte der 1920er Jahre immer stärker aufkommende nationalsozialistische ‚Bewegung' stellten, ebenso wie seine Tierliebe und seine später breite gemeinnützige Orientierung, integrale Faktoren seiner Persönlichkeit dar, so widersprüchlich dies auch erscheinen mag. Derartige Widersprüchlichkeiten lassen sich, wie in der weiteren Folge der Arbeit noch intensiver darzustellen sein wird, auch hinsichtlich Wankels eigener Bewertung des politischen Stellenwertes seiner technischen Arbeiten während der NS-Zeit ziehen.

Wankel suchte das Gespräch mit Parteioberen wie Goebbels, Hess und auch Hitler zum Zwecke einer möglichen Unterstützung seiner Innovationen. Mit seiner späteren Frau ‚Mi' nahm er Mitte der 1920er Jahre – als die NSDAP angesichts der sich in Deutschland verbessernden wirtschaftlichen Lage eher an Bedeutung verlor – an Veranstaltungen der Nationalsozialisten teil.[55]

Auf der anderen Seite ist es unstrittig, dass Wankel dem sozial-revolutionären Flügel der NSDAP unter Führung von Gregor Strasser[56] Positives abgewann und spätestens seit 1929 in innere wie äußere Konflikte mit dem von ihm wahrgenommenen ‚Bonzentum' und Korruption in der NSDAP geriet:

"Parteigangster gegen Parteiidealisten. In immer gemeineren Formen begann die Partei-Gauleitung Badens (in anderen Gauen war es genauso) gegen jeden ehrlichen Mahner vorzugehen. Alle Mittel der persönlichen Verleumdung und der Intrige [sic] wurden angewandt, wenn irgendein Mitglied einen moralischen oder finanziellen Verbrecher, der mit der Parteigauleitung befreundet war, entfernt wissen wollte. Es war also klar, dass auch durch die aus der

---

55 Darunter ein Vortrag des „PG Gauleiter Wagner" über „Jüdisch-marxistischen Untergang oder nationalsozialistischen Aufstieg" am 18. Dezember 1926 (Eintrittskarte liegt vor im: Felix-Wankel-Archiv im Landesmuseum für Technik und Arbeit, Mannheim, Klassifikation 103, Signatur 1520) (Hinweis: Es handelte sich bei dem Vortragenden um Robert Wagner, mit dem Wankel zu diesem Zeitpunkt aber noch nicht im Streit lag).
56 Dieser Flügel trat ein für die „Zerstörung des Kapitalismus, eine soziale Justiz und die Verstaatlichung der Wirtschaft" (Wistrich, 1993, S. 341). Hitler lehnte eine solche Orientierung, unter der er wohl kaum an die Macht gekommen wäre und die nach 1933 auch ihren Stellenwert einbüßte, stets ab. Die Liquidierung Strassers (1934) im Rahmen des so genannten ‚Röhm-Putsches' geschah in gewisser Folgerichtigkeit auf Geheiß Hitlers.

Jugend hervorgehenden anständigen und neuen Mitglieder und Unterführer diese Vergangsterung der führenden Parteidienststellen nicht mehr aufgehalten werden konnte" [Bezug: 1929-1932; d.Verf.] (Wankel, 1949, S. 2).

Diese Konflikte gipfelten schließlich in der Inhaftierung Wankels durch die NS-Behörden im März 1933. Die Tatsache, dass er trotz dieser Episode kurze Zeit später Förderung durch den NS-Apparat beziehungsweise das RLM und die DVL erfuhr, war – neben der Wertschätzung seiner technischen Fertigkeiten – insbesondere auf den Einsatz von Keppler zurückzuführen, den Wankel später einmal „als Betreuer von Erfindern und als Charakter" bezeichnete (Wankel, 1949, S. 6). Dr. Gabriel, der als Entwicklungschef der Goetze AG mehrere Jahre mit Wankel kooperierte und 1944 im Auftrag des RLM ständig nach Lindau der W V W zugewiesen wurde, fasste dies allerdings mit kühleren Worten zusammen: „Herr Wankel ist durch die Protektion Keppler in diese Stellung [gemeint ist die W V W; d.Verf.] geschoben worden" (zit. gemäß Froede, 1974a, S. 5).

Zweifellos eröffneten die NS-Führungsstellen, insbesondere im RLM, Wankel die wirtschaftlich-technischen Möglichkeiten zum Vorantreiben seiner Innovationen und verschafften ihm so die Freiräume, die er auch für jene Grundlagenstudien nutzen konnte, die später die Konstruktion des eigentlichen Wankel-Motors befruchten sollten.

Eine sehr große Nähe zur SS oder gedeihliche Kooperation Wankels mit dieser Organisation, die man aus einigen Passagen in Albert Speers Buch „Der Sklavenstaat" (1981, S. 204 ff.) herausdeuten könnte, lag sicherlich nicht vor. Wankel erreichte diesbezüglich übrigens Klärung in einem kritischen, aber konstruktiven Briefwechsel[57] mit Speer im Juni und Juli 1981, also ganz kurz vor dem Tod des Letzteren. Speer stellte in seinem Schreiben vom 2. Juli 1981 an Wankel Folgendes klar:

> „Nun zu meinem Buch: Ich habe Sie in keiner Weise angegriffen oder belastet, weil Sie den Bau des Zisch-Bootes besonders gefördert haben wollten. Es ist das gute Recht eines jeden Erfinders oder Produzenten, für die Interessen seiner Ideen oder seiner Firma einzutreten, besonders in den organisatorisch schwierigen Kriegszeiten. Was mich an meinen Ausführungen interessierte, war – genau in den Rahmen meines Buches passend – die Selbstherrlichkeit, mit der Himmler in die Rüstung eingriff, die ihn überhaupt nichts anging. Das sollte an dem Material des Zisch-Bootes (als kleine Episode im großen Rahmen des Buches) gezeigt werden".

---

57 Briefwechsel vorliegend im Felix-Wankel-Archiv im Landesmuseum für Technik und Arbeit, Mannheim, Klassifikation 104, Signatur 00422.

Vermutlich wird eine solche Sichtweise eher als die zuweilen vorgebrachte, allzu platitudenhafte Kritik[58] an dem ‚braunen Wankel' den damaligen Rahmenbedingungen gerecht. Hierbei sei aber in keiner Weise davon abgelenkt, dass eine Instrumentalisierung Wankels durch den NS-Staat faktisch stattgefunden hatte, die W V W engstens mit diversen NS-Dienst- und Rüstungsstellen kooperierte und auch von der SS Arbeitskräfte gestellt bekam.

In diesem Zusammenhang ist darauf hinzuweisen, dass sich dubiose Personen über SS-Aktivitäten Wankels einließen oder sich in betrügerischer beziehungsweise erpresserischer Absicht an Wankel wandten, um diesem Leistungen abzunötigen. So schrieb ein gewisser Cezech aus Wassenberg (bei Aachen) in einem Brief vom 11. August 1966 an Wankel:

> „Nach 25jähriger Abwesenheit habe ich meine frühere Heimat O./S. wieder aufsuchen können. U.a. besuchte ich das KZ Auschwitz und auch meinen ‚Schulkollegen' Blasius Orzel, Schmiedemeister in Zmielin Kr. Pless. Letzterer erklärte mir, er kenne Sie gut; Sie seien damals im KZ Auschwitz-Birkenau gewesen und hätten dort mit einem Roziecki, Motorradfabrikbesitzer aus Kattowitz O./S. zusammen an der zeichnerischen Entwicklung Ihres Kreiskolbenmotors gearbeitet. In der Tat eine ungewöhnliche Angelegenheit: im KZ arbeiten zu dürfen! Als Beweis zeigte mir Blasius Orzel eine Menge Zeichnungen aus Ihrer Hand. Es fällt mir nur auf, daß die Zeichnungen polnisch beschriftet sind (Ich selbst besitze deren 8). Auch die betont exzentrische Arbeitsweise des Kreiskolbens fällt auf. Oder sind dies ausschließlich Zeichnungen des ‚Roziecki' aus Kattowitz?"[59]

Diese Behauptungen können nach allen verfügbaren Informationen nur als unseriös eingeordnet werden. Gleiche Wertung gilt für ein Entschädigungsansinnen, das ein Dr. H.-C. [sic] Laszlo Denes, angeblich Journalist des Jerusalemer ‚Daily Hebrew Journal' und temporär Herzpatient in einer Münchener Klinik, im Jahre 1970 gegen Wankel vorbrachte. Die Israelitische Kultusgemeinde München sowie das Landesentschädigungsamt in München verhalfen bei der Feststellung der Tatsache, dass keinerlei derartige Rechtsansprüche bestanden. Gleichzeitig verwiesen diese Stellen darauf, dass eine Person solchen Namens überhaupt gänzlich unbekannt sei.[60]

Obwohl sich Wankel in seinen Nachkriegsaufzeichnungen kritisch und differenziert zum NS-Apparat äußerte und dabei keinerlei nazistisch-ideologische

---

58 Vgl. etwa einen derartigen Leserbrief („Umfangreiche Aktivitäten Felix Wankels für das Dritte Reich sprechen gegen Umbenennung einer Straße auf seinen Namen!") in der Lindauer Zeitung vom 17. Dezember 1988 (Schweizer, 1988, o.S.). – Hinweis: Offenkundig gibt es tatsächlich keine Felix-Wankel-Straße in Lindau, d.h. die Umbenennung unterblieb.
59 Fundstelle: Felix-Wankel-Archiv im Landesmuseum für Technik und Arbeit, Mannheim, Klassifikation 104, Signatur 0003.
60 Fundstelle der Schriftwechsel: Felix-Wankel-Archiv im Landesmuseum für Technik und Arbeit, Mannheim, Klassifikation 104, Signatur 0004.

geschweige denn rassenideologische Anwandlungen auszumachen sind, mag man die nötige Selbstreflektion der genannten Instrumentalisierung vermissen.

Dem kann entgegen gehalten werden, dass er sich voll auf seine Forschungen und technischen Innovationen konzentrierte und „Forschung um ihrer selbst willen betrieb" (Wankel, 1952, S. 39), was zu einer gewissen Perspektiveneinengung geführt haben könnte. Mithin fasste er Kritik an seiner Person wegen der Zusammenarbeit mit dem NS-Regime oft mit Bitterkeit auf und unterstellte manchen Zeitgenossen – wohl zu Recht – Heuchelei. Er war auch der Überzeugung, den Beeinflussungsstrategien des NS-Apparates mit Widerstand begegnet zu sein (es ist schwer entscheidbar, ob bzw. inwieweit hier Prozesse kognitiver Dissonanzreduktion mit hinein gespielt haben).

Seine folgende Einschätzung aus dem Jahre 1949 vermag die letzteren Aussagen zu unterstreichen:

> „Falsche Freunde, Erbschleicher und Verleumder. Wie bereits beschrieben, verließen mich viele Freunde beim Ausbruch des Dritten Reiches [Kontext: seine Verhaftung und politische Missliebigkeit; d.Verf.]. Es war ungefähr ein Drittel derselben. Beim Zusammenbruch des Dritten Reiches verlor ich das zweite Drittel. Es waren diejenigen gewesen, die aufgrund der langen Dauer des Dritten Reiches und seiner scheinbaren Erfolge nicht mehr recht wussten, wie sie sich verhalten sollten. Ich habe im Dritten Reiche manches getan, was mir leicht hätte zum Verhängnis werden können, zumal der Reichsstatthalter von Baden ständig auf der Lauer lag. Wäre dies eingetreten, dann hätte das zweite Drittel meiner Bekannten auf sein noch vorhandenes oder wieder erworbenes Parteiabzeichen gedeutet und hätte sich als geeignete Erben empfohlen.
> Nach dem Zusammenbruch aber mussten diese Leute die umgekehrte Rolle spielen. Nun waren sie die großen Nazigegner gewesen und ich war nun auf einmal der Günstling des Dritten Reiches. Ich glaube, dass jeder andere Staat ebenso sich für meine technischen Arbeiten interessiert gezeigt hätte und ich weiß nicht, ob ausgerechnet an einer so dem Interesse der Bonzen ausgesetzten Stelle ein noch ablehnenderer persönlicher oder betriebsmäßiger Kurs überhaupt möglich gewesen wäre, ohne Lebenswerk und Mitarbeiterschaft an den zahlreichen Klippen des Dritten Reiches zum Stranden zu bringen" (Wankel, 1949, S. 14).

4.2.5 Zwischenbilanz zur Phase bis 1945 unter Berücksichtigung des Forschungsstandes zur Technikgenese

Die von Weyer in seinen Modellvorstellungen zur Technikgenese (s. Kap. 2.1) beschriebene ‚Tüftler- und Erfindergemeinschaft' in soziokulturellen Nischen lässt sich im Fall Wankel recht gut identifizieren. Abgewandt von der ‚bürgerlichen', einer ‚geregelten' Arbeit nachgehenden Klasse der Gesellschaft wählte er einen unkonventionellen Weg, wobei der technische Entwicklungsschub ja gerade nach der Entlassung aus jener ‚geregelten' Beschäftigung erfolgte.

Eine soziokulturelle Gemeinschaft der Technikverschworenen[61] etablierte sich in der Heidelberger Versuchswerkstatt; freundschaftliche Beziehungen mit einzelnen Mitgliedern dieser Gemeinschaft währten teils über viele Jahre hinweg (beispielsweise mit dem in den 1920er Jahren ebenfalls arbeitslos gewordenen Ingenieur und Mechaniker Ernst Wolf).

Die technisch-instrumentelle Konfiguration für den späteren Wankel-Motor ist ansatzweise zu erkennen; zumindest dürfte es kaum denkbar gewesen sein, diesen ohne die Erfahrungen und den Kenntnisgewinn der 1920er und 1930er Jahre zu konstruieren.

Was das von Weyer beschriebene soziale Engagement von Akteuren in der Frühphase einer Erfindung anbelangt, so kann festgehalten werden, dass sich soziale Kernkontakte Wankels bereits zwischen 1928 und 1936 nachweisen lassen (Keppler, Bensinger). Vor allem der Kontakt mit Bensinger sollte in den Versuchen, den Wankel-Motor marktfähig zu machen, nach dem Zweiten Weltkrieg eine wichtige Rolle spielen. Ohne den weiteren Analysen vorweg zu greifen, sei aber auch darauf hingewiesen, dass Keppler in den 1950er Jahren einen gewichtigen und in der bisherigen Wankel-Forschung eher wenig reflektierten Stellenwert bei der angestrebten Vermarktung des Wankel-Motors hatte.

Mithin bestanden unmittelbare Kontakte zu den Entscheidungsträgern von NSU vor Ende des Zweiten Weltkrieges noch nicht, doch spielten hier indirekte Verbindungen über Dritte eine nicht zu unterschätzende Rolle (Folgeabschnitt).

Nachhaltig war Wankels Schaffen bis 1945 von Irrtümern, Fehlschlägen und experimentellen Explorationen gekennzeichnet, aber geradezu unumstößlich hielt er an seiner Vision eines zuverlässigen und praxistauglichen Motors mit den rotierenden Kolben fest. Intrinsische Motivationsimpulse seines Wirkens schienen wenigstens partiell aus der tiefen Abneigung gegen den konventionellen Hubkolbenmotor erwachsen zu sein („Schüttelhuber").

Hinsichtlich des ‚visionären Wankels' muss jedoch auch festgehalten werden, dass dieser seine Umgebung wohl oftmals irritierte und als ‚chaotisch' wahrgenommen wurde. Folgende Wiedergabe der Sichtweise von Dr. Gabriel, in den 1940er Jahren in der W V W in Lindau am Bodensee tätig (s. Kap. 4.2.4), kann die letztere Schlussfolgerung untermauern:

> „Seine Ansicht [Gabriels; d.Verf.] über die Wankel-Versuchswerkstätten ist etwa folgende: (...) Die einzelnen Aufgaben seien nicht konsequent bis zum Ende durchgeführt, sondern nach Teilerfolgen abgebrochen und durch stän-

---

61 Dieses Gemeinschaftsgefühl kann anhand der Wankelschen Aufzeichnungen zur Heidelberger Phase unmittelbar nachvollzogen werden (Wankel, 1949, S. 1 ff.). Becker et al. (2002, S. 12) sprechen im Zusammenhang mit dieser Phase von einem durch technische „Leidenschaft" geprägten Freundeskreis um Wankel.

dig neue Ideen abgelöst worden. Hierunter hätten sich teilweise so unsinnige und für jeden Techniker als hoffnungslos erscheinende Phantastereien befunden, daß vielfach das Geld zum Fenster hinausgeworfen wurde. Herr Wankel sei jedoch nicht davon zu überzeugen gewesen und nach seiner ganzen Persönlichkeit kein Techniker sondern ein Fanatiker" (Froede, 1974a, S. 5).

Nichtsdestotrotz sollte es diesem ‚Fanatiker', auf dessen Eigenarten und Unduldsamkeit auch in den Folgekapiteln immer wieder einzugehen ist, gelingen, Automobil- und Technikgeschichte zu schreiben.

4.3 Versuche zur Wiederaufnahme und Fortentwicklung der Rotationskolbentechnik durch Wankel nach dem Zweiten Weltkrieg

4.3.1 Suche nach technischen Entwicklungsmöglichkeiten und Industriekontakten in den Jahren nach 1945

Bereits in den ersten Nachkriegsjahren versuchte Wankel wieder seine alten Verbindungen zur Motorenindustrie aufzunehmen, um an seine mit dem Kriegsende und der Beschlagnahme der Lindauer W V W abrupt beendeten Arbeiten anknüpfen zu können. Jedoch hatten die von ihm in Betracht gezogenen Unternehmen „in jener Epoche des kräfteverzehrenden Wiederaufbaus genug mit sich selbst zu tun" und auch der nahe liegende Plan, die Verbindung mit BMW zu reaktivieren, scheiterte daran, dass „das schwer zerstörte Münchener Werk andere Sorgen hatte" (Korp, 1975, S. 32).

Der Versuch Wankels, mit Daimler-Benz eine technische Zusammenarbeit zu erreichen, gestaltete sich zunächst viel versprechend: Dipl.-Ing. Bensinger, der mit Wankel seit Mitte der 1930er Jahre insbesondere im Bereich der Drehschiebersteuerungen kooperierte, war ja 1944 von der Deutschen Versuchsanstalt für Luftfahrt in Berlin-Adlershof als Konstruktionsabteilungsleiter zur Daimler-Benz AG an deren Stammsitz nach Untertürkheim gewechselt (s. Kap. 4.2.2). Er schaltete sich in die Kontaktanbahnung zwischen Wankel und der Leitungsebene des schwäbischen Unternehmens ein.

Der dortige Technische Direktor Dr. Fritz Nallinger (1898-1984), welcher der früheren W V W in Lindau vor und während des Krieges einige Besuche abgestattet hatte, stand einer Zusammenarbeit durchaus positiv gegenüber. Wie bereits bei seinen Bemühungen um eine technische Kooperation mit Daimler-Benz im Jahre 1934, als der Abschluss eines Vertrages auch an der ‚krittelnden' bis negativen Grundhaltung des damaligen Generaldirektors Wilhelm Kissel scheiterte (s. Kap. 4.2.2), waren es neuerlich primär persönliche Gründe in Form mangelnder Aufgeschlossenheit gegenüber dem Prinzip der rotierenden Kolben sowie unzureichender zwischenmenschlicher ‚Passung' mit leitenden Entscheidungsträgern, die das Zustandekommen einer Vereinbarung hinfällig werden ließen. Möglicherweise spielten hier auch Animositäten Wankels eine gewisse Rolle.[62]

Inwieweit dies der weiteren Entwicklung von Wankels Forschungen zu Maschinen mit rotierenden Kolben beziehungsweise dem eigentlichen Wankel-Motor, der ja später im NSU Ro 80 so überragende Bekanntheit gewinnen sollte, abträglich war, lässt sich aus der Retrospektive nur schwer beurteilen. Möglicherweise hätte die Kooperation mit Daimler-Benz, dem in den Nachkriegs- und ‚Wirtschaftswunder'-Jahren zügig zu einem führenden deutschen Automobilhersteller aufsteigenden Unternehmen, auch Nachteile bergen können:

> „Mit der größeren technischen und finanziellen Kapazität von Daimler-Benz wäre vielleicht ein früherer Durchbruch der Idee [eigentlicher Wankel-Motor; d.Verf.] erzielt worden. Es wäre aber noch leichter vorstellbar, daß bei der selbstbewußten Haltung der Firma eine fremde Idee wie jene von Wankel nur zögernd behandelt worden wäre, ja, sie wäre vielleicht ganz im Firmenarchiv versunken. Die Frage ist auch, ob Daimler-Benz als finanziell gut ausgestattetes Unternehmen an einer Vergabe von Lizenzen interessiert gewesen wäre, um die Konkurrenz nicht zu stärken" (Korp, 1975, S. 32).

Auch 1951 vollzogene Versuche einer Kontaktaufnahme Wankels zu der Adam Opel AG beziehungsweise General Motors (bereits damals Opel-Mutterkonzern) und MAN in Augsburg, die durch seinen alten Gewährsmann und Förderer Wilhelm Keppler unterstützt wurden, verliefen fruchtlos. Beide Unternehmen zeigten kein Interesse an einer Zusammenarbeit auf technischem Gebiet und Opel beschied Wankel sogar schriftlich: „Bessere Motoren als unsere gibt es nicht!" (Mazda Press Center, 2002, S. 8).

Zeitzeugen erinnern sich daran, dass gerade die für die Rotationskolbentechnologie seinerzeit nicht zu gewinnende MAN AG von Wankel in späteren Jahren immer wieder mit dezentem Spott bedacht wurde (Eiermann, 2003, persönl. Mitteilung an den Verf.). Oftmals „verglich er sein Schicksal mit dem von Benz, Otto und Diesel" (Klein, 1998, S. 23). Ein von Wankel verfasstes Einlegeblatt zum Werk „Carl Benz, Lebensfahrt eines deutschen Erfinders" (s. Fußnote 62), in dem auch auf die Entwicklung der Dieseltechnologie eingegangen wurde, deckt sich frappierend mit solchen Zeitzeugenberichten:

---

62 Zeitlebens hatte er sich abfällig über „Bürokraten" und dem wissenschaftlich-technischen Fortschritt gegenüber nicht genügend aufgeschlossene Führungskräfte in Industrie und Staatsdienst geäußert. Dem Verf. liegt eine von Dipl.-Ing. Eiermann überlassene Kopie von Ausschnitten des in Wankels Besitz befindlichen Buches „Carl Benz, Lebensfahrt eines deutschen Erfinders" (1925) vor, das von Wankel mit zahlreichen Bemerkungen, eigenen Ausführungen und entsprechenden Einlegeblättern versehen worden war. Insbesondere hatten Wankel dabei jene Passagen besonders beschäftigt, aus denen hervor ging, dass auch Benz im Laufe seines Konstrukteurs- und Erfinderlebens auf Unverständnis, Ablehnung, Häme und Kritik an der angeblichen Untauglichkeit seiner Ideen stieß.

„Dann lief 1897 in der damaligen Dampfmaschinenfabrik ‚MAN' in Augsburg der erste erfolgreiche Rohölmotor von Rudolf Diesel. Wiederum konnten die Fachleute der hierdurch erneut gefährdeten Dampfmaschine sich nicht genug tun mit gehässigen Aussprüchen. Jeden Morgen ging der Dampfmaschinen-Chefkonstrukteur der MAN, Herr Krumper, hinter der Bretterwand der Dieselversuchsabteilung vorbei und sagte laut: ‚Dahinter vertut die MAN das meiste Geld!' Der ihn begleitende Stab seiner Ingenieure hörte gläubig zu. Aber an der Spitze der MAN stand ein Mann voller Mut und Willenskraft, der Commerzienrat Buz, und der behielt, ebenso wie der Erfinder Diesel, die Nerven. Die MAN, die wie alle Dampfmaschinenfabriken eines Tages gestorben wäre, wurde zur weltberühmten großen Dieselmotorenfirma".[63]

Erfolgreicher als die Versuche, Opel und MAN für eine Zusammenarbeit auf technischem Gebiet zu gewinnen, gestaltete sich hingegen Wankels Kontakt mit der Goetze AG, einem Unternehmen, mit dem er sich bereits zu Zeiten der W V W Lindau austauschte (s. Kap. 4.2.4).

Im Juli 1951 kam es mit diesem Unternehmen zum Abschluss einer Vereinbarung über die Durchführung von Auftragsforschungs- und Entwicklungsarbeiten an Kolbenringen. Diese Tätigkeit hatte zwar keinen unmittelbaren Bezug zu Rotationskolbenmaschinen, sie sicherte jedoch Wankels wirtschaftliche Situation und ermöglichte es ihm kurzfristig in seinem Lindauer Wohnhaus[64] wieder eine neue, wenn auch zunächst nur kleine Versuchswerkstätte einzurichten. Als Bezeichnung für diese Versuchswerkstätte, in der die Arbeit an Rotationskolbenmaschinen fokussiert werden sollte, wählte er „Technische Entwicklungsstelle Lindau" (TES).

4.3.2 Zusammenarbeit mit NSU in den Jahren 1954 bis 1959

4.3.2.1 Erstkontakte mit NSU

Das 1873 gegründete Unternehmen NSU in Neckarsulm hatte bei Weitem nicht die Größe und den wirtschaftlichen Stellenwert von anderen Unternehmen wie etwa BMW oder Daimler-Benz, welche potenzielle Ansprech- und Förderungspartner für Wankel darstellten.

Ursprünglich auf die Fertigung von Strickmaschinen ausgerichtet, hatte sich NSU nach eher erfolglosen Versuchen mit der Produktion von Klein- und Kleinstwagen seit den 1930er Jahren voll auf die Produktion von Zweirädern, namentlich

---

63 Sicherlich hatte hier Wankel aus der Lektüre anderer Werke oder in Gesprächen mit sonstigen Motorenfachleuten gewonnene Erkenntnisse mit einfließen lassen. Um welche Werke respektive Informationsquellen es sich gehandelt haben könnte, geht mithin aus dem Einlegeblatt nicht hervor.
64 1949 war ihm die Berechtigung zur Verfügung über das zuvor beschlagnahmte Haus von den alliierten Kontrollbehörden wieder zuerkannt worden.

Krafträdern, konzentriert und war bis 1955 zu einem in diesem Segment führenden Hersteller aufgestiegen (Westrup, 1998).

So wechselvoll die Geschichte von NSU auch verlaufen sein mag, stets stellte die Firma Flexibilität beziehungsweise Anpassungsfähigkeit unter Beweis.[65] Gerade der im Jahre 1951 in den NSU Vorstand eingerückte Dr. Gerd Stieler von Heydekampf (1905-1983, Abb. 12) war gegenüber technischen Neuerungen und unkonventionellen Motorenkonzepten sehr aufgeschlossen. Darin mag auch einer der Gründe zu sehen sein, warum Wankel – der zeitlebens im Falle von als unbotmäßig empfundener Kritik „Direktoren großer Autofirmen abkanzelte wie Schuljungen" (Groschupf, 1989, S. 172) – bei der nachfolgend zu schildernden Begegnung mit NSU nicht in jener Weise ‚aneckte' wie etwa bei der Daimler-Benz-Führung.

Die entscheidenden Kontakte zu dem also durchaus innovativen industriellen Partner NSU, ohne die die weiteren Entwicklungsarbeiten an der Wankelschen Rotationskolbentechnik nicht möglich gewesen wären, konnten im Laufe des Jahres 1951 geknüpft werden.

Erneut war es Keppler, der hierbei die bahnende Vermittlerfunktion inne hatte: Krank im Stuttgarter Robert-Bosch-Krankenhaus liegend, empfing er den Besuch eines Werkmeisters, der früher in Kepplers Gelatine-Werk in Eberbach am Neckar (s. Kap. 4.2.1) tätig war. Dieser Werkmeister wurde von Keppler eingehend über Wankels bisherige technische Arbeiten und Flach- und Drehschiebersteuerungen sowie dessen Vorstellungen zu rotationskolbenbetriebenen Fahrzeugmotoren informiert und vermochte es, technische und unmittelbar dem Vorstand berichtende Führungskräfte bei NSU auf diese Informationen aufmerksam zu machen.[66]

Das Schriftstück der Firma NSU, in dem erstmalig der Name Felix Wankel auftaucht, ist ein von dem dortigen Technischen Direktor Dipl.-Ing. Viktor Frankenberger am 3. August 1954 an Wankel abgesandter Brief, in dem mit Bezug auf die vorgenannten Vermittlungen Kepplers und des Werkmeisters Folgendes ausgeführt wurde:

> „Durch einen unserer Werksangehörigen sind wir in Verbindung gekommen mit Herrn Keppler, der zur Zeit im Robert-Bosch-Krankenhaus in Stuttgart zur Behandlung liegt. Herr Keppler machte uns auf eine Flachschiebersteuerung von Verbrennungsmotoren aufmerksam, die Sie seinerzeit mit der DVL ent-

---

65 Persönliche Mitteilung von Horst Schulz, Organisator der Dauerausstellung „Autovision – Tradition und Forum" in Altlußheim (Nähe Hockenheimring), an den Verf. anlässlich dessen Besuches der Ausstellung im Juli 2004. Es überrascht im Übrigen nicht, dass Schulz in seiner multimedial hervorragend gestützten Ausstellung über historische Entwicklungsschritte des Automobils bzw. der Mobilität von den Ursprüngen bis hin zur Zeit nach 1945 und schließlich zu den Visionen der Moderne (Brennstoffzelle, Hybridantriebe) auch auf viele NSU-Exponate zurückgreift.

66 Allzu schwer dürfte dies allerdings nicht gefallen sein, da – wie sich der Zeitzeuge Portele (einer von Wankels ersten Mitarbeitern in den frühen 1950er Jahren) in einem persönlichen Gespräch mit dem Verf. erinnerte – Wankel in dieser Phase aufgrund seiner früheren Arbeiten in Motorenfachkreisen den Status eines „Dichtungspapstes" inne hatte (Portele, 2004).

Abb. 12: Dr.-Ing. Gerd Stieler von Heydekampf (1905-1983)[67]

wickelt haben und die nunmehr durch Ihre Arbeiten an der Entwicklung zum Abschluß gekommen sein soll. (...) Es würde uns interessieren, von Ihnen zu hören, welchen Stand für Otto-Motoren inzwischen diese Flachschiebersteuerung erreicht hat. Gegebenenfalls würden wir Sie bitten, zu einer Besprechung über dieses Thema in unser Werk zu kommen" (Froede, 1974a, S. 3).

Mit Schreiben vom 23. August 1951 antwortete Wankel und schlug vor, eine erste Besprechung in Lindau durchzuführen. In dem Brief brachte er seine Hoffnung zum Ausdruck, „daß die Herren von NSU weder technisch noch landschaftlich am Bodensee enttäuscht werden, trotzdem ich Ihnen zur Zeit weder Betriebe, noch Maschinen, sondern nur noch Zeichnungen, Bilder und Berichte zeigen kann" (Froede, 1974a, S. 3).

Vereinbart wurde schließlich, dass der Leiter der NSU-Entwicklungsabteilung, Dr. Walter Froede (Abb. 13), am 6. Oktober 1951 an den Bodensee kommen sollte. Die Verzögerung lag darin begründet, dass der Monat September traditionell die Höhepunkte der Zweirad-Rennsaison umfasste – ein Bereich, in dem die NSU nach dem Krieg gerade wieder erst Fuß gefasst hatte. Dr. Froede sollte in den Folgejahren einer der wichtigsten Ansprechpartner Felix Wankels bei NSU und maßgeblicher Förderer der Entwicklung der Rotationskolbentechnologie bis hin zum schließlich im legendären NSU Ro 80 eingesetzten Aggregat werden.

---

67 Quelle: Rotary Club Heilbronn (langjährige Mitgliedschaft von Dr. von Heydekampf).

Abb. 13: Dr.-Ing. Walter Froede, Leiter der Entwicklungsabteilung
und Forschungsleiter bei NSU[68]

4.3.2.2 Kooperation mit NSU bis zum Durchbruch der „Trochoide" (1954)

Nach dem Termin Froedes mit Wankel am 6. Oktober 1951, bei dem man in Lindau gemeinsam Pläne und Zeichnungen zu verschiedenen Flach- und Drehschiebersteuerungen diskutierte, die von Froede für qualifiziert befunden wurden, und einem Gegenbesuch Wankels bei NSU in Neckarsulm Anfang Dezember 1951, erfolgte am 12. Dezember 1951 der Abschluss einer vertraglichen Vereinbarung. Abgezeichnet von Dr. von Heydekampf und Frankenberger, war diese zunächst auf ein Jahr befristet, jedoch mit Verlängerungsoptionen[69] versehen und beinhaltete Beratungsleistungen Wankels für die Entwicklung eines NSU-Motorrad-Drehschieber-Motors.

Bei beiden Besuchen hatte Wankel es auch verstanden, immer wieder lebhaft seine Visionen zur Rotationskolbentechnik darzustellen, aber seitens NSU war man „in keiner Weise überzeugt von einer Möglichkeit, einen Rotationskolbenmotor zu realisieren" (Froede, 1974a, S. 5).

---

68 Quelle: Korp (1993, S. 13); die Aufnahme datiert aus dem Jahre 1960.
69 Diese Option wurde dann auch für die Jahre 1952 und 1953 faktisch ausgeübt bzw. es kam, als sich die Konzentration auf Rotationskolbenmaschinen anbahnte, zum Abschluss einer Zusatzvereinbarung (diese wird in der Folge noch näher dargestellt).

Die abgeschlossene Vereinbarung umfasste eine monatliche Leistung von NSU an Wankel in Höhe von 2000 DM, ferner wurden umfangreiches Werkstattinventar und 1952 auch ein Schlosser und Mechaniker namens Dürr für die TES auf Kosten von NSU abgestellt. Dieser Mitarbeiter verblieb also auf der Gehaltsliste von NSU, stockte aber die kopfzahlmäßig nicht allzu große ‚Anfangsbelegschaft' der TES auf, der neben Wankel als Leiter und besagtem Dürr noch Hans Portele[70] sowie als Monteur ein ‚Betriebsleiter' mit Namen Kirn, welcher der Schwager Wankels war, angehörten.

Portele beschrieb in einem Interview mit der Lindauer Zeitung diese Konstellation „lachend" später einmal wie folgt: „Wankels Schwager war der Betriebsleiter, und ich war der Betrieb" (Gold, 2002, S. li2li03).

Die schließlich in der Kooperationsvereinbarung mündenden Gespräche Wankels mit NSU im Jahre 1951 sowie die nachfolgende Zusammenarbeit waren strikt „unter Ausschluss der Öffentlichkeit geschehen" und die ersten Veröffentlichungen über die gemeinsam realisierte „rätselhafte Maschinenart" fanden sich erst zum Ende der 1950er Jahre (BC, 1988, o.S.). Zu diesem späten Zeitpunkt „tauchten dann erste Gerüchte (...) auf, wonach NSU an einem sagenhaften Motor ohne Drehzahlgrenzen arbeite" (Schulz, o.J., S. 3).[71]

In den Jahren 1951 bis 1953, der Phase von Wankels Entwicklungsarbeiten für die NSU-Motorrad-Drehschieberaggregate, befand sich Froede ein- bis zweimal pro Monat in der TES in Lindau und konnte dort mit Wankel vertiefte technische Gespräche führen. In deren Verlauf versuchte Wankel immer wieder, Möglichkeiten zu einer gemeinsamen Wiederaufnahme der Arbeiten zu Rotationskolbenmotoren auszuloten.[72]

Eine diesbezügliche interne Programmbesprechung für Forschung und Entwicklung im Hause NSU am 9. März 1953, der auch Frankenberger und Froede

---

70 Diese Informationen erhielt der Verf. in einem persönlichen Gespräch, das er am 31. August 2004 mit dem 74jährigen Hans Portele, dem späteren Werkstattleiter der TES, in Lindau führte. Portele gab in diesem Gespräch an, nach dem Krieg eine Lehre als Schlosser in Bad Wimpfen (in unmittelbarer Nähe Neckarsulms) zu Ende gebracht zu haben. Dort war auch Dürr, ein ausgebildeter Ingenieur, der aber erhebliche Probleme bei der sog. ‚Entnazifizierung' gehabt habe, als eine Art von „Allround-Talent" (Schweiß- und Monteurarbeiten) tätig. Dürr wechselte dann um 1950 zu NSU. Portele selbst konnte wiederum auf Empfehlung von Dürr am 1. Dezember 1952 in den Dienst der TES eintreten.

71 NSU ging also „mit Informationen und vor allem mit Zahlenangaben sehr spärlich um" (Schulz, o.J., S. 3). Angesichts dieser recht abschottenden Haltung ist die Quellenlage zu den Jahren 1951 bis etwa 1958, was Aussagen oder Veröffentlichungen unmittelbar an der Rotationskolbenforschung (NSU, TES Lindau) beteiligter Personen anbelangt, eher dünn. Die folgenden Erläuterungen und Bewertungen zu diesem Zeitraum orientieren sich insofern primär an zwei inhaltlich ergiebigen Quellen (Wankels Technische Tagebücher, LTA Mannheim; retrospektive Berichterstattung von Walter Froede aus dem Jahre 1974).

72 Froede (1974a, S. 4) berichtete allerdings auch, dass in diesen Jahren in der TES in Lindau ohnehin nur noch unbrauchbare Überreste der ursprünglichen Konstruktionsanlagen der WVW vorzufinden waren (die entsprechenden Anlagen waren ja, wie in Kap. 4.2.3 dargelegt, nach Ende des Zweiten Weltkrieges von französischen Besatzungsorganen demontiert worden).

beiwohnten, fiel für Wankels Anliegen allerdings negativ aus. Das Resultat und die aus dieser Programmbesprechung zu ziehenden Schlussfolgerungen wurden Wankel in einem Schreiben von NSU wie folgt mitgeteilt:

> „Die Entwicklung eines Drehkolbenmotors muß zurückgestellt werden, da für derartige langfristige Planungen nicht die erforderlichen Mittel bereitstehen. Außerdem sind die Anwendungsmöglichkeiten für stärkere Einheiten im Kraftradsektor nur sehr begrenzt. (...) Das Gebiet der Drehkolbenmaschinen ist noch fast unerforschtes Neuland, dessen Erschließung bei vorsichtiger Schätzung 5 bis 10 Jahre in Anspruch nehmen dürfte. Bei aller Anerkennung der Bedeutung, die derartigen Kraftmaschinen einmal zukommen kann, übersteigt eine solche Entwicklungsarbeit unsere Möglichkeiten so weit, daß wir davon Abstand nehmen müssen, uns mit diesem Projekt zu befassen" (Froede, 1974a, S. 4).

Wankel schien sich allerdings mit dieser Rückmeldung keinesfalls zufrieden gegeben zu haben und arbeitete im Laufe des Jahres 1953 Pläne zur Optimierung seiner bisherigen DKM-Modelle aus. Im Rahmen von Arbeitsbesprechungen vom 17. bis 19. Januar 1954 in Lindau legte Wankel Froede dann mehrere Modellzeichnungen von Drehkolbenmaschinen (Sammelbegriff DKM53) vor, die bei Letzterem schließlich doch reges Interesse weckten, da mit der Realisierung des Zusatzmerkmals ‚Trochoide' ein bislang nicht berücksichtigtes Bauprinzip vorlag (Abb. 14).[73]

Dieses Bauprinzip hinterließ bei Froede vor allem deshalb einen tiefen Eindruck, da es – im Unterschied zu früheren Maschinen Wankels mit rotierenden Kolben – sowohl die Möglichkeit hoher Kompression und großer Arbeitsvolumina als auch gleichzeitig geringe Außenabmessungen gewährleistete. Nach Froedes Auffassung lag hier erstmals eine durchgreifende Optimierung der ihm vertraut gewordenen jahrelangen Forschungs- und Konstruktionsarbeiten Wankels vor, da das Maschinenprinzip einen in Relation zur Baugröße erhöhten Luftdurchsatz ermöglichte.

Auf Froedes Wunsch stellte Wankel ein bewegliches Modell der konzipierten Maschine her, um eine anschauliche Darstellung von deren Funktionen vermitteln zu können. Am 4. und 5. Februar 1954 fand sich der Technische NSU-Direktor Frankenberger in Lindau ein, um sich das Modell vorführen zu lassen. Frankenberger konnte von dem Anschauungsmodell, das einen guten Einblick in den Wechsel der Arbeitsvolumina und Kammer-Größenverhältnisse verschaffte, überzeugt werden und befürwortete eine Ausweitung der Zusammenarbeit mit Wankel um dieses Gebiet.

---

73 ‚Trochoide' bezeichnet eine spezifische, bikonvexe Innen-Form des den innen laufenden Kolben umschließenden Kreis- bzw. Hüllkörpers. Darstellungen dieser Trochoidenform, die ihren eigentlichen Durchbruch mit der noch weiter veränderten ‚Epitrochoide' erreichen sollte, finden sich auf den Folgeseiten.

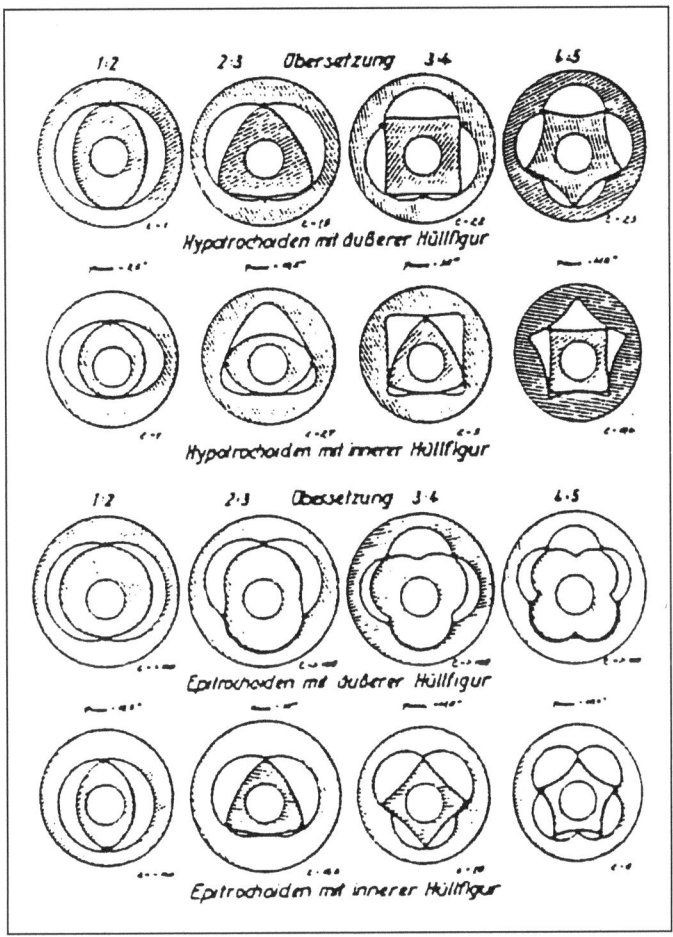

Abb. 14: Trochoidenkonzepte Felix Wankels aus den 1950er Jahren
(aus: Froede, 1974a, S. 10)

Man mag geneigt sein, Wankel durchaus eine gewisse ‚Schlitzohrigkeit' zu unterstellen, als er genau in dieser Phase NSU mit dem Hinweis überraschte, auch wieder mit der Firma Borsig – mit der er ja bereits in den 1940er Jahren kooperierte (damals Rheinmetall-Borsig, s. Kap. 4.2.3) – über die Entwicklung eines Rotationskolben-Luftverdichters zu verhandeln. Seitens Borsig bestehe reges Interesse, die DKM53 als Grundlage für neu zu entwerfende Industriemaschinen zu nutzen.[74]

---

74 Ein Kooperationsvertrag zwischen der Firma Borsig und Wankel wurde erst später abgeschlossen. Dieser beinhaltete jedoch ausschließlich Entwicklungsarbeiten an Rotationskolbenkompressoren für den industriellen Einsatz, wobei seitens Borsig das entsprechende Projekt eher schleppend verfolgt und schließlich im Sommer 1968 endgültig fallen gelassen wurde.

Tatsache war jedoch, dass bis zum September 1954 „keinerlei juristisch bindende Verträge zwischen Borsig und Wankel" vorlagen, sondern es sich offenkundig lediglich um eine informelle Zusammenarbeit und den Austausch technischer Planungen handelte (Froede, 1974a, S. 21). Möglicherweise lagen bei den diesbezüglichen Einlassungen Wankels gegenüber NSU Ungenauigkeiten oder Missverständnisse vor. Ausschließen lässt es sich allerdings nicht, dass er mit dem Verweis auf eine Kooperation mit Borsig, sei es gezielt oder unbewusst, auch einen gewissen Druck zu einer beschleunigten Entscheidungsfindung und unmissverständlichen Akzeptanzerklärung ‚pro Rotationskolbentechnik' im Hause NSU bewirken wollte (raschere Entscheidungsprozesse, um von einem möglichen Mitkonkurrenten Borsig nicht noch ‚übervorteilt' zu werden).

Diese etwas verworrene Konstellation wurde im September 1954 dann aber dahin gehend gütlich bereinigt, dass sich NSU und Borsig in Gesprächen auf Vorstandsebene über eine Interessenabgrenzung einigen konnten.

Eine Zusammenarbeit von Borsig mit Wankel durfte sich demgemäß nur auf die industriellen Anwendungen erstrecken, während der ‚Verbund' NSU-Wankel beziehungsweise NSU-TES das gesamte Gebiet der Rotationskolbenmaschinen als Antriebsaggregate und Kraftmaschinen abdeckte. Festgelegt wurden zudem ein gegenseitiger Erfahrungsaustausch sowie die freie Benutzung beantragter beziehungsweise später zu gewährender Patente.

Aufgrund der offenkundigen Vorteile und Leistungspotenziale des mittels der Trochoide überarbeiteten Rotationskolbenmotors hatte Frankenberger in Abstimmung mit dem NSU-Vorstand im Februar 1954 dann auch den verbindlichen Entschluss gefällt, sich an der durch Wankel zu vollziehenden Weiterentwicklung eines solchen Aggregates zu beteiligen. Hierzu wurden folgende Handlungsleitlinien vereinbart (Froede, 1974a, S. 9):
- Abklärung der Patentsituation und Anmeldung von Schutzrechten.
- Gewinnung des früheren Konstrukteurs der W V W, Dipl.-Ing. Ernst Höppner (s. Kap. 4.2.3), der nach dem Krieg im väterlichen Schiffswartungsbetrieb in Emden tätig geworden war, als leitenden technischen Mitarbeiter.
- Konzentration von Wankels Aufgaben für die Firma NSU auf die Entwicklungsarbeiten von Rotationskolbenmaschinen im Rahmen des 1951 abgeschlossenen und fortgeschriebenen Beratervertrages. Dabei wurde nunmehr Einvernehmen darüber erzielt, „daß diese Untersuchungen und konstruktiven Arbeiten in Lindau durchgeführt werden, um allen Kritiken von konventionellen Motorkonstrukteuren und Fertigungsingenieuren in Neckarsulm aus dem Wege zu gehen" (wodurch belegt wird, dass man seitens Wankel und NSU durchaus gewisse Widerstände von ‚konventionell' orientierten Motoreningenieuren, die sich in ihren eigenen Interessen bzw. ‚Pfründen' beeinträchtigt sehen könnten, für möglich hielt).

Diese Leitlinienvereinbarung bestand offenkundig zunächst auf einer nicht vertragsrechtlich abgesicherten Basis, sondern informell. Ein Zusatzvertrag zwischen NSU und Wankel wurde erst am 16. September 1954 abgeschlossen, jedoch rückwirkend zum Februar 1954 in Kraft gesetzt. Darin wurde festgelegt, dass Wankels Entwicklungs- und Forschungsarbeiten und die damit verbundenen Erkenntnisse im Bereich der Rotationskolbenmaschinen ausschließlich für NSU bestimmt waren und – ein ganz entscheidender Aspekt – als Anmelder und damit Nutznießer entsprechender Patente sowohl NSU als auch Wankel fungieren sollten.

Noch im Februar 1954 fuhren Wankel und Froede gemeinsam nach Emden, um sich mit Ernst Höppner (gest. 1966) über dessen Mitarbeit für die TES zu verständigen. Dieser ließ sich von dem mitgeführten beweglichen Anschauungsmodell, das zuvor schon Frankenberger beeindruckt hatte, so sehr überzeugen, dass er bereits im März 1954 auf Basis eines freien Mitarbeitervertrages für die TES in Lindau tätig wurde.

In den Tagen zwischen dem 29. März und dem 3. April 1954 wurde in Sitzungen mit Wankel, Höppner und Froede in Lindau abgesprochen, dass man sich dort auf die Weiterentwicklung des Typs DKM53 konzentrieren möge. Gedacht war dabei zunächst ‚nur' an einen motorähnlichen Drehkolbenverdichter mit Laderfunktion, der es ermöglichen sollte, wesentliche Charakteristika eines Drehkolben-Verbrennungs-Motors zu untersuchen.

Der Entwurf wurde jedoch niemals umgesetzt, da es Wankel und Höppner in den folgenden Tagen vorzogen, wieder an neuen Modellen zu arbeiten („DKM54"). Froede machte deshalb Wankel Vorwürfe, dass er sich nicht an die Absprachen halte („wenn wir dauernd neue Ideen anfangen, wird nie etwas fertig"), räumte aber in seinen Erinnerungen ein, dass „zum Glück (...) Wankel nicht auf meine Einwände gehört und die Untersuchungen an anderen Bauformen fortgesetzt" habe (Froede, 1974a, S. 10).

Bei einer Sitzung in Lindau am 16. und 17. April 1954 (Ostern) wurden – dem zu diesem Zeitpunkt noch verärgerten – Froede dann von Wankel Projektzeichnungen zur DKM54 vorgelegt, bei der erstmalig das Übersetzungsverhältnis zwischen Außen- und Innenläufer bei 2:3 lag und die Form eines dreikantigen Innenläufers in einer zweibogigen Trochoide gegeben war („Epitrochoide', die Trochoide wird in der Mitte gleichsam wie von einem unsichtbaren Gürtel etwas eingeschnürt; siehe Abb. 15). Eine der Zeichnungen, welche die Rotationsabfolge von Innen- und Außenläufer darstellte, titulierte Wankel scherzhafterweise als „Osterhas" und versah sie mit zwei entsprechend langen Ohren (Abb. 15, links).

Der Zeitzeuge Portele erinnert sich, dass Wankel bereits vor der offiziellen Sitzung mit Froede zu Ostern 1954 ihm und Kirn eine Zeichnung der Modellvorstellungen zur DKM54 auf Millimeterpapier präsentiert habe. Wankel selbst habe aber nicht gut zeichnen können beziehungsweise sich nie in die Prinzipien und Normen des technischen Zeichnens eingearbeitet und so habe es dann später Höppner oblegen, die Idee der DKM54 in maschinenbautechnisch verwertbarer

Form auf Papier zu bringen. Der Bau der Versuchsmodelle wurde dann von Kirn (Drehbank) und Portele (Fräsmaschine) praktisch umgesetzt (Portele, 2004).

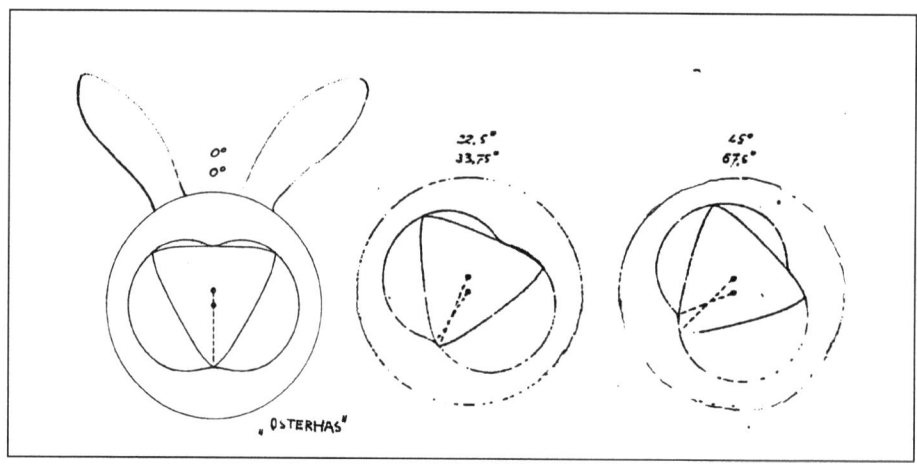

Abb. 15: Modellzeichnung („Osterhas") zur DKM54[75]

Obwohl sich die DKM54 durch das Merkmal der Epitrochoide von Wankels Plänen zu Rotationskolbenmotoren der 1930er und 1940er Jahre abhob, blieb doch ein auch bereits vorher umgesetztes Kernmerkmal bestehen: „Kolben und Kolbenlaufbahn drehten sich selbständig um eigene Achsen" (Seifert, 1985, S. 12). Durch die Rotationsfähigkeit von ‚innerem' Kolben und ‚äußerer' Führung müssten sich – so zumindest die Zielvorstellung Wankels – extrem hohe Drehzahlen erreichen lassen (Jllg, 1988, S. 116).

Genau diese Zielvorstellung sollte jedoch in den Folgejahren – von Wankel mit Ablehnung aufgefasst – im Hause NSU zu Gunsten eines vereinfachten Bauprinzips aufgegeben werden.

4.3.2.3 Testläufe von Drehkolbenmotoren und Aufgabe des Konzeptes zu Gunsten der Kreiskolbentechnik (1954-1959)

Die Modellvorlagen der TES wurden unter der Begleitung durch Froede und unmittelbaren Leitung von Höppner bei NSU in Neckarsulm in lauffähige Testmotoren überführt. Die erste Zündung eines DKM54 unter Realbedingungen (Benzinbetrieb) erfolgte im Jahre 1955.

In der Folgezeit (1955-1957) zeigte sich nach den Angaben Porteles (2004) jedoch bei den verschiedenen Testläufen, dass die DKM zwar enorm hohe Drehzahlen bis in den Bereich von 22.000 U/Min. erreichen konnte, es dann jedoch

---

75 Quelle: Von Horst Schulz (Dauerausstellung „Autovision – Tradition und Forum", Altlußheim) dem Verf. überlassen.

regelmäßig „knallte" (unrunde Zündungen, Motoraussetzer bzw. -schäden). Dr. Froede kam daher zu dem Schluss, dass das Konzept des DKM mit Innen- und Außenläufer für Verbrennungsmotoren nicht geeignet sei.

Wankel war darüber sehr enttäuscht und zog sich zeitweise immer mehr „in sein stilles Kämmerlein" der TES zurück, um sich dort Modellüberlegungen für den (drehkolbenbetriebenen) „Zisch" – jenem in den 1940er Jahren entwickelten Gleitboot (s. Kap. 4.2.3) – zu widmen (Portele, 2004).

Die technische wie kaufmännische Leitung bei NSU rang sich unter Froedes eindringlicher Beratung in den Jahren 1956 bis 1957 schließlich zu der Überzeugung durch, dass die Epitrochoidenform grundsätzlich beibehalten werden solle, aber das Drehkolbenprinzip für Anwendungen im Fahrzeugmotorenbau zu verwerfen sei.

Optiert wurde also „für die kleinere Revolution, für das Kreiskolben-System [KKM; d.Verf.]. Man ließ den Außenläufer parken" (Korp, 1989, S. 90). Insofern wurde der arbeitsleistende Teil, was sich natürlich als bautechnisch einfacher und praktischer erwies, nur noch durch einen Innenläufer dargestellt. Zudem ließen sich Ein- und Auslasskanäle im ruhenden Gehäuse unterbringen und es war nur noch eine Zündkerze erforderlich (auf jede Umdrehung des Läufers kam eine Zündung).

Für Wankel war diese Entscheidung für das Kreiskolbensystem falsch und es verblieb – wenngleich er nachhaltig von Lizenzeinnahmen aus seinen auch dem KKM (und seither stets als „Wankelmotor" bezeichneten Aggregat) zugrunde liegenden Patenten partizipieren sollte – eine tiefe Frustration gegenüber NSU als auch anderen deutschen Unternehmen wie etwa Borsig, die für die ‚reinrassige' DKM-Variante nicht zu gewinnen waren: „Er, der freie Forscher, der seine Meinung stets deutlich vertrat, mußte (...) seine Enttäuschung diskret abarbeiten. Doch der Groll gegen die Industrie, zumal die Deutsche, blieb" (Korp, 1989, S. 91).

Nachdem die Ausrichtung auf eine Kreiskolbenmaschine seitens NSU festgelegt wurde, sollten noch zwei weitere Jahre an Forschungs- und Entwicklungsarbeit ins Land gehen, bis der Öffentlichkeit im Januar 1960 im Deutschen Museum, also an traditionsreicher Stätte[76], endlich ein funktionsfähiger KKM vorgestellt werden konnte. Vorausgegangen waren erste Presseverlautbarungen und Präsentationen des neuartigen Aggregates seitens NSU in den Monaten November und Dezember 1959. Dieser ‚erste' KKM (250 ccm Hubraum) ‚schlug' allerdings wie eine ‚Bombe' ein und das in- wie ausländische Medieninteresse übertraf alles, was NSU erwartet hatte.

Die bisherige technikgeschichtliche Forschung zum Wankel-Motor konnte mithin belegen, dass es sich – trotz zweifellos äußerst positiver Resonanz – bei

---

76 63 Jahre zuvor (1897) war an gleicher Stelle mit dem Diesel-Motor schon einmal ein ganz neuartiges Motorenkonzept einem interessierten Publikum vorgeführt worden.

den öffentlichkeitswirksamen NSU-Maßnahmen der Monate November 1959 bis Januar 1960 letztlich um für das Unternehmen erzwungene Akte handelte, die möglicherweise sogar die Entwicklungspotenziale des Motors in einer frühen Phase mehr beschädigten denn förderten. Die Rahmenbedingungen und die unmittelbare Vorgeschichte der Münchener Veranstaltung vom Januar 1960 sowie die entsprechende Rezeption in der Öffentlichkeit seien daher in der Folge (Abschnitt 5.1) noch eingehender reflektiert.

4.4 Finanzielle Einschränkungen und wirtschaftlich-technische Ausweitung der Trochoideninnovation über NSU hinaus (1956-1959)

4.4.1 Finanzielle Lage von NSU und Kontakte mit externen Partnern

Spätestens in den Jahren 1957 bis 1958, als seitens NSU die Favorisierung eines Kreiskolbenmotors anstelle des genuinen Drehkolbenmotors beschlossene Sache war, hatten sich in diesem Unternehmen zwei einander quasi diametral entgegengesetzte Konstellationen immer stärker ausgeprägt: einerseits die Möglichkeit, mit der von Wankel entwickelten innovativen Trochoiden-Motorentechnik der NSU AG einen enormen Wachstumsimpuls zu bereiten, andererseits aber auch ein allmähliches Abflachen der Wachstumspotenziale hinsichtlich der angestammten NSU-Kernkompetenzen im Zweiradbereich (o.V., 1995, S. 30). Das Wirtschaftswunder dominierte zum Ende der 1950er Jahre die Bundesrepublik; die verfügbaren Einkommen hatten angezogen und damit änderten sich auch die Bedürfnisse der Konsumenten. In diesem Kontext verlagerte sich die Aufmerksamkeit der Masse vom billigen Zweirad zum teureren (wenn auch zumeist kleinen) Vierradfahrzeug (BMW, 2004).[77]

Seit Mitte der 1950er Jahre wurde auch seitens der Dresdner Bank, die als größter Anteilseigner der NSU AG fungierte, vermehrt Kritik an diesem Unternehmen geäußert; das gebundene Kapital bringe eine schlichtweg zu geringe Rendite ein. Fakt ist, dass der NSU-Aktienkurs über die gesamten 1950er Jahre hinweg hinter der durchschnittlichen Entwicklung des deutschen Aktienmarktes zurückblieb (Hoehne, 1962, S. 36); erst im Zusammenhang mit dem Bekanntwerden des neuartigen Wankel-Motors in der breiten Öffentlichkeit stellte sich dann ein förmlicher ‚Kursrausch' ein.

---

77 Wobei viele der damaligen Vierräder noch mit – für heutige Verhältnisse – wirklich extrem geringen Raumabmessungen und schwachen Motorisierungen ausgestattet waren; man denke etwa an Vehikel wie das von der bayerischen Firma Glas produzierte „Goggo"-Mobil oder die BMW-„Isetta" (letzteres Fahrzeug mithin als „Dreirad"). Auch der zum Verkaufsschlager avancierende „Käfer" erzielte in dieser Phase PS-Leistungen von lediglich 25 bis 30 PS.

Die Liquiditätssituation bei NSU war 1957 so strapaziert, dass man sich seitens der Unternehmensleitung in Absprache mit Wankel entschloss, für die weitere Entwicklung der Rotationskolbentechnik im Kraftfahrzeugbereich sowohl beim Land Baden-Württemberg als auch bei der Daimler-Benz AG sowie bei den Industriewerken Karlsruhe[78] hinsichtlich möglicher Finanzförderungen bzw. entsprechender Kooperationen ‚vorzufühlen'.

Tatsächlich kam es im Laufe des Jahres 1957 mehrfach zu technischen Präsentationen und Verhandlungen in Neckarsulm, an denen neben den NSU-Vertretern und Felix Wankel auch der Daimler-Technikdirektor Dr. Nallinger, mit dem Wankel ja bereits in den ersten Nachkriegsjahren Kontaktgespräche geführt hatte, sowie Dr.-Ing. Eugen Wilhem Huber vom Münchener Entwicklungsinstitut für Motorenbau (EFMO)[79] teilnahmen. Über die Anbahnung und Durchführung dieser Verhandlungen drangen mithin kaum Informationen an die Öffentlichkeit.[80]

Als unstrittig wurde es von den an den Verhandlungen teilnehmenden Fachleuten von Daimler-Benz und IWKA angesehen, dass die entsprechenden Ergebnisse der Testläufe viel versprechend seien und das Wankelsche Motorenprinzip einen Umbruch in der Motorentechnik für Kraftfahrzeuge darstellen könnte. Seitens des Landes Baden-Württemberg und der Daimler-Benz AG, zwischen denen offenbar engste wirtschaftspolitische Verflechtungen bestanden, wurde als Ergebnis der Verhandlungen eine Lösung offeriert, bei welcher der NSU AG für die weiteren technischen Entwicklungen von beiden Partnern jeweils DM 600.000, also insgesamt eine Summe von DM 1,2 Mio. zur Verfügung gestellt werden sollte. Allerdings bat sich Daimler-Benz dafür eine weitreichende Option auf zukünftig mit dem neuen Motor zu erzielende Lizenzeinnahmen aus.

Insbesondere Wankel war über diesen Verlauf der Gespräche enttäuscht; er äußerte später des öfteren, er habe den Eindruck gehabt, sich mit solch einer Regelung in die Abhängigkeit des mächtigen Unternehmens Daimler-Benz zu begeben (Korp, 1975, S. 157 f.). Sich gleichsam im Griff von Daimler zu befinden widerstrebte ihm, der ja im Laufe seines bisherigen Technikerlebens bereits zwei Mal bei genau diesem Unternehmen ‚angeeckt' war, offensichtlich zutiefst. Die Schlussfolgerung ist daher nahe liegend, dass Wankel auch gegenüber dem „mächtigen" Unternehmen Daimler-Benz eine ambivalente Haltung einnahm: Einmal sah er sich in strikter Abhängigkeit ohne eigene Entscheidungsspielräume gewissermaßen „gefangen" und stellte diesem Anspruch seine Unabhängigkeit als Forscher

---

78 Bei den Industriewerken Karlsruhe (IWKA AG) handelt es sich um ein traditionsreiches Unternehmen, das bis zum heutigen Tage einen exzellenten Ruf im Maschinen- und Anlagenbau und in der Automatisierungstechnik besitzt (durchschnittliche Börsenkapitalisierung im lfd. Jahr 2004: rund 500 Mio. EUR, CompuTel-Angabe). Im weiteren Verlauf der Verhandlungen des Jahres 1957 nahm diese Firma mithin keinen bedeutenden Part mehr ein.
79 Dem von NSU beauftragten EFMO-Chef Huber oblagen die thermodynamische und verschleißtechnische Überprüfung der Rotationskolbenaggregate (Testläufe).
80 Diese lassen sich aber anhand der Bestände des Felix-Wankel-Archivs im Mannheimer Landesmuseum für Technik und Arbeit, Klassifikation 202.011, Signatur 01169, sowie Klassifikation 110, Signatur 00324, und Klassifikation 110, Signatur 00402, nachverfolgen.

und Erfinder gegenüber. Andererseits könnte sich für ihn die „lockende" Versuchung gestellt haben, das Finanzpotenzial dieses technisch führenden Konzerns für die Entwicklung seiner Erfindung zu instrumentalisieren.

Für die letztgenannte Möglichkeit spricht auch Folgendes: Wankel sollte sich, wie im weiteren Verlauf dieser Arbeit noch eingehend zu erläutern sein wird, in den Folgejahren immer wieder geringschätzig über die „Nähmaschinenfabrik" NSU äußern und tiefes Bedauern darüber ausdrücken, dass er ‚seinen' Motor nicht in engster Kooperation mit Daimler-Benz verwirklicht hatte (Eiermann, 2003).

Die Gespräche zwischen NSU und Wankel auf der einen Seite und den Repräsentanten des Landes Baden-Württemberg sowie der Daimler-Benz AG auf der anderen Seite überschnitten sich mit einem wegweisenden Kontakt, in dessen Anbahnung ganz wesentlich besagter Dr.-Ing. Eugen W. Huber (gest. 1976) vom EFMO involviert war.

Huber (Abb. 16) wies einen erstaunlichen beruflichen Werdegang auf, denn er vermochte es, sich vom einfachen Mechaniker zum Diplom-Ingenieur empor zu arbeiten, welcher schließlich sogar zum ordentlichen Professor der Ingenieurwissenschaften avancierte.[81] Bereits vor der Gründung der Bundesrepublik als Regierungsbaurat im Bayerischen Verkehrsministerium tätig und mit guten Beziehungen zu BMW versehen, nutzte er seine Freizeit, um ein eigenes Ingenieurbüro zu betreiben. Aus diesem ging im Jahre 1948 sein privates Entwicklungsinstitut für Motorenbau EFMO hervor, „das von so vielen Seiten Forschungsaufträge erhielt, daß die gemieteten Räume bei den Bayerischen Leichtmetallwerken und später bei BMW für das zu bewältigende Auftragsvolumen nicht mehr ausreichten" (IMH, 2004, o.S.).[82]

Der Motorenfachmann Huber wurde Ende 1956 von einem Vertreter des US-Unternehmens Curtiss-Wright, dem Ingenieur Hans J. Lindenmayr, aufgesucht. Beide Männer kannten sich noch aus der Vorkriegszeit, als man gemeinsame Kontakte zu BMW pflegte. Lindenmayr hatte sich später dem Mitarbeiterstab des „Wunderwaffen"-Konstrukteurs[83] und Fluggeräteforschers Wernher von Braun in Peenemünde an der Ostsee angeschlossen.

---

81 1957 Privatdozent und 1963 außerplanmäßiger Professor in München, 1966 Berufung auf den Lehrstuhl für Verbrennungskraftmaschinen der TU Berlin, ab 1970 Maschinenbauprofessor an der Universität Stuttgart (Angaben gemäß IMH, 2004, o.S.).
82 Sein eigenes Institutsgebäude mit wesentlich ausgebauten Messapparaturen entstand aus eigenen Mitteln und mit Unterstützung der Industrie, namentlich BMW, aber erst im Jahre 1965 auf einem ehemaligen Gärtnereiareal an der Eggenfelder Straße in München. Seit 1987 firmiert das Institut unter „IMH Institut für Motorenbau Prof. Huber GmbH" (IMH, 2004, o.S.).
83 Fragwürdige Berühmtheit erlangten die Fernraketen V1 und V2 („V" für Vergeltung), die in der Endphase des Zweiten Weltkrieges gegen England eingesetzt wurden, aber keine kriegsentscheidende Bedeutung mehr erlangen konnten.

Abb. 16: Dr.-Ing. Eugen Wilhelm Huber, Gründer und Leiter des Münchener Entwicklungsinstituts für Motorenbau (EFMO)[84]

Die deutsche Luftfahrtindustrie war selbst in den Jahren unmittelbar vor dem Zusammenbruch 1945 noch allen anderen Ländern der Welt überlegen; gebaut wurden die ersten einsatzfähigen Turbo-Düsenflugzeuge, ferner Raketenflugzeuge und Fernraketen. Für diese Entwicklungen war Peenemünde ein wichtiger Standort, an dem mithin auch Zwangsarbeiter unter schlimmsten Bedingungen zum Einsatz kamen (vgl. zusammenfassend Neufeld, 1999). Viele der in Peenemünde tätigen Fachleute wurden nach Kriegsende in die USA verbracht, wo die geleisteten Entwicklungsarbeiten den Amerikanern[85] insbesondere bei ihren Weltraumprojekten zugute kamen (Zentner, 1979, S. 569).

Auch Lindenmayr war für einige Jahre in den USA in der Raketenforschung engagiert, wechselte dann aber zur ebenfalls stark im Rüstungssektor positionierten Curtiss-Wright Corp. (u.a. Motoren für Militärflugzeuge, ferner zum damaligen Zeitpunkt intensive Arbeiten an Turbinen) nach Wood Ridge, New Jersey.

---

84 Quelle: Von Dipl.-Ing. Dankwart Eiermann, Weißensberg, zur Kopie überlassenes Archivmaterial.
85 Es erfolgte auch eine Verbringung deutscher Flugtechnikfachleute in die Sowjetunion, deren Militär- und Raumfahrttechnologie dadurch ebenfalls entscheidende Impulse erhielt. Verglichen mit dem dortigen fürchterlichen Los ‚normaler' deutscher Kriegsgefangener (Überlebensrate unter 10 %), waren die materiellen Lebensbedingungen dieser Fachleute in dem totalitären Staatsgebilde aber durchaus gut (vgl. hierzu auch Kempowski, 2002, S. 156 ff.).

Für diese Unternehmung, die in den Jahren nach dem Zweiten Weltkrieg die nicht einfache Herausforderung zu bewältigen hatte, den Übergang von Kolbenflugmotoren auf kolbenlose Verbrennungsturbinen zu meistern, sollte Lindenmayr Mitte der 1950er Jahre in Europa und dabei namentlich in Deutschland Kooperations- oder Übernahmemöglichkeiten im Hinblick auf motorentechnisch innovative Firmen ausloten (Korp, 1975, S. 158 ff.).

In dem Kontext sei darauf hingewiesen, dass in der Bundesrepublik Deutschland in dieser Phase die Schäden bei zerbombten Industrieanlagen bereits weitestgehend behoben waren und das Land in Sachen Motoren-, Maschinen- und Anlagenbau gerade in den angelsächsischen Fachkreisen einen ausgezeichneten Ruf besaß. Zudem war die geo- und wirtschaftspolitische Wertschätzung (West-)Deutschlands seitens der Amerikaner durch den ‚Kalten Krieg' maßgeblich erhöht worden und die Bundesrepublik hatte sich „von einem besiegten zu einem relativ wohlhabenden, international angesehenen Land" gewandelt (Hardach, 2002, S. 122).

In den Gesprächen mit Lindenmayr wies Huber auch auf die laufenden Entwicklungsarbeiten Wankels bzw. der NSU AG im Bereich der Rotationskolbenmaschinen hin und arrangierte noch 1956 ein gemeinsames Treffen mit Wankel in dessen TES in Lindau. Lindenmayr zeigte sich von den dort geleisteten Arbeiten sehr beeindruckt und erstattete einen entsprechenden Bericht an Curtiss-Wright.

Hier schien man von einer derart innovativen Technologie allerdings weniger zu halten; seitens des Unternehmensvorstandes wurde Lindenmayr beschieden: „Viel zu schön, um wahr zu sein. Ein Rotationskolbenmtor kann nie funktionsfähig werden".[86]

Lindenmayr, der bald darauf mit Wankel in ein direktes Vertragsverhältnis eintreten sollte (s. Kap. 4.4.2), ließ es jedoch nicht bei einem solchen Bescheid bewenden. Überzeugt von dem Potenzial der Wankelschen Entwicklungen, engagierte er sich bei der Suche nach anderen Vertragspartnern bzw. externen Geldgebern. In diesem Kontext konnte schließlich entgegen der ursprünglichen Verlautbarungen, wenngleich nach einem eher zähen und konflikträchtigen Ringen, auch die Curtiss-Wright Corp. gewonnen werden.

4.4.2 Gründung der Wankel GmbH und Transfer der Rotationskolbentechnik (Deutschland-USA)

Durch Vermittlung von Lindenmayr kamen Ende 1956 NSU und Wankel mit Ernst Hutzenlaub (geb. 1914 in Wildbad, Schwarzwald), der ein Architektur- und Maschinenbaustudium absolviert hatte und nach dem Krieg leitend in der Wil-

---

86 Curtis-Wright-Chef Hurley im Wortlaut; zit. nach Korp (1975, S. 159).

helm Herm. Müller GmbH & Co. KG Hannover[87] (Gummiwaren, Antriebstechnik) tätig wurde, in Kontakt. Bereits im Zweiten Weltkrieg war Hutzenlaub mit technischen Sonderaufgaben betraut.

Durch eigene Innovationen im Bereich von Zahnriemen und Panzerkettenbewehrungen, die teils an die Continental AG in Hannover verkauft werden konnten, war er in den Nachkriegsjahren rasch vermögend geworden.[88] Bei Hutzenlaub handelte es sich offenkundig um eine sowohl technisch als auch kaufmännisch versierte Persönlichkeit, die in Kooperation mit Wankel die weiteren Geschicke des KKM ganz wesentlich bestimmen sollte.[89]

Im Laufe des Jahres 1957 standen Wankel und Hutzenlaub im einem regen Austausch, an dem mithin auch Dr. Froede sowie Dr. v. Heydekampf von NSU – motiviert von der weiter oben geschilderten Suche nach externen Finanzierungsmöglichkeiten – teilhatten. Dabei übte Hutzenlaub, der von dem Zukunftspotenzial der Wankelschen Rotationskolbentechnik überzeugt war, möglicherweise auf diesen einen subtilen, psychologisch geschickten Druck aus. Zu bedenken ist in diesem Zusammenhang auch, dass sich Wankel nach eigener Einschätzung als kaufmännisch eher hilflos ansah (s. Kap. 4.2.1).

Zumindest schien sich bei Wankel einerseits der – ja durchaus nachvollziehbare – Eindruck zu bilden, die Mittel von NSU könnten zur Verwirklichung seiner Erfindung bis hin zu einer Serienproduktion nicht ausreichen; auf der anderen Seite gelangte er zu dem Verdacht, womöglich seitens NSU im Rahmen des bestehenden Beratungsvertrages später nicht genügend an der voranzutreibenden Technik zu partizipieren: „Alle [ihn beratende Personen und hierbei v.a. Hutzenlaub; geht aus dem Kontext der Fundstelle hervor; d. Verf.] erklärten, daß die gemeinsam vorgenommenen Anmeldungen auch ein 50%iges Anrecht bedeuten würden. Bei NSU hingegen glaubte man, mir nur einen ganz kleinen Prozentsatz zubilligen zu müssen".[90]

Hutzenlaub unterstützte Wankel in dessen Bestreben, den ‚alten' Beratervertrag im Sinne einer 50:50-Beteiligung an möglichen, aus seiner Erfindung resultierenden Einnahmen abzuändern bzw. solch ein Prozedere neu zu vereinbaren. Wankel wiederum versuchte mit Hinweisen, wonach er quasi in eigener Regie an einem noch ‚viel besseren' Rotationskolbenmotor[91] arbeite, Druck auf NSU auszuüben.

---

87 Das Unternehmen, mittlerweile über 80 Jahre alt, besteht noch (www.whm.net).
88 Angaben gemäß der Tagebuchaufzeichnungen Wankels (Felix-Wankel-Archiv im Mannheimer Landesmuseum für Technik und Arbeit, Klassifikation 110, Signatur 00402).
89 Davon zeugen die umfangreichen Aktenbestände im Felix-Wankel-Archiv im Mannheimer Landesmuseum für Technik und Arbeit (Klassifikation 203.014, Signaturen 00741, 00024 und 00025).
90 Angaben gemäß der Tagebuchaufzeichnungen Wankels (Felix-Wankel-Archiv im Mannheimer Landesmuseum für Technik und Arbeit, Klassifikation 110, Signatur 00402).
91 Hierbei handelte es sich um die von ihm selbst so getaufte „doppelte Mondjungfer", ein Konzept, das zwei ineinander geschaltete DKM vorsah (siehe Klassifikation 203.013, Signatur 00990, Felix-Wankel-Archiv im Mannheimer Landesmuseum für Technik und Arbeit).

Parallel zu den sich mit NSU zäh hinziehenden Verhandlungen gründeten Wankel und Hutzenlaub am 12. Dezember 1957 die Wankel GmbH als Interessenvertretung. Hutzenlaub, in ‚weiser' geschäftlicher Voraussicht, hatte hierfür einen Einlagebetrag von DM 1 Mio. zur Verfügung gestellt.[92] Lindenmayr, der ja die Kontaktanbahnung zwischen Wankel und Hutzenlaub gestaltet hatte, trat in diese Firma als Geschäftsführer ein (1 % Anteil), Wankel hielt zunächst eine marginale Mehrheitsbeteiligung und Hutzenlaub den Rest der GmbH-Anteile (später jeweils 50 % Anteil für Wankel und Hutzenlaub).

Hutzenlaub, ein harter Verhandlungspartner, konnte gegenüber NSU zwar nicht durchsetzen, dass etwaige Lizenzeinnahmen aus den Patenten im Verhältnis 50:50 (NSU, Wankel GmbH) fließen sollten, was auch patent- und nutzungsrechtlich im juristischen Streitfalle nur mit ungewissem Ausgang hätte durchgesetzt werden können. Jedoch einigte man sich auf eine Verteilung zu erwartender Einnahmen von 60 (NSU) zu 40 (Wankel GmbH). Dafür wurde festgelegt, dass die Wankel GmbH auf etwaige Fabrikationsrechte (Serienfertigung) verzichten würde und ihr Gestaltungsspielraum primär im Bereich forschungstechnischer bzw. ingenieurwissenschaftlicher Expertisen und Zuarbeiten zu liegen habe.

Für Wankel erwies sich diese Lösung mittel- und langfristig als vorteilhaft, denn entgegen seiner Sicht, „ein deutsches Erfinderschicksal" erlitten zu haben, war er „finanziell erfolgreicher als die meisten deutschen Erfinder" und avancierte zum „vielfachen Millionär" (Rüßmann, 1986, o.S.). Fakt ist allerdings, dass trotz der Vereinbarungen mit NSU Wankel ab dem Beginn der 1960er Jahre „nur noch in geringem Maße an den Entwicklungsarbeiten am NSU-Wankelmotor beteiligt war" (Popplow, 2003, S. 37) und Wankel demnach im Moment seiner finanziellen Saturierung seine bisherige Erfinder- und Promotorrolle für das von ihm konzipierte Aggregat zumindest teilweise aufgegeben hatte. Die Haupterlöse der Wankel GmbH stellten fortan Lizenzeinnahmen dar, mit denen Wankel entscheidend auch die TES mitfinanzieren und sich schließlich auch Freiräume für eigene technische ‚Spielereien' einräumen konnte.

Für NSU hingegen war es zu diesem Zeitpunkt (1957-1958) fraglich, ob die getroffene 60:40-Vereinbarung und damit ein erheblicher Abfluss an erhoffter Liquidität nicht doch hinsichtlich des Wankel-Aggregates die Gestaltungsmöglichkeiten dieses ja im Vergleich etwa zu BMW oder Daimler-Benz kleinen Unternehmens zu sehr einengen würde.

Dass Curtiss-Wright nach Verhandlungen mit NSU, die sich seit Mitte 1958 hinzogen schließlich doch noch einen Lizenzvertrag über die Nutzung der patentierten Rotationskolben- und Kreiskolbentechnologie abschloss, war neben einem gesteigerten Interesse dieser Firma an deutscher Technik (Unternehmensvertreter hatten exakt in dieser Phase positive Erfahrungen mit FAG-Kugelfischer gesammelt) vor allem der konsequenten Überzeugungsarbeit Hutzenlaubs zu verdanken.

---

92 Diese Einlage sollte angesichts der in den Folgejahren fließenden Lizenzeinnahmen eine enorme Rentabilität erzielen.

Für den am 21. Oktober 1958 abgeschlossenen Lizenzvertrag, der Curtiss-Wright allerdings Fertigungsrechte für *alle* technischen Bereiche und Verwendungszwecke einräumte, fand sich das US-Unternehmen zur Zahlung von 2 Mio. Dollar bereit (nach damaligem Wechselkurs über 8 Mio. DM).

Interessant ist die Tatsache, dass neben Hutzenlaub, der es seit 1958 vermochte, neben Curtiss-Wright zahlreiche weitere Lizenznehmer für die patentierte Kreis- und Rotationskolbentechnologie zu akquirieren, auch Wilhelm Keppler bis zu seinem Tode im Jahre 1960 eine ganz entscheidende Rolle als Berater Wankels in kaufmännischen und strategischen Angelegenheiten einnahm. Diese Beratung erstreckte sich nicht nur auf die Vorbereitung zur Gründung der Wankel GmbH, sondern auch auf die Anbahnung weiterer Industriekontakte, Verhandlungen mit möglichen Lizenznehmern und den ‚Umgang' mit NSU.[93] Kepplers Einfluss auf Wankel war also nicht nur in der Phase des Nationalsozialismus und den ersten Nachkriegsjahren gegeben, sondern dauerte – was im allgemeinen und wissenschaftlichen Schrifttum zu Wankel oftmals geflissentlich ‚übersehen' wird –, darüber hinaus an.
Dies kann als eindrucksvoller Beleg für die Bedeutung eingespielter sozialer Netzwerke im Kontext mit Versuchen zur Etablierung und strategischen Positionierung der Innovation ‚Wankel-Motor" bewertet werden.

Hinsichtlich der besagten Positionierung muss gleichwohl die Schlussfolgerung gezogen werden, dass insbesondere bei den Lizenzmaßnahmen auf Seiten der deutschen Akteure durchaus ‚handwerkliche' Fehler unterliefen: Die NSU-Führung hatte es vor Beginn der Lizenzverhandlungen mit Curtiss-Wright verabsäumt, die eigenen Patentrechte in den USA registrieren und sichern zu lassen. Hier waren jedoch bereits etliche Rotationskolbenpatente angemeldet worden (Bentele, 1991, S. 102).
Dadurch verzögerte sich die Klärung der rechtlichen und technischen Situation und Curtiss-Wright konnte sich – nicht zuletzt vor dem Hintergrund der vom Liquiditätsbedarf der NSU AG gekennzeichneten Lage – vorteilhafte Vertragsbedingungen sichern.[94] Die Amerikaner vermochten es nicht nur, sich die Exklusivrechte für den nordamerikanischen Markt und die Berechtigung zur Vergabe dortiger Unterlizenzen zu sichern, sondern erreichten schließlich auch eine Pauschalbeteiligung von 10 % der globalen Lizenzerträge.

Der NSU-Technikdirektor Frankenberger äußerte sich in späteren Jahren kritisch zu dieser mit Curtiss-Wright eingegangenen Verhandlungslösung, obwohl ja – an

---

93 Korrespondenz zwischen Wankel und Keppler (ab 1954), Felix-Wankel-Archiv im Mannheimer Landesmuseum für Technik und Arbeit, Klassifikation 202.011, Signatur 01169.
94 Mitnichten lag hier irgendeine Art von Nötigung vor, aber das Resultat von Vertragsverhandlungen mit einem in einer eher zur Schwäche neigenden Position befindlichen Partner kann letztlich für den aushandelnden Gegenpart nur positiv ausfallen.

der absoluten Höhe der Eingangszahlung (2 Mio. USD, siehe vorausgegangene Ausführungen) gemessen – das Ergebnis beeindruckend scheinen mochte.

Ihm, Frankenberger, sei im Sinne der Vermeidung einer Schwächung der Einnahmesituation von NSU, eine andere Lösung wesentlich genehmer gewesen, nämlich „Wankel mit 2 Millionen DM pauschal abzufinden. 40 % für die Wankel GmbH, also für Wankel und Hutzenlaub, waren zuviel. Auch die globalen 10 % der Lizenzeinnahmen für CW [Curtiss-Wright; d. Verf.] überstiegen das Vertretbare" (Frankenberger, zit. nach Korp, 1993, S. 199).[95]

Mithin schien die NSU-Geschäftsführung aus den Verhandlungserfahrungen mit Curtiss-Wright auch gelernt zu haben, denn den weiteren Lizenzvereinbarungen mit anderen Automobil- und Motorenherstellern lag der sog. ‚Lizenztypenvertrag' zugrunde: Kennzeichnend für solch einen Vertrag sind hohe und von nachfolgender eigener Serienfertigung des Lizenzerwerbers unabhängige Eintrittszahlungen, präzise Verpflichtungsregularien zur Festlegung der Entwicklungsziele, die Vorgabe zu einem wechselseitigen, über den Lizenzgeber durchzuführenden Erfahrungsaustausch, sowie die üblichen Gebührenleistungen bei einer Vermarktung der betreffenden Lizenzfertigung (Korp, 1975, S. 117).

Die hohen Eintrittszahlungen für Lizenzverträge konnten aber wiederum durch NSU von den Lizenznehmern nur für den Fall vereinnahmt werden, dass das Neckarsulmer Unternehmen auch tatsächlich mit dem überzeugenden Nachweis der Serienfähigkeit des Kreiskolbenaggregates aufwarten würde. Mit dieser Form von Druck hatte sich NSU jedoch in eine Art von Teufelskreis begeben, denn für „einen Erfolg des Projektes mußten dringend Lizenzgebühren her, die aber nur eingeworben werden konnten, wenn man sich voll auf das riskante Vorhaben [das ‚Durchpeitschen' des Wankel-Motors bis zu einer nachweisbaren Serienreife; d. Verf.] einließ" (Knie, 1994, S. 113).

Zusammenfassend betrachtet, zeichnete sich also die Grundkonstellation, in der sich NSU nach Abschluss des Vertrages mit der Wankel GmbH und dem Gewinnen des ersten Lizenznehmers (Curtiss-Wright) seit dem Jahre 1958 befand, auf der einen Seite durch unausweichlich hohe finanzielle Abflüsse an eben jene GmbH aus. Auf der anderen Seite musste NSU zwingend auf den Durchbruch des Wankel-Aggregates und damit die Aussicht auf weitere Lizenzeinnahmen hinarbeiten, um die eigene Liquiditätssituation zu sichern.

Interessanterweise zeigte die Situation bei Curtiss-Wright durchaus gewisse Parallelen zu derjenigen bei NSU: Das amerikanische Unternehmen befand sich in keiner einfachen wirtschaftlichen Verfassung, die eigenen technischen Perspektiven schienen nach dem Umbruch von Kolbenflugmotoren zu Turbinen nicht geklärt (s. auch Kap. 4.4.1), und entsprechend lag auf Entscheidungsträgern des Unternehmens der Druck zur Präsentation überzeugender Innovationen.

---

95 Vgl. zu einer ähnlich kritischen Position zum ‚Eintrittsgeld' von Curtiss-Wright in die Wankelsche Kreiskolbentechnik auch Faith (1975, S. 26).

Der deutschstämmige Ingenieur Dr. Max Bentele (geb. 1909), ab 1956 dauerhaft in den USA und aus seiner Zeit als Chefentwickler des schwäbischen Motorenunternehmens Heinkel (1941-1945, 1952-1956) mit NSU bekannt, war bei Curtiss-Wright für die Entwicklung und Anwendung der von NSU (Lizenzgeber) übernommenen Kreiskolbentechnik in leitender Position zuständig (Bentele, 1997, o.S.). Er beschrieb in seinen späteren Erinnerungen, dass sich Management und Kapitalgeber in Amerika vom Kreiskolbenmotor rasche bzw. durchschlagende Erfolge und damit schnelle Profitabilität versprachen (Bentele, 1991, S. 158).

Eine fokussierte Anwendungsplanung, wie sie Bentele vorgeschwebt hätte, war damit jedoch nicht verbunden. Vielmehr befasste sich die rund 170 Mitarbeiter zählende Kreiskolbenmotor-Arbeitsgruppe von Curtiss-Wright mit einer Vielzahl von Anwendungsfeldern, angefangen vom Kraftfahrzeugbereich über Boote, Flugzeuge und Industriemotoren bis hin zu Rasenmähern (Bentele, 1991, S. 159).

Dass das ‚Schicksal' einer Erfindung bzw. neuartigen Technik in einer Unternehmung auf das Engste mit der Besetzung von deren Führungsspitze verbunden ist, sollte sich schließlich auch im Falle von Curtiss-Wright zeigen: Nach dem Wechsel der Führung vom Ingenieur Roy T. Hurley (gest. 1971) zu dem Juristen Roland T. Berner (gest. 1990) änderte sich die Firmenpolitik grundlegend. Fokussiert wurden im Zusammenhang mit dem Kreiskolbenmotor nunmehr der Handel mit entsprechenden Unterlizenzen sowie die Forschung an patentfähigen Weiter- und Neuentwicklungen dieser Technik, eine eigene Produktion und Vermarktung des Aggregates wurde dagegen nicht mehr verfolgt.

Bentele fasste diese für ihn enttäuschende Konstellation wie folgt zusammen: „CW's top management relished its leading position in rotary engine technology, but failed to exploit it, to concentrate on a specific application and to prepare for production of an engine model for it" (Bentele, 1991, S. 182).

Insgesamt kann man somit der Wertung von Knie (1994, S. 115) folgen, wonach das Unternehmen Curtiss-Wright nur einen „sehr begrenzt nützlichen Beitrag zur Promovierung, Durchsetzung und industriellen Absicherung des Wankelprojektes" leisten konnte.

Hans J. Lindenmayr vertrat seit den 1960er Jahren eine ähnliche Auffassung: Er charakterisierte Curtiss-Wright als eine „Art Mischfirma", aus der zwar auf der einen Seite der Wankel GmbH beträchtliche finanzielle Positivimpulse zuflossen, die auf der anderen Seite jedoch „nichts aus dem Wankel-Motor machte".[96]

---

96 Gemäß Äußerungen des in München lebenden, ersten Geschäftsführers der Wankel GmbH, Hans J. Lindenmayr, im Oktober 2004. Die Informationsübermittlung erfolgte in diesem Falle durch den mit ihm langjährig bekannten Dipl.-Ing. Eiermann, da der zum fraglichen Zeitpunkt 93 Jahre alte Lindenmayr bereits sehr hinfällig war und für ein persönliches Gespräch mit dem Verf. nicht zur Verfügung stehen konnte.

4.5 Versuch einer Zwischenbilanz zur Entwicklung der Wankelschen Kreiskolbenmotorinnovation in den Nachkriegsjahren bis 1959

Nach 1945 hatte es Wankel mit zweifelsohne bewunderungswürdiger Energie und der Nutzung ‚alter' Netzwerke, in deren Zusammenhang auch der Name Keppler zu nennen ist[97], vermocht, die Entwicklung der Rotationskolbenmotoren trotz Verlusts der materiell-infrastrukturellen Ressourcen in Lindau wieder aufzunehmen und zügig voranzutreiben.

Die notwendige Kooperation mit einem industriellen Partner konzentrierte sich auf das Unternehmen NSU, das unter der Führung von Dr. von Heydekampf als kreativ und technischen Neuerungen gegenüber aufgeschlossen galt. Hinsichtlich der finanziellen und produktionstechnischen Möglichkeiten stand es aber doch hinter im Kraftfahrzeugbereich (PKW's) etablierten Firmen wie etwa Daimler-Benz, BMW oder Volkswagen zurück.

Gleichwohl resultierte im Rahmen dieser Kooperation noch in der ersten Hälfte der 1950er Jahre der Durchbruch der für den späteren ‚NSU-Wankel-Motor' so kennzeichnenden Trochoide. Dieses Bauprinzip stellte den erfolgreichen Höhepunkt von Wankels langjährigen Entwicklungsarbeiten auf dem Feld der Rotationskolbenmotoren dar.

Die Frustration für den Erfinder folgte allerdings gleichsam auf dem Fuße, da NSU das von Wankel favorisierte komplexe Design mit rotierendem Innenläufer und beweglichem Außenteil (DKM) zugunsten einer Konzentration auf den praktikableren KKM mit statischem Außenteil durchsetzte. Wie die weiteren Analysen im Laufe dieser Arbeit zeigen werden, zog sich Wankel zunehmend aus dem Geschehen um seine Erfindung bei NSU zurück und hing auch neuen, teils geradezu phantastischen Ideen zur Gestaltung bzw. Ausdifferenzierung seiner Motoren an.

Keinesfalls darf dies aber dahin gehend interpretiert werden, Wankel habe eine Art von Boykotthaltung gegenüber den Entwicklungs- und Fertigungsanstrengungen bei NSU eingenommen, denn Zuarbeiten seitens der von ihm geleiteten

---

97 Auch Froede (1974a, S. 38 f.) weist im Übrigen darauf hin, dass gerade im Zeitraum 1957 bis 1958 Keppler als enger Vertrauter von Felix Wankel eine dominante Rolle im Kontext der Gründung der Wankel GmbH und der Verhandlungen mit NSU einnahm. Keppler selbst schien Ende der 1950er Jahre seine persönliche Integration in den NS-Apparat damit rechtfertigen zu wollen, dass er eine eigenwillige Interpretation der Kriegsschuldfrage vornahm („Ich bin persönlich fest davon überzeugt, daß Präsident Roosevelt derjenige war, der eigentlich den letzten Weltkrieg vom Zaune gebrochen hat") und dahin gehend in einem einvernehmlichen Schriftverkehr mit der Witwe des in Nürnberg hingerichteten Reichsaußenministers v. Ribbentrop stand. Kopien des entsprechenden Briefwechsels fanden sich in Wankels Nachlass (Felix-Wankel-Archiv im Mannheimer Landesmuseum für Technik und Arbeit, Klassifikation 104, Signatur 01177), wobei i.S. einer differenzierten Darstellung darauf hinzuweisen ist, dass Wankel in dieser Phase eingehende Kontakte auch zu eher ‚linken' Entscheidungsträgern (Gewerkschafter, SPD-Vertreter etc.) pflegte.

TES Lindau an NSU erfolgten über die gesamten 1960er Jahre auf dem Gebiet von Grundlagenforschungen zum Motor, Prüfläufen und speziellen Tests verschiedener Bauteile.

Auch gab Wankel die Vision, seinen Motor in einem ‚standesgemäßen', also im gehobenen bis Oberklasse-Segment angesiedelten Fahrzeug wiederzufinden, niemals auf. Mit Stolz sollte er dann auch an der Einführung des NSU Ro 80 (1967) teilhaben – jenes Fahrzeuges, das hierzulande, aber auch in anderen Ländern Europas (insbes. Schweiz, Niederlande)[98] oftmals in geradezu verklärter Weise mit dem Wankel-Motor gleichgesetzt wird, obzwar es letztlich mit dessen Niedergang engstens verknüpft war.

Andreas Knie, der sich schwerpunktmäßig mit der Nichtdurchsetzung des Wankel-Motors in den 1970er Jahren und den dafür relevanten Ursachenkomplexen der 1960er Jahre befasste, wies auf folgende Parallelen in der Entwicklungsgeschichte von Wankel- und Diesel-Motor hin (Knie, 1994, S. 116 ff.): Im Falle beider Motorenkonzepte standen Begeisterung und euphorische Ausbrüche, quasi die Wahrnehmung einer ‚neuen Motorenzeit', am Anfang. Darauf folgten jedoch Enttäuschungen und Irritationen (mangelnde mechanische Haltbarkeit des Motors, Zweifel an der prinzipiellen Funktionstüchtigkeit der Innovation).

Im Unterschied zu Wankel habe mithin Diesel auf eine überbetriebliche Absicherung seiner Erfindung hingearbeitet und eine intensive und vor allem fokussierte Planung mit einem potenten Partner, der im deutschen Maschinenbau seit jeher solide positionierten MAN, vorgenommen:

> „Rudolf Diesel hatte im Gegensatz zu Felix Wankel sein Projekt erst dann gestartet, als eine breite industrielle Trägerschaft zustande gekommen war. Noch bevor das Projekt überhaupt Gegenstand öffentlicher Debatten wurde, konnten sich die beteiligten Unternehmen über das Konzept, die Entwicklungsprogramme und schließlich auch über die konstruktiven Schließungs-Entscheidungen einigen. Unter der Federführung von M.A.N. geriet der neue Motor zu einer Art Dampfmaschine des 20. Jahrhunderts, ganz auf die von M.A.N. seit vielen Jahrzehnten versorgten Marktsegmente konzentriert" (Knie, 1994, S. 118).

Sicherlich ist den Schlussfolgerungen Knies auch insofern zuzustimmen, als im Falle des Wankel-Motors im Weyerschen Sinne (s. Kap. 2.1) nur bedingt von einer effizienten Stabilisierungsphase gesprochen werden kann. Es hatte sich im Laufe der 1950er Jahre zwar das erforderliche soziale Netzwerk gefestigt, das die Idee des Erfinders bis zur Gestaltung eines funktionsfähigen Prototyps tragen konnte.

Aber bereits bei der Abstimmung der Handlungsprogramme der mit verschiedenartigen Persönlichkeitsstrukturen und Zielvorstellungen ausgestatteten Akteure

---

98 In diesen Ländern existiert neben Deutschland auch die höchste ‚Dichte' an NSU Ro 80-Clubs bzw. Liebhabervereinigungen.

und der Orientierung auf das gemeinsame Ziel, den Durchbruch des Prototypen, taten sich problematische Konstellationen auf, da Wankel letztlich andere Zielvorstellungen als die der technischen Praktikabilität verbundenen Entscheidungsträger bei NSU verfolgte.

Eine Integration in einen effizienten wirtschaftlichen Kontext lag nicht vor – im Gegenteil, durch die Vereinbarungen zwischen NSU und der Wankel GmbH musste es zwangsläufig zu erheblichen Mittelabflüssen aus den ohnehin angespannten Neckarsulmer Budgets kommen. Der Abschluss des Lizenzvertrages mit Curtiss-Wright war möglicherweise trotz der hohen ‚Eintrittszahlung' ein entscheidendes Manko, da hierdurch die für eine erfolgreiche Technikdurchsetzung notwendige operative und soziale Schließung des Netzwerkes und die Reduktion ‚informationaler Offenheit' erschwert wurde.

Wie aus den Folgeerläuterungen hervorgehen wird, brachten gerade hinsichtlich Information und Kommunikation die Aktivitäten von Curtiss-Wright das Unternehmen NSU in eine Lage, aus der heraus die Vermittlung der im Bereich der Kreiskolbentechnik zwischenzeitlich geleisteten Fortschritte an die Öffentlichkeit überstürzt und für die weiteren Maßnahmen nicht unbedingt vorteilhaft geschah.

Mithin würde nach Meinung des Verfassers eine Perspektive, die primär auf ineffiziente Planungs- und Umsetzungsschritte bei der Etablierung der neuen Technik ‚Wankel-Motor' abstellt und für die spätere Phase eine Art von institutionellem Verhinderungskartell seitens der Hubkolbeningenieure in der Automobilindustrie propagiert, der technikgeschichtlichen bzw. technischen Sachlage allein nicht gerecht. Unstrittig ist, dass der Wankel-Motor im Vergleich etwa zum Diesel-Motor eher unzureichende institutionelle Unterstützung erfuhr und – wie im weiteren Untersuchungsverlauf dargelegt wird – eine fast hektisch anmutende Marktplatzierung erfuhr.[99]

Auf der anderen Seite musste der Verfasser im Laufe seiner Recherchen lernen, dass viele der dem Wankel-Motor zurecht zugeschriebenen Vorteile wie etwa enorme Laufruhe selbst bei extrem hohen Drehzahlen, einfacher Aufbau und geringe Maße (s. Kap. 1), durch die sich vollziehenden Entwicklungen auf dem Feld des konventionellen Hubkolbenmotors schlichtweg ‚neutralisiert' wurden.

Für den Diesel-Motor stand nach wenigen Jahren seiner Entwicklungs- und Anwendungsgeschichte fest, dass er als Zwei- und Viertakter mit hoher Haltbar-

---

99 Tatsächlich war es nur das japanische Unternehmen Mazda (vormals Toyo Kogyo), das als einer der ersten Wankel-Lizenznehmer eine konsequente Fokussierung des neuartigen Motorenprinzips auf den Automobilbereich vornahm. Diese Ausrichtung wurde gestützt durch eine Atmosphäre der Intrigenfreiheit, sowie durch ein klares Commitment der Unternehmensführung zum neuen Motor. Wenngleich technisch erfolgreich, so sollte aber auch im Hause Mazda der Wankel-Motor letztlich nur ein Nischendasein einnehmen (Modell RX-8, siehe auch Kap. 1). Gerade die Entwicklung bei Toyo Kogyo bzw. Mazda kann letztlich auch die Begrenzungen der Einsatzfähigkeit des Wankel-Motors bei KFZ illustrieren und sei daher in der Folge noch näher reflektiert.

keit und Wirtschaftlichkeit für alle Aufgaben einer Kraftmaschine, etwa als langsam laufender Schiffsmotor mit tausendfacher PS-Zahl oder als Kraftfahrzeugmotor mit hoher Drehzahl und Leistungen ab ca. 30 PS einsetzbar sein würde (Bryant, 1969, 1976). Als LKW-Motor für den Betrieb in allen Regionen ohne dauerhaft extrem niedrige Außentemperaturen stand seine systembedingte Eignung spätestens seit den 1930er Jahren außer Frage.

Im Falle des Wankel-Motors ist man allerdings gehalten, gleichsam im Sinne einer Antithese zu den unter Kap. 1 genannten systemimmanenten Vorteilen des Wankel-Motors, in der Folge differenziert auch auf seine seit den 1960er und 1970er Jahren offenbar werdenden systemimmanenten Nachteile einzugehen. Diese Betrachtung wird münden in einer Analyse realistischer Anwendungsfelder eines modernen Wankel-Motors, die ja durchaus gegeben sind und an denen seitens innovativer Firmen derzeit weiter geforscht wird (Ober-Abschnitt 7 der vorliegenden Arbeit).

Ohne den weiteren Untersuchungsergebnissen vorgreifen zu wollen, sei aber bereits hier festgehalten, dass die Position, wonach mit dem Wankel-Motor einer technischen ‚Revolution' vor allem durch soziale bzw. institutionelle Widerstandskartelle der gerechtfertigte Durchbruch verbaut worden ist, nicht unbedingt haltbar erscheint.

5. Der „NSU-Wankel-Motor": Gang an die Öffentlichkeit und frühe Erfahrungen mit der Serienfertigung von Kraftfahrzeugen mit Kreiskolbenmotor (1959-1967)

5.1 Der Gang an die Öffentlichkeit

Wie bereits weiter oben thematisiert, drangen weder aus den Entwicklungseinheiten von NSU noch aus Wankels Arbeitsgruppe in Lindau substantielle Informationen dahin gehend, dass an einer ganz neuartigen Motorentechnik für den Automobilbereich gearbeitet würde, bis zu den späten 1950er Jahren an die Öffentlichkeit. Allenfalls gerüchteweise wurde in Fachkreisen ‚gemunkelt', dass man sich bei NSU einem von der konventionellen Bauart ganz abweichenden Motor widme (Schulz, o.J., S. 3; vgl. auch Korp, 1975, S. 91). Mithin hatte sich, was Moreninnovationen für Kraftfahrzeuge anbelangt, um 1960 ein Milieu optimistischer Erwartungshaltungen gebildet:

> „Alternativen zum Hubkolbenmotor standen um 1960 schon länger zur Diskussion. (...) Als Ende der 1950er Jahre Düsenantriebe in Passagierflugzeugen eine ernsthafte Konkurrenz zum Propellerantrieb wurden, hielt man auch im Automobil den Ersatz des Hubkolbenmotors durch die Gasturbine für möglich" (Popplow, 2003, S. 25). Um 1960 wurden auch bereits Gasturbinen für den PKW-Antrieb insbesondere durch Chrysler in den USA getestet (Möser, 2002, S. 233 f.).

Die entsprechenden Innovationsdiskussionen hatten damit für ein ‚Klima' gesorgt, welches auf mittelfristige Sicht eine Ablösung des Hubkolbenmotors als Kraftfahrzeugantrieb erwarten ließ. Dass der Wankel-Motor bei seiner Vorstellung ein derartig starkes Echo bei Motorenexperten und in den Medien finden sollte, dürfte auch darauf zurückzuführen sein, dass man sich von ihm genau diese Ablösefunktion erhoffte.

Der Schritt von NSU, mit einer Pressemitteilung am 24. November 1959 die Öffentlichkeit erstmals über das zum Hubkolbenmotor völlig unterschiedliche Antriebsaggregat zu informieren, erfolgte aber letztlich nicht strategisch-gezielt, sondern eher unfreiwillig: Das US-Unternehmen Curtiss-Wright, der erste Lizenznehmer für Rotationskolbenmotoren auf Trochoidenbasis (siehe Abschnitt 4.4), hatte am 23. November 1959, also nur einen Tag zuvor, im Park Lane-Hotel in New York eine Pressekonferenz veranstaltet, auf welcher der neuartige Rotationskolbenmotor vorgestellt wurde. Offenkundig bestand die Intention zu dieser Pressekonferenz darin, Börsenkurs und Renommé von Curtiss-Wright mittels dieser Innovationsmitteilung zu fördern und auch die Position des damaligen Unternehmenslenkers Roy T. Hurley zu stärken.

Ein solches Vorgehen deckte sich aber nicht mit dem Lizenzvertrag zwischen NSU und Curtiss-Wright, welcher vorsah, dass erste Verlautbarungen über das Rotationskolben-Prinzip an die Öffentlichkeit nur nach vorheriger Abstimmung mit dem Vertragspartner (also NSU) erfolgen sollten. Weder Vertreter von NSU geschweige denn der Erfinder des Motorenkonzepts, Wankel, waren zur Pressekonferenz nach New York eingeladen worden. Verständlicherweise war man auf deutscher Seite enttäuscht bzw. irritiert. Diese Irritation spiegelte sich auch in einem Schreiben wider, das Ernst Hutzenlaub, welcher ja die Kontakte zum Lizenznehmer Curtiss-Wright ganz wesentlich eingespielt hatte, am 3. November 1960, also rund ein Jahr nach der fragwürdigen Pressekonferenz, an den Vorstand von Curtiss-Wright sandte:

„Wir hatten mit allem Nachdruck von einer Veröffentlichung zum damaligen Zeitpunkt [gemeint ist die Pressekonferenz v. 23.11.1959; d. Verf.] abgeraten mit dem Hinweis, daß der technische Stand keineswegs eine solche Veröffentlichung, vor allem in der vorgesehenen Form, rechtfertigt und nach unserer Auffassung nur zu einer negativen Beurteilung der Dinge Veranlassung geben wird. Als mir die Pressenotiz überreicht wurde, mußte ich feststellen, daß der Erfinder, Herr Wankel, in Ihren Ausführungen völlig vernachlässigt worden war und jeder Leser zu dem Eindruck kommen mußte, es handele sich hier um eine amerikanische Erfindung" (Hutzenlaub, 1959, o.S.).

Obwohl NSU die technische Entwicklung bzw. Ausdifferenzierung des KKM bevorzugt noch eine Weile ‚diskret' bis zu einer unstrittigen Reife vorangetrieben hätte, sah man sich im Hinblick auf die eigene Reputation durch das Verhalten seitens Curtiss-Wright doch dazu gezwungen, nun selbst unmittelbar ‚offensiv' zu agieren: In der NSU-Pressemitteilung vom 24. November 1959[100], in der Felix Wankel als Erfinder ausdrücklich Geltung fand, wurde in knappen Worten berichtet, dass das neue NSU-Aggregat im Gegensatz zu den bekannten Hubkolbenmotoren keine hin- und hergehenden Massen, wie Kolben, Pleuelstangen, Ventile, Ventilfedern, Kipphebel und Übertragungselemente mehr enthalte, sondern ausschließlich rotierende Teile, die hohe Drehzahlen ohne Vibrationen zulassen würden. Gleichwohl handele es sich um einen echten Viertaktmotor, welcher die bei dieser Motorengattung erzielbare Sparsamkeit aufweise. Als weiterer Vorzug wurde u.a. die kompakte Bauweise des neuen Motors genannt.

Die Rolle von Curtiss-Wright wurde in der Mitteilung wie folgt thematisiert: Das US-Unternehmen werde sich zukünftig vor allem der Entwicklung großer Rotationskolbenmotoren bis zu mehreren tausend PS widmen, während NSU den Bau entsprechender Motoren kleiner und mittlerer Leistungen anstrebe. Schließlich wurde in der Pressemitteilung noch darauf verwiesen, dass die bisher mit dem NSU-Motor erzielten Resultate außerordentlich zufriedenstellend seien. Wei-

---

100 Felix-Wankel-Archiv im Mannheimer Landesmuseum für Technik und Arbeit, Klassifikation 110, Signatur 00732.

tere Einzelheiten des neuen Motors und dabei insbesondere seine Funktions- und Wirkungsweise wolle man demnächst bekannt geben.

Dass die Erfindung durchaus als eine durchgreifende technische Innovation einzuordnen sei, wurde am Ende der Mitteilung auch durch folgenden Wortlaut nahe gelegt: „Genauso wie der Dieselmotor und die Gasturbine wird allerdings auch der NSU-Wankel-Motor noch eine bestimmte Zeit zur Entwicklung und Ausreifung benötigen, bevor die Serienproduktion aufgenommen werden kann".[101]

Die weiteren Informationen zum Wankel-Motor wurden von NSU Anfang Dezember 1959 anhand einer rund 20seitigen, illustrierten Pressemappe erteilt.[102] Aufgegriffen wurde hierin die Entstehungsgeschichte des Motors; eine eingehende Erläuterung erfuhr aber vor allem die Funktionsweise des neuartigen Antriebs. Offenkundig verfolgte die NSU-Öffentlichkeitsabteilung unter Leitung von Arthur Westrup[103] mit der Broschüre zwei Ziele: Zum einen die Erklärung von Daten und Fakten zum Motor[104], zum anderen die Darbietung von Interpretationen, wie der Wankel-Motor gegenüber den bis dahin bekannten Antriebsalternativen einzuordnen sei (Popplow, 2003, S. 30). Dabei sollte von vornherein verdeutlicht werden, dass der neue Motor einen bedeutenden Entwicklungsschritt („Meilenstein") in der Motorengeschichte darstelle (Abb. 17).

Trotz der infolge der Aktivitäten von Curtiss-Wright ungünstigen Rahmenbedingungen kann aus der Retrospektive die damalige, flexible NSU-Öffentlichkeitsarbeit für den Wankel-Motor doch insgesamt als überragender Erfolg gewertet werden. Hierfür waren vor allem zwei Gründe maßgeblich:

„Erstens gelang es, den NSU-Wankelmotor mit einem Schlag zur Sensation werden zu lassen – nicht unbedingt selbstverständlich für eine Erfindung, die zu diesem Zeitpunkt noch ein ganzes Stück von der Serienreife entfernt war. Zweitens gelang es NSU, die öffentliche Interpretation der neuen Erfindung maßgeblich zu beeinflussen – den Reportern blieb nichts anderes übrig, als ihre Artikel aus dem von der Firma freigegebenen Material zu stricken" (Popplow, 2003, S. 27).

---

101 Ebenda.
102 Felix-Wankel-Archiv im Mannheimer Landesmuseum für Technik und Arbeit, Klassifikation 110, Signatur 00732.
103 Der 1913 geborene Westrup war bereits in den 1930er Jahren zu NSU gestoßen. Bis 1972 leitete er die „Werbe-, Presse- und Fotoabteilung" des Unternehmens (Auerbach, 2004, S. 30). Bekanntheit erlangte er nach dem Krieg insbesondere durch die Werbemaßnahmen für den NSU-Prinz, einem luftgekühlten Kleinwagen mit Heckantrieb. Ein Spider auf Basis des NSU-Prinz sollte dann auch das erste Serienfahrzeug darstellen, das in den 1960er Jahren mit Wankelmotor ausgestattet wurde.
104 Diese Darstellung wurde allerdings, wie in der Folge noch näher zu belegen ist, von Motorenexperten durchaus als undifferenziert kritisiert.

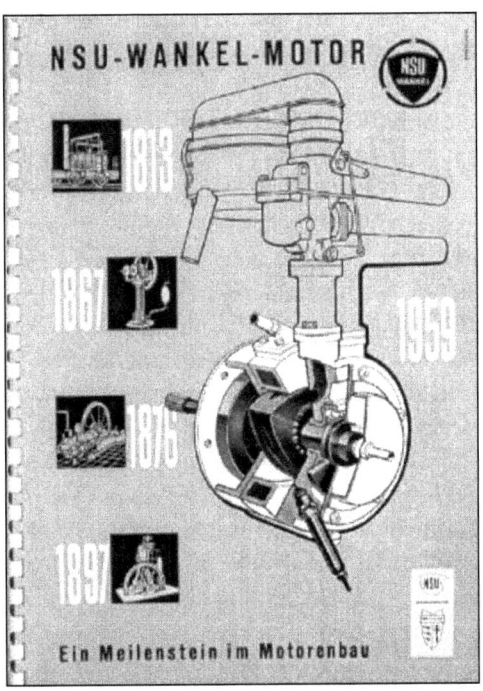

Abb. 17: Deckblatt der ersten NSU-Pressemappe zum Wankel-Motor vom Dezember 1959: Anknüpfungen an Neuerungen wie etwa Eisenbahndampflok (1813) oder Diesel-Motor (1897)[105]

Das durch die NSU-Presseverlautbarung hervorgerufene Echo in der Medienlandschaft erwies sich in den Monaten November und Dezember 1959 als gewaltig, selbst in kleineren Regionalzeitungen fand der Wankel-Motor eine ausführliche Berichterstattung. Die meisten Beiträge gaben die Informationen der NSU-Pressemappe mehr oder minder originalgetreu wieder, wobei allerdings mit eindrucksvollen Schlagwörtern nicht gegeizt wurde: Von einer „genialen Erfindung" war ebenso die Rede wie von einer „Revolution", einer „technischen Sensation" oder einer „neuen Epoche" im Motorenbau (Popplow, 2003, S. 33 ff.).

Eine Zielstellung der NSU-Öffentlichkeitsarbeit, die Wertung des Motors als bedeutenden technischen Umbruch für die Ende der 1950er Jahre in Deutschland ohnehin stark prosperierende Automobilindustrie, hatte sich also in der öffentlichen Diskussion erfüllt. Quasi ‚schlagartig' hatte auch die Person Felix Wankel höchste Bekanntheit in der Öffentlichkeit erlangt (also interessanterweise zu einer Phase, in der – wie bereits ausgeführt – seine eigenen Einflussmöglichkeiten auf das neuartige Motorenkonzept nicht zuletzt durch die von Froede erwirkte Umori-

---

105 Quelle: Felix-Wankel-Archiv im Mannheimer Landesmuseum für Technik und Arbeit, Klassifikation 110, Signatur 00732.

entierung vom Drehkolben- zum Kreiskolbenmotor bereits ihren Zenit überschritten hatten).[106]

Der erste Motorenfachmann der ‚schreibenden Zunft', welcher das neu entwickelte Aggregat noch im Dezember 1959 an den NSU-Fertigungsstätten in Neckarsulm in Augenschein nehmen durfte, war der mit Wankel zu diesem Zeitpunkt bereits befreundete und ihn auch viele weitere Jahre begleitende Dieter Korp. Dieser Autor veröffentlichte die Resultate seiner diesbezüglichen Beobachtungen und Gespräche mit den am Wankel-Motor tätigen Technikern am 5. Dezember 1959 in der Zeitschrift „Auto Motor und Sport".

Dabei hob er besonders das geringe Gewicht des Motors hervor, der um das achtfache leichter als ein Hubkolbenmotor vergleichbarer Bauart sei. Aufgrund seines geringen Raumbedarfs und der – erwarteten – niedrigen Baukosten für ein damit ausgestattetes Serienfahrzeug bezeichnete Korp den Motor als „Viertakter mit der Einfachheit eines Zweitakters". Ferner stellte er in seinem Beitrag auf die Tatsache ab, dass das nunmehr auch ‚offiziell' als „NSU-Wankel-Motor" bezeichnete Antriebsaggregat nicht nur problemlos mit Dieselkraftstoff, sondern selbst mit einem extrem minderwertigen Benzin bis hinunter zu einer Oktanzahl von 40 betrieben werden könne (Korp, 1959, S. 22).[107]

Den ersten öffentlichen Probelauf eines KKM konnten Interessierte am 19. Januar 1960 im Rahmen der vom Verein Deutscher Ingenieure (VDI) abgehaltenen Fachtagung im Deutschen Museum München verfolgen. Das Aggregat, der KKM250, war dazu auch auf der Ladefläche eines Lastwagens vor dem Museum einem Probelauf unterzogen worden.

Als einer der ersten Redner im überfüllten Kongress-Saal des Museums[108] stellte Dr.-Ing. Eugen W. Huber, der ja im Auftrag von NSU die Thermodynamik des KKM untersucht und zusammen mit dem NSU-Technikdirektor Frankenberger auch den Kontakt mit dem renommierten VDI angebahnt hatte, die Einordnung des Wankel-Motors in die Systematik der Wärmekraftmaschinen vor.[109] Ferner sprachen auch Wankel (Abb. 18), wobei dieser sich in seinem Vortrag besonders

---

106 Seit dem November 1959 sollte sich das Bild Felix Wankels zu jenem des genialen Erfinders innerhalb nur weniger Wochen in der Öffentlichkeit formen (Popplow, 2003, S. 195). Hierfür war ganz wesentlich die euphorisierende Presseberichterstattung verantwortlich, nicht jedoch die NSU-Öffentlichkeitsabteilung, die in ihren Erklärungen und Materialien vom Nov./Dez. 1959 Lebensweg und technische Errungenschaften Wankels durchaus sachlich und unemotional dargelegt hatte.
107 Bei der Oktanzahl (OZ) handelt es sich um ein Maß zur Kennzeichnung der sog. Klopffestigkeit von Motorentreibstoffen (Eigenschaft eines Kraftstoffgemisches, sich bei Verdichtung nicht frühzeitig zu entzünden). Moderne PKW-Kraftstoffe weisen eine OZ im Bereich von 90 bis mittlerweile über 100 auf. Das damalige, im NSU-Wankel-Motor versuchsweise eingesetzte Benzin mit der OZ 40, wurde speziell für diesen Zweck von ARAL hergestellt.
108 Die Veranstalter hatten mit etwa 500 Teilnehmern gerechnet, erschienen waren jedoch 1.500 Besucher.
109 Siehe zu dem für die weitere Entwicklung des Wankel-Motors geradezu schicksalhaften Beziehungsgeflecht Wankel-Huber-Hutzenlaub auch Kap. 4.4.

Abb. 18: Ing.[110] Felix Wankel bei der ‚Verkündung' des neuen Motorenprinzips auf der VDI-Tagung in München, 19. Januar 1960 (Quelle: Korp, 1993, S. 13)

der wechselvollen Geschichte der Rotationskolbenmaschinen und der Suche nach einer geeigneten Trochoidenform für praktikable Konstruktionen widmete, sowie Dr. Froede, der insbesondere die Anwendungsmöglichkeiten für den neuartigen Motor in der Automobilindustrie umriss.

Die Beiträge der Redner sowie technische Detailinformationen (u.a. Leistungsdiagramme der KKM250 in einem Koordinatensystem aus U/Min. und PS) wurden im Folgemonat in der „Motortechnischen Zeitschrift" (2/1960) abgedruckt.

So überragend die Resonanz der Münchener Veranstaltung vom Januar 1960 auch war, in der Öffentlichkeit hatte sich zu diesem Zeitpunkt durch die weiter oben geschilderte Presseberichterstattung bereits die Vorstellung einer ‚Revolution' im Automotorenbau gleichsam festgesetzt.

Kritische Positionen hinsichtlich der Möglichkeiten und Anwendungsfelder des Motors waren insofern in der allgemeinen Diskussion, aber auch in den Fachzeitschriften, eher selten zu vernehmen.

---

110 Das „Ing." war dem Namen Wankels, der ja bis dahin sonstiger akademischer Weihen noch ledig war, im Tagungsmaterial schlichtweg ‚beigegeben' worden.

Eine durchaus interessante, weniger an den generellen ‚main-stream' der damaligen Phase anknüpfende Position nahm im Übrigen der erfahrene und seinerzeit auch sehr bekannte Motorjournalist Carl Hertweck ein. Dieser äußerte sich in einem im März 1960 publizierten Beitrag mit dem Titel „Das Unheimliche am Wankelmotor" auch im Namen vieler Fachkollegen des Bereiches Motorenbau kritisch zur Öffentlichkeitsarbeit von NSU im Zusammenhang mit dem auf der Münchener VDI-Tagung bzw. dem anschließend in der ‚Motortechnischen Zeitschrift' unterbreiteten Datenmaterial:

> „Eines Tages, Anfang Dezember, lag dann auch bei jedem von uns ein dickes Heft auf dem Tisch, mit einer sogenannten Beschreibung dieses sagenhaften Wankel-Rotationskolbenmotors [gemeint ist die NSU-Broschüre; d. Verf.]. Es waren schöne Bilder drin, aber man konnte blättern und blättern soviel man wollte, es waren und blieben Bilder, schöne Bilder; aber insgesamt war das eine Drucksache, wie sie jeder Schwindler einem auch hätte auf den Tisch legen können, es stand nicht eine einzige vernünftige Zahl drin. In jedem von uns steckte der Verdacht: Da stimmt doch etwas nicht ! (...) Dann kam die VDI-Tagung in München, dort wurde zwar ein Sturzbach von Zahlen mitgeteilt, aber auch da gab es einen roten Faden: Immer wieder wurde geflissentlich darauf hingewiesen, der Wankel-Motor sei erst ‚annähernd' so gut wie ein ausgezeichneter Kolbenmotor, es sei aber noch sehr viel Entwicklung nötig. Man mußte schon sehr mißtrauisch sein, damit einem Greifbares auffiel: Alle Diagramme, die gezeigt wurden, seien es nun Leistungs- oder Drehmomentkurven gewesen, brachen immer unvermittelt da ab, wo sie wirklich interessant geworden wären! Damit begann auch der alte Verdacht wieder zu wachsen: Irgend etwas stimmt da doch nicht!" (Hertweck, 1960, S. 10).

Der Autor wies allerdings in der Folge darauf hin, dass gemäß seiner eigenen Recherchen die Drehmomentcharakteristik des damaligen Wankel-Motors (KKM250) entgegen herkömmlichen Hubkolbenmotoren einen in etwa linearen Anstieg der PS-Leistung selbst bis in den Bereich von 8.000 bis 10.000 U/Min. (welcher im NSU-Datenmaterial bis dahin konsequent ausgeblendet worden war) ausweise; erst danach setze ein asymptotischer Verlauf der PS-Leistungszahl bis weit über 10.000 U/Min. hinaus ein.[111] Hertweck zog daraus den Schluss, dass NSU mit einer solchen, gleichsam ‚ausschnittweisen' Berichterstattung gezielt das enorme Potenzial des neuen Motors relativieren und sich mit Hinweisen auf die noch nicht gegebene technische Ausgewogenheit Zeit für einen dringend notwendigen Ausbau adäquater Fertigungsanlagen ausbieten wollte:

> „Was dem Wankel-Motor aber fehlt, ist die Fabrikationserfahrung! Wir haben zwei Menschenalter gebraucht, um dahinterzukommen, wie man zuverlässige Kolbenmotoren ‚macht'. Die Motorenfertigung ist eine Wissenschaft für sich, von der oft weder Konstrukteure noch Entwickler viel Ahnung haben;

---

111 Diese Angaben Hertwecks stimmten tatsächlich, wie der Verf. auf Rückfrage an Dipl.-Ing. Eiermann im November 2004 bestätigt bekam.

hier steckt eine ungeheure Summe von Gewußt-Wie, ohne die unsere heutigen Fahrzeuge weder möglich noch überhaupt im Gebrauch wirtschaftlich zu kalkulieren wären. Das alles fehlt bis jetzt noch beim Wankel-Motor, noch kein Mensch weiß, was bei dieser Fertigung an ‚kleinen Würmchen' alles auftreten wird. Es wäre besser, wenn man statt der Sprachregelung mit dem angeblich noch nicht ausentwickelten Wankel-Motor den Leuten die Wahrheit sagen würde, daß nämlich der Wankel-Motor fahrtechnisch das bringen wird, was man sich von der Dampfmaschine immer nur erträumt hat; daß aber jeder Fabrikant, der Wankel-Motoren bauen will, Jahre brauchen wird, bis er diese Motoren auf einen fabrikatorischen Reifegrad gebracht hat, wie wir ihn heute bei Kolbenmotoren als selbstverständlich betrachten" (Hertweck, 1960, S. 11).

Unverkennbar schwingt in diesen Einlassungen Hertwecks jene Aufbruchsstimmung in Bezug die zukünftigen Potenziale des Wankel-Motors mit, wie sie viele seiner Zeitgenossen in diesen Jahren 1959-1960 teilten. Als bezeichnend sei hier die zusammenfassende und fast schon pastoral anmutende Wertung Korps aus seiner Erstberichterstattung in „Auto Motor und Sport" vom Dezember 1959 wiedergegeben: „Der Hubkolbenmotor steht zwar (...) zuverlässig auf seinen Füßen. Aber diese Füße ‚gehen hin und her'! Er hat seinen Kulminationspunkt erreicht. Die Logik der kreisenden Bewegung, die Ur-Bewegung des Universums, der auch das beste vom Menschen je gefundene Hilfsmittel, das Rad, gehorcht, ist zwingend" (Korp, 1960, S. 22).

Die Phase 1960 bis 1967, in der die Fertigung erster NSU-Serienfahrzeuge mit Wankel-Motor einsetzte und die mit der Vorstellung des NSU Ro 80 gleichsam einen Kulminationspunkt fand, sollte unter Beweis stellen, dass ein Motorenfachmann wie Hertweck mit seiner – trotz aller Akzeptanz für die Kreiskolbentechnik – ‚vorsichtigen' und auf mögliche fabrikationsbezogene ‚Fallstricke' hinweisenden Haltung eine durchaus realistische Prognose abgegeben hatte. Mit dieser Haltung unterschied er sich von vielen Beobachtern, die hinsichtlich des Wankel-Motors eine allzu überschwängliche Sichtweise vertraten.

5.2 Frühe Erfahrungen mit der Serienfertigung von Kraftfahrzeugen mit Kreiskolbenmotor (1960-1967)

5.2.1 Wirtschaftlich-technische Erfordernisse zur Platzierung eines serientauglichen Wankel-Fahrzeuges: Entwicklung des ‚NSU-Spider'

Nach 1960, gewissermaßen im ‚Überschwang' der Wankel-Euphorie, wurden im Hause NSU bis hin zu 80 und damit angesichts der Möglichkeiten dieses Unternehmens vergleichsweise viele Mitarbeiter für die Weiterentwicklung des Kreiskolbenmotors eingesetzt; das 2 Millionen US-Dollar schwere Vertragsgeld von

Curtiss-Wright hatte einen derart personalintensiven Ausbau erst ermöglicht (Ziegler, 1983, S. 71). Dieser Ausbau war auch erforderlich, denn die Entwicklung der Lizenzvereinbarungen machte intensive technische Forschungs- und Konstruktionsarbeiten erforderlich.

In diesem Zusammenhang ist primär auf die weiteren, im Februar 1960 zwischen NSU und den japanischen Automobil- bzw. Motorenbauern Toyo Kogyo (später Mazda) sowie Yanmar Diesel getroffenen Lizenzvereinbarungen hinzuweisen. Die auf der sog. „Lizenztypenbasis" abgeschlossene Vereinbarung verpflichtete die japanischen Unternehmen als Lizenznehmer – auch wenn diese selbst noch nicht produzieren sollten – zur jährlichen Zahlung beträchtlicher Mindestlizenzbeträge nur in dem Falle, dass NSU die Serienreife des Wankel-KKM belegen konnte. Zudem wurde auf Druck der japanischen Entscheidungsträger ausbedungen, dass die Zahlungen nur dann zu entrichten seien, falls NSU-PKW mit Wankel-Motor nachweislich 50.000 km (entsprechend 500 Prüfstandstunden) ohne Motorschaden zurücklegen konnten (Korp, 1975, S. 117).

Letztere Forderung seitens der japanischen Geschäftsleute darf durchaus als ‚clever' bezeichnet werden, denn bei dem NSU-Prototypen KKM250 war in Probeläufen immer häufiger ein Phänomen aufgetreten, das als „Ratternarben" oder „Rattermarken" bezeichnet wurde: Bei längeren Laufzeiten entstanden, verursacht durch die Dichtleisten, waschbrettartige Verschleißerscheinungen (wie Einkerbungen) in der Lauffläche des Gehäuses, d.h. der äußeren Laufbahn, wodurch der Motor an Leistung einbüßte und schließlich funktionsunfähig wurde (Froede, 1974b, S. 47). Angesichts dieser Konstellation arbeitete man im Hause NSU mit Nachdruck an der Lösung des Rattermarkenphänomens und untersuchte dabei die unterschiedlichsten Konstruktionen[112]:

„Bei NSU wurden fieberhaft Leistenkonstruktionen gesucht, wobei mindestens 50 verschiedene Bauarten mit mehr oder weniger erkennbarem Erfolg gefahren wurden. Es entstanden einteilige bis fünfteilige Leisten mit unterschiedlichsten Teilungslinien, extrem dünne Leisten, extrem dicke Leisten, Leisten aus Stahl, Gußeisen, Aluminium und Bronze, schräg nach vorn und rückwärts geneigte Leisten, federnde Stahlblechausführungen usw., die ein ganzes Museum füllen würden. Auch Variationen der Mantellaufbahn wurden einbezogen. Die Alternativen Graugußmantel, Stahlmantel, Stahl mit gehärteter Laufbahn, Stahl mit verchromter Laufbahn, Aluminiummantel mit verchromter Laufbahn, brachten ebensowenig eine endgültige Lösung wie die Erprobung der verschiedensten Schmieröle und Additive. Der Motor konnte bestenfalls 300 Prüf-Stunden zufriedenstellend laufen, dann waren die Rattermarken so tief, daß Leistenbrüche mit entsprechenden Folgeschäden zu befürchten waren" (Froede, 1974b, S. 47 f.).

---

112 Der NSU-Forschungsleiter Dr. Froede behielt bei alledem stets seinen Humor. Überliefert ist seine an NSU-Mitarbeiter gerichtete Frage angesichts der vielen Versuchsaggregate: „Wer hat denn nun den größten Schrotthaufen?" (Korp, 1993, S. 34).

Die von Knie für die Entwicklung des Wankel-Motors kritisierte mangelnde überbetriebliche Einbettung zeigte sich zumindest nicht hinsichtlich des Umgangs mit dem Rattermarkenproblem: Am 16. Februar 1962 fand in München ein von der Molykote GmbH (seinerzeit mittelständischer Schmierstoff- und Additivhersteller[113]) organisiertes Round-Table-Gespräch hierzu statt, an dem neben NSU weitere namhafte Firmen aus den Bereichen Automobiltechnik und Motoren- bzw. Maschinenbau sowie Forschungsvertreter teilnahmen, darunter Borsig, Krupp und Teves, ferner die Forschungsstelle für Zahnräder und Getriebebau der TU München, das Max-Planck-Institut für Strömungs- und Materialforschung (Göttingen) und das Entwicklungsinstitut für Motorenbau Dr. Huber (EFMO München).[114]

Die praktisch-technische Behebung der in München diskutierten bzw. identifizierten Ursachenkomplexe für die Rattermarken oblag schließlich dem EFMO von Dr. Huber, das ja bereits seit den 1950er Jahren eine wesentliche Rolle bei der thermodynamischen Untersuchung von Wankels Rotationskolbenmotoren eingenommen hatte. In einem Brief vom 5. September 1962 wurde seitens des Münchener Instituts Dr. Froede mitgeteilt, dass mit dicken Kohleleisten gegen verchromte Laufbahnen selbst nach einer längeren Laufzeit von Versuchsmotoren des Typs KKM250 eine deutliche Verschleißminderung und ein insgesamt günstiges Ergebnis erzielt werden konnte (Huber, 1962, S. 1).

Unmittelbar nach dieser Rückmeldung intensivierte NSU die Kooperation vor allem mit dem in der Nähe von Gießen ansässigen und auf Kunstkohle und Legierungen spezialisierten Unternehmen Schunk & Ebe. Den dort tätigen Entwicklern gelang, die qualitativen Eigenschaften der Kohleleisten so zu verbessern, dass deren Verschleiß weiter maßgeblich reduziert werden konnte. Der Diplom-Ingenieur Peter von Manteuffel, der im Jahre 1960 vom Institut Dr. Huber zu NSU nach Neckarsulm wechselte, dort zunächst als Technischer Referent von Dr. Froede fungierte und in der Folge für die Kontaktpflege zu Lizenznehmern, Zulieferern und Forschungseinrichtungen zuständig war (insgesamt verfügte er über 11 Jahre Betriebszugehörigkeit), kennzeichnete die 1962/63 vollzogene Bearbeitung der Rattermarkenproblematik als entscheidende Voraussetzung dafür, dass NSU von einer technischen Frustration ohnegleichen nebst ausbleibender Lizenzzahlungen verschont blieb.[115]

Dipl.-Ing. v. Manteuffel wies darauf hin, dass es das Unternehmen Toyo Kogyo (Mazda) war, welches über die gesamten 1960er Jahre hinweg mittels gezielter Forschungs- und Entwicklungsanstrengungen die optimale Zusammensetzung des Materials der Kohledichtleisten analysierte und endlich eine speziell metallimprägnierte Leiste fand, die höchste Verschleißresistenz aufwies. Diese

---

113 Nunmehr Teil der Dow Corning Deutschland GmbH mit Sitz in Wiesbaden.
114 Bereits im Vorfeld hatte Froede in Fachbeiträgen, darunter auch ein japanisches Publikationsorgan, offen die Notwendigkeit zur Realisierung effizienter Dichtleisten beim Wankel-Motor angesprochen (Froede, 1961a; Froede, 1961b).
115 Persönliche Mitteilung von Dipl.-Ing. v. Manteuffel an den Verf. in einem am 29. November 2004 in Kronberg (Taunus) geführten Gespräch zur Entwicklung und zu den Perspektiven des Wankel-Motors.

Leisten wurden nach v. Manteuffels Angaben Anfang der 1970er Jahre auch NSU zur Verfügung gestellt, das genaue Herstellungsverfahren gab das japanische Unternehmen jedoch nicht preis.

Während es Felix Wankel am liebsten gesehen hätte, wenn gleich ein großes, repräsentatives Fahrzeug mit dem neuartigen KKM in Serie gegangen wäre, konzentrierte man sich seitens NSU unter Entwicklungskostenüberlegungen seit 1961 auf den Einbau des Wankel-Motors in ein einfacheres, aber gleichwohl ansprechendes Fahrzeug (Korp, 1975, S. 117). Dieses Fahrzeug wurde repräsentiert durch das von Bertone bereits 1958 konzipierte Sportprinz-Coupé, das – nach bestimmten Karosserieänderungen – als ‚Wankel-Spider' (Cabriolet) auf den Markt kommen sollte.

Im Frühjahr 1963 wurde für den Spider unter der Leitung des NSU-Ingenieurs Günther Hoffmann der KKM500 (wassergekühlter Einläufer-Motor[116], Kammerinhalt 497 ccm) mit einer Leistungskurve von 50 PS bei 5000 U/Min. und 54 PS bei 6000 U/Min. entworfen. Der KKM500 erreichte 1963 grundsätzliche Funktionstüchtigkeit, woran die Verwendung der im EFMO von Dr. Huber eingesetzten Kohleleisten, die zwischenzeitlich zu Hartkohleleisten mit Metallbeimischung weiterentwickelt worden waren, wesentlichen Anteil hatte (Froede, 1974b, S. 54ff.).

In Anbetracht der nicht zuletzt durch die Lizenzvergaberegularien bedingten Notwendigkeit, möglichst rasch mit nachweislich funktionstüchtigen Wankel-Motoren – ‚idealerweise' bis zur Frankfurter Automobilausstellung IAA im September 1963 – aufzuwarten, arbeitete man bei NSU mit immensem Eifer an dem Wankel-Spider-Projekt. Überstunden, Arbeit auch an den Samstagen und Sonntagen stellten im Laufe des Jahres 1963 das „Normalmaß" dar; einer der NSU-Projektleiter brach sogar mit einem Kreislaufkollaps zusammen (Korp, 1975, S. 119).

Tatsächlich gelang es aber doch, den Wankelmotor-getriebenen NSU-Spider der interessierten Öffentlichkeit termingerecht auf der IAA vorzustellen. Dieses Fahrzeug stellte einen vielbeachteten ‚Blickfang' auf der IAA dar, während sein in Sachen Karosserie ähnlicher ‚Bruder', ein NSU-Prinz 1000 mit konventionellem Hubkolben-Motor, hier eher ein Schattendasein fristete.[117]

Der Wankel-Spider (Abb. 19), mit im Heck eingebautem KKM500, dessen Wasserkühlung man in der Fahrzeugfront platziert hatte, war allerdings zum Zeitpunkt

---

116 NSU hatte bis dahin Erfahrungen hauptsächlich mit luftgekühlten Motoren gesammelt. Der Einsatz der kostenmäßig aufwändigeren Wasserkühlung sollte möglicherweise einer Aufwertung des Fahrzeuges in den Augen der Öffentlichkeit (Abgrenzung gegen den damaligen „Standard" in Form der luftgekühlten VW-Boxer-Motoren) dienen. Fakt ist, dass die KKM auch für Luftkühlung geeignet waren, wie in der Folge mehrere Lizenznehmer unter Beweis stellten (Froede, 1974b, S. 51).
117 Hierbei ist allerdings auch die dortige automobile ‚Konkurrenz' der etablierten deutschen Autobauer in Betracht zu ziehen: Vorgestellt wurden auf der IAA 1963 nicht nur der Mercedes 600 mit 8-Zylinder-Maschine, sondern auch der Porsche 911.

Abb. 19: Erstvorstellung des NSU-Spider mit Wankel-Antrieb auf der IAA Frankfurt im Sept. 1963 (I : NSU-Technikdirektor Frankenberger, II: Wankel) (Quelle: Becker et al., 2002, S. 32)

der IAA noch nicht bestell- bzw. verkaufsfähig, da die Probleme mit den Rattermarken zwar wesentlich gemindert, aber immer noch nicht vollständig gelöst waren (die Dichtleisten brachen häufiger als erwartet und mussten hinsichtlich Konsistenz und Dicke von den NSU-Ingenieuren immer wieder aufs Neue angepasst werden).

Nach Berichten von unmittelbar beteiligten Zeitzeugen[118] waren in den Jahren 1963 und 1964 permanent Spider-Versuchsfahrzeuge in ganz Deutschland unterwegs. Ein Lastwagen[119] (ohne Firmenaufschrift) stand ständig bereit, um die

---

118 Persönliche Mitteilung von Robert Kühn aus Großbottwar, in den 1960er Jahren techn. Zeichner in der NSU-Abteilung „Tx" (Wankel-Motoren), an den Verf. im November 2004.
119 Im internen Firmenjargon „der Leichentransporter" genannt.

– nicht allzu selten – mit Motordefekten liegengebliebenen Fahrzeuge (diskret) aufnehmen zu können. Erst Ende 1964 konnte der motorentechnisch ‚gereifte' Wankel-Spider endlich zum Verkauf freigegeben werden.

Eine wesentliche Triebkraft für die Arbeiten am NSU-Spider lag darin, dass mittels dieser Sportprinz-Modifizierung der Nachweis eines faktisch straßentauglichen Wagens für den Lizenznehmer Toyo Kogyo (Mazda) erbracht werden sollte; trotz des hohen (späteren) Verkaufspreises von DM 8500,-[120] war der Wankel-Spider angesichts der eingeschränkten Stückzahl (insgesamt nur 2375 ausgelieferte Exemplare) für das Unternehmen NSU also letztlich nur ein Wegbereiter für Lizenzeinnahmen und eine – zweifellos wichtig – gute Positionierung vor allem in der automobilen Fachwelt.

Trotz Berichten über die erfolgreiche Langstreckentestung des NSU-Spiders (Seiffert, 1964, S. 26 ff.) weigerte man sich seitens der japanischen Lizenznehmer zunächst beharrlich zur Zahlung der Lizenzgebühren an NSU, da die Glaubwürdigkeit von Testberichten aus dem Ursprungsland des Motors in Zweifel gezogen wurde. Erst ein 1964 in einer tschechischen (!) Fachzeitschrift erschienener Bericht über einen Dauertestlauf mit einem NSU-Spider über 50.000 km bei guter Zuverlässigkeit und ohne Schäden erwirkte die unter monetärer Perspektive wichtige Zahlungsbereitschaft (Korp, 1975, S. 125). Dies bewirkte auch den Abschluss folgender neuer Lizenzverträge[121] (nachdem NSU in den Jahren 1962 und 1963 keine weiteren Lizenznehmer mehr für den Wankel-Motor zu verzeichnen hatte) – Angabe jeweils des Lizenznehmers und des Vertragsabschlusses:

> Alfa Romeo (15. April 1964),
> Rolls Royce (17. Febr. 1965),
> V V B Automobilbau (DDR, 18. Februar 1965),
> Porsche (2. März 1965),
> Outboard Marine, USA (1. März 1966)
> Comotor S.A. (Citroen-Gründung, 11. Mai 1967),
> Graupner Motoren GmbH (12. Sept. 1967).[122]

Weitere namhafte Fahrzeug- und Motorenhersteller und damit letztlich alle führenden Automobilhersteller folgten in den anschließenden Jahren als Lizenznehmer. Hoch interessant erscheint die in vorstehender Aufstellung genannte Tatsache, dass sich unter den Lizenznehmern auch ein DDR-Konglomerat befand (V V B Automobilbau: „Vereinigte Volkseigene Betriebe Automobilbau").

---

120 Zum Vergleich: Ein VW 1200 („Käfer") mit 30-34 PS Leistung kostete Mitte der 1960er Jahre um DM 4000,– (Neupreis).
121 Neben Curtiss-Wright (1958) waren 1960 und 1961 folgende Firmen als Lizenznehmer gewonnen worden: Fichtel & Sachs, Toyo Kogyo (Mazda) und Yanmar Diesel, Perkins (Großbrit.), KHD Klöckner Humboldt-Deutz, Daimler-Benz, MAN.
122 Daten gemäß Froede (1974b, S. 31).

Dipl.-Ing. Peter v. Manteuffel, der ja bei NSU seit 1960 u.a. für Lizensierungen zuständig war, berichtete auf dem 1997 abgehaltenen „Wankelsymposium Neckarsulm" hierzu, dass bereits seit dem Monat des Mauerbaus – August 1961 – Lizenzgespräche zwischen NSU und den DDR-Motoren- bzw. Autobauern liefen. Gemäß seiner Hinweise war dies in technischer Hinsicht durchaus eine „fruchtbare Zeit, die in keinem Lehrbuch stand"; die DDR-Ingenieure „leisteten beachtliches" (v. Manteuffel, 1997, o.S.). Tatsächlich konnte bei dem VEB Sachsenring 1967 ein Zweiläufer-Wankel-Motor mit einfachem 550 ccm Kammervolumen und einer Leistung von 75 PS bei 5500 U/Min. gefertigt werden, der im Zweitakt-Wartburg getestet wurde (Bayer, 1997, o.S.).

Die beiden damaligen DDR-Ingenieure Wolfgang Bayer (Chemnitz) und Roland Schuster (Zschopau) schilderten auf dem besagten Symposium aber auch die enormen technischen Probleme und Defekte an den Aggregaten, die zudem angesichts der Ressourcen und Materiallage in der DDR nur mit einem gehörigen Maße an Improvisation zu beheben waren; ferner seien Telefonate und Kontakte zu NSU nach Neckarsulm von den jeweiligen Betriebsleitungen misstrauisch beobachtet worden (Bayer, 1997; Schuster, 1997).[123] Nichtsdestotrotz zeigt diese bis in die 1990er Jahre hinein weitgehend unbekannt[124] gebliebene Tatsache, wie über technischen Austausch noch mitten im sog. ‚kalten Krieg' – wenn auch in bescheidenem Rahmen – eine frühe Form von „Wandel durch Annäherung"[125] angebahnt wurde.

Seiffert (1966) berichtete für den Westen des geteilten Deutschlands über weitere Testfahrten mit dem KKM-getriebenen NSU-Spider in den Jahren 1965 und 1966. Fakt ist allerdings, dass es um die Haltbarkeit des im NSU-Spider verwendeten Wankel-Motors nicht allzu gut bestellt war, denn trotz aller Bemühungen um ein Ausräumen der Probleme mit den Rattermarken waren die Aggregate reparaturanfällig und hinsichtlich ihrer Zuverlässigkeit und Haltbarkeit längst nicht mit einem Standardantrieb wie etwa dem VW-1200-Boxermotor (Slogan seit den 1960er Jahren: „er läuft und läuft und läuft...") vergleichbar.

Motorprobleme mit dem Wankel-Spider wurden aus Imagegründen damals sehr kulant, zügig und oftmals im (für den Hersteller teuren) Austauschverfahren geregelt.[126]

---

123 Die Arbeiten am Wankel-Motor wurden in der DDR 1971 eingestellt. Nach Angabe von Schuster (1997) mussten danach sämtliche Unterlagen an die Stasi abgegeben werden bzw. diese zog sie in den Werken ein. Wie und womit seinerzeit an NSU bezahlt wurde, sei den DDR-Ingenieuren nicht bekannt gewesen (offenbar erfolgte aber eine Kompensation im sog. Barterhandel und – in eingeschränktem Umfange – über Devisen; Anm. d. Verf.).
124 Eine wichtige Ausnahme bietet insbesondere Popplow (2003, S. 65 ff).
125 Von dem bundesdeutschen Politiker Egon Bahr (geb. 1922) im Rahmen der sozialliberalen Ostpolitik später geprägte Begrifflichkeit.
126 Persönliche Mitteilungen von Dipl.-Ing. v. Manteuffel an den Verf. anlässlich des Gespräches im Nov. 2004.

Die Reklamationsstatistiken bei NSU der Jahre 1965 bis 1967 zum Wankel-Spider legen den Schluss nahe, dass das Fahrzeug trotz der intensiven Forschungs- und Entwicklungsarbeiten zwischen 1963 und 1964 womöglich doch in einer nicht genügend ausgereiften Form in den Markt eingeführt wurde.[127]

Berichtet wurden „eine Reihe von Beanstandungen", darunter Schäden am Kolbenlager infolge einer falsch platzierten Ölzufuhrstelle, Brüche der Kohleleiste, zu hohe Ölverbräuche, aber auch Mantelrisse (Außengehäuse des Motors) und Fälle, „in denen durch zu festes Anziehen der Zündkerze der konische Sitz in die Laufbahn vorgedrückt wurde"; als Ölverbrauch wurde selbst in denjenigen Fällen, in denen eine Undichtheit durch Defekt nicht vorlag, die erhöhte Menge von rund einem Liter auf 1000 km ermittelt. Die Verbräuche des Wagens lagen trotz der aerodynamisch recht günstigen Form des Spiders im gemischten Verkehr (Stadt, Land, Autobahn) immerhin bei etwa 10 Litern (Froede, 1974b, S. 65 f.).

Was die bereits mehrfach erwähnten Rattermarken anbelangt, jenen „mysteriösen Riffelungsverschleiß auf der Trochoide", so ließ sich bis 1964 immerhin dessen physikalische Ursache einwandfrei identifizieren: Die Trochoide befand sich „voll im Würgegriff der Coriolis-Kräfte (wechselnde, auch nach innen gerichtete Fliehkräfte)" (Korp, 1993, S. 36).[128] Hier offenbarte sich bereits zu diesem Zeitpunkt aber auch immer mehr ein grundsätzliches Dilemma der Kreiskolbenkonstruktion, nämlich die Abdichtung der Brennräume: Im Unterschied zu einem Hubkolbenmotor, der an der Kolbenwand Raum für mehrere Dichtringe lässt, bieten die drei Ecken eines Wankel-Innenläufers nur Platz für Dichtleisten „im Streichholzformat", die dann auch noch dem bei einem Wankel-Motor sehr hohen Verbrennungsdruck standhalten müssen (Wüst, 1990, S. 29). Sehr harte Dichtleisten halten eine derartige Belastung zwar durch, neigen aber wiederum zur Erzeugung der Rattermarken (mechanische Einkerbungen); ‚weichere' Leisten (etwa kohlehaltige) weisen dieses Manko nicht auf, sind jedoch verschleißanfällig.[129]

Möglicherweise wären diese – ja letztlich auch durch terminlichen Druck bedingten – technischen Probleme vermeidbar gewesen, falls man im Hause NSU bereits Ende der 1950er Jahre konsequenter auf ein KKM-Fahrzeug mit der letztlich ja gewählten Wasserkühlung hingearbeitet hätte.

---

127 Wie Korp (1993, S. 36) kritisch hervorhebt, war der Wankel-getriebene NSU-Spider in gewisser Hinsicht nichts anderes als „ein Versuchsfahrzeug in der Hand des Kunden". Viele der späteren Probleme, die zum Niedergang des Wankel-Motors beitrugen, wären im Falle einer effizienteren Vorarbeit wohl weniger gravierend aufgetreten. Allerdings sei an dieser Stelle darauf hingewiesen, dass ähnliche Fehler selbst von Unternehmen mit solider Finanzausstattung immer wieder gemacht wurden, wie zum Beispiel erst vor wenigen Jahren bei der Einführung der Mercedes-A-Klasse zu beobachten war (Stichwort ‚Elch-Test').
128 Diese physikalischen (systemimmanenten) Probleme blieben trotz der verschiedenen technischen Maßnahmen im Grundsatz auch bei den Folgeentwicklungen (NSU Ro 80) bestehen; s. Anschlusskapitel.
129 Auf ihrer Suche nach dem geeigneten Material explorierten die NSU-Ingenieure engagiert die verschiedensten Möglichkeiten; man versuchte „alles (...), außer Lumpen, Knochen und Papier" (Wüst, 1990, S. 29).

Die Entscheidungsträger bei NSU vertraten hierzu in der Retrospektive eine durchaus selbstkritische Auffassung. Folgende Einlassungen des dortigen Managers Dr. Günter Henn, tätig in der NSU-Lizenzabteilung und ab 1971 im Vorstand des mit Audi verschmolzenen Unternehmens (s. hierzu Abschnitt 6.2), können diese Aussage untermauern:

> „Der Entschluß, im Frühjahr 1963 einen wassergekühlten Kreiskolbenmotor für den Automobilbedarf zu entwickeln, kam in der Tat sehr spät, eigentlich zu spät. Wenn man berücksichtigt, daß die ersten Patentanmeldungen Mitte der 50er Jahre erfolgt sind und bereits 1958 der Lizenzvertrag mit CURTISS WRIGHT abgeschlossen wurde, wird offensichtlich, wie gravierend diese Unterlassung über einen Zeitraum von 6 bis 8 Jahren gewesen ist und sich zwangsläufig später auswirken mußte" (Henn, 1974b, o.S.).

Die Thematik ‚NSU-Spider mit Wankel-Motor' ließe sich nicht abschließen, ohne kurz auf die steuerliche Behandlung dieses 1964 in Serie in den Markt eingeführten Fahrzeuges einzugehen. Der Wankel-Spider konnte nicht wie andere KFZ besteuert werden, da er anstatt eines Hubraumes über ein Kammervolumen verfügte. Die steuerliche Lösung dieser Frage illustriert, wie sehr das Unternehmen NSU neben den ohnehin ‚üppigen' technischen Problemen auch mit behördlich-administrativen Vorgaben zu ringen hatte, die fast schon wie ein (frühes) Beispiel für die technik- und entwicklungsfeindlichen Auswirkungen der Bürokratie am Standort Deutschland anmuten.

Nach Meinung von Froede (1974a, S. 33) wurde zur Frage der Grundlage für eine KFZ-Besteuerung des Wankel-Motors eine große Menge „Geist und Professorenschweiß (...) verspritzt", den Umfang der bei NSU vorhandenen Akten über diese Frage könne man nur noch nach Gewicht bemessen und dieses betrage „sicherlich 10 kg".

Es sei an dieser Stelle nur auf eine exemplarische Auswahl der seinerzeitigen Stellungnahmen, Gutachten und Lösungsvorschläge für die Steuerfrage eingegangen: Während beispielsweise Dipl.-Ing. Huf bereits 1961 für Wankel-Motoren die steuerliche Einstufung nach dem Volumen der gegebenen Kammer(n) für angemessen erachtete („Quasihubraum', vgl. Huf, 1961, o.S.) und die Technische Hochschule Zürich in einem Gutachten vom August 1962 zu gleicher Auffassung gelangte, vertrat der eng mit dem Bundesverkehrsministerium kooperierende Prof. Dr.-Ing. Paul Koeßler (1896-1987) den konsequenten Standpunkt, ein Wankel-Motor sei nicht in Analogie zum Hubkolben-Motor zu bewerten, da – was unstrittig ist – kein Hub im eigentlichen Sinne vorliege (Koeßler, 1964a, S. 329 f.).

Koeßler (1964b) favorisierte die steuerliche Einstufung nach verdoppelten Kammervolumina. Im Endeffekt wurde jedoch auf einer „Riesensitzung im Verkehrsministerium in Bonn", bei der neben NSU-Repräsentanten Ministerialdirektoren und noch höhere Regierungsbeamte der Bundesministerien für Verkehr, für Wirtschaft und für Finanzen zugegen waren,

„dann eine sehr eigenwillige Entscheidung getroffen, die sich im wesentlichen auf die gutachterliche Äußerung von Herrn Prof. Koeßler stützte, wonach kein Hub und damit auch kein Hubraum vorhanden sei, und die Besteuerung wurde nach der gleichen Formel entschieden, wie sie für Nutzfahrzeuge angewendet wird, d.h. auf der Grundlage des zulässigen Gesamtgewichts" (Froede, 1974a, S. 34).[130]

Insgesamt dürfte es sich aber um einen tragfähigen und den voraus gegangenen bürokratischen Aufwand in gewisser Weise wieder ‚neutralisierenden' Steuerkompromiss gehandelt haben, denn es waren für die NSU-Wankel-PKW damit DM 22,- je 200 kg zulässigem Gesamtgewicht zu versteuern. In der Schweiz einigte man sich auf die Besteuerung nach zweifachem Kammervolumen. In Österreich wurden zwei Drittel zweier Kammervolumen zugrunde gelegt und in Frankreich wurde auf sog. „Steuer-PS" umgerechnet, eine Regelung, nach der Wankel-Fahrzeuge in etwa gleich zu konventionellen Automobilen behandelt wurden (Korp, 1993, S. 248).

Eine substantielle steuerliche Benachteiligung von Wankel-Motoren gegenüber konventionellen PKW-Motoren war nach Lage der Dinge in keinem Land und auch nicht in Amerika oder Japan vollzogen worden. Offenbar wurden in dieser Hinsicht, bedingt durch technisch plausible Kompromisslösungen zwischen Herstellern (Lizenzerwerbern) und Behörden, dem Wankel-Motor nirgendwo Chancen und Möglichkeiten ‚verbaut'.

5.2.2 Transfer des Wankel-Motors auf ein größeres NSU-Fahrzeug: Begründung, Planung und Umsetzung

Bereits im Laufe des Jahres 1961 war es der NSU-Führung immer klarer geworden, dass sich infolge des „Wirtschaftswunders" die Aufmerksamkeit von Automobilkäufern eher weg von den damals noch verbreiteten Klein- und Kleinstwagen hin zu Mittelklassefahrzeugen und noch größeren Wagen verlagern würde.[131] NSU deckte mit seinen Prinz-Modellen solch ein Segment allerdings nicht ab und

---

130 Diese Äußerungen Froedes werden allerdings durch den Hinweis seitens des NSU-Chefs v. Heydekampf etwas relativiert, wonach die Einigung auf eine nutzfahrzeuggleiche Besteuerung des Wankel-Motors letztlich durch eine Vier-Augen-Unterredung zwischen ihm und dem damaligen Verkehrsminister Seebohm (1903-1967) befördert wurde. Zudem hatte offenbar auch der Verband der Automobilindustrie im Vorfeld die behördliche Akzeptanz für solch eine Lösung bei den zuständigen Ministerien ausgelotet und darüber v. Heydekampf informiert (v. Heydekampf, 1974, o.S.). Zudem wurde die Entscheidung zur Besteuerung des Wankel-Motors nicht gleichsam ‚per Dekret' vom Verkehrsministerium verfügt, sondern es erfolgte eine regelkonforme Änderung des KfzSt-Gesetzes (Henn, 1974a, o.S.).

131 Felix Wankel, der die Erstausrüstung eines NSU-Spiders mit seinem KKM für ‚bescheiden' hielt, hätte – wie bereits erörtert – lieber von Anfang an die Konzentration auf ein größeres und repräsentatives Fahrzeug gesehen. Er wurde zumindest in diesem Punkt dann aber im Laufe der in der Folge dargelegten Typ-80-Entwicklung gegenüber NSU ‚versöhnlicher'.

auch modifizierte Sportprinzmodelle, wenngleich nicht billig und durchaus mit ‚edler' Anmutung, konnten eine derartige Funktion nicht erfüllen (Luthe, 1997, o.S.).

Vor diesem Hintergrund fand am 18. August 1961 eine NSU-Entwicklungssitzung statt, auf der ein Konzept für einen zukunftsfähigen Mittelklassewagen aus Neckarsulm, der mit Wankel-Motor ausgestattet sein sollte, diskutiert wurde.[132] Als Zielstellung wurde auf der Sitzung ein ‚NSU Typ 80' vereinbart, wobei sich diese Bezeichnung vor allem aus der geplanten Motorisierung des Autos (80 PS) ableitete. Die ‚8' spielte aber auch hinsichtlich anderer Fahrzeugcharakteristika eine Rolle: (80 PS), Verbrauch 8 l / 100 km, Preis DM 8000,-.[133]

Für die weiteren Entwicklungsschritte wurde dann von NSU ein interner Arbeitsausschuss eingesetzt, in dem die Ingenieure Dr. Froede, Praxl und Strobel die Hauptarbeit an der Endmodellierung des innovativen Fahrzeuges leisteten. Ewald Praxl, der in den Jahren 1962 und 1963 maßgeblich an der Festlegung einer geeigneten Karosserieform für den Typ 80 mitwirkte, charakterisierte diese damaligen Anforderungen folgendermaßen:

„Die Aufgabe, ein extrem leichtes Fahrzeug für die hohe Geschwindigkeit zu bauen, zwingt dazu, die Karosse nach den Gesetzen der Aerodynamik zu bauen. (...) Die Karosserie wurde nach folgenden Gesichtspunkten entworfen: Erhöhung der Radlasten durch Neigung der oberen Fläche, insbesondere der Motorhaube. Durch das gegenüber der Motorhaube erhöhte Heck soll der Druckmittelpunkt nach hinten verlegt werden. Außerdem wird dadurch der cw-Wert günstiger. Eine Verbesserung des Fahrverhaltens bei Luftstörkräften soll außerdem durch eine Verkleinerung der Frontpartie bei seitlichem Umblasen erreicht werden. Elliptischer Querschnitt, keine störende Stoßstange, glatte Fahrzeugfront, jeweils mit abgerundeten Ecken mit eingebauten Leuchten. Zur Verringerung der Auftriebskräfte wurde der Boden in der ganzen Länge gewölbt und die kleinste Bodenfreiheit mit 200 mm ausgelegt" (Praxl; zit. nach Luthe, 1997, o.S.).

Zwischen Mai und August 1963[134] lagen die ersten differenzierten (verkleinerten) Kunststoffmodelle der gewählten und für Wankel-kompatibel erachteten Karosserieform vor (Abb. 20), denen im Oktober 1961 ein 1:1-Modell aus Holz folgte (Luthe, 1997, o.S.).

---

132 Auszugsweiser Abdruck des Entwicklungssitzungsprotokolls in der NSU-Chronik zum Wankel-Motor (1974, S. 67).
133 Ebenda; Niederschrift zum Sitzungsprotokoll vom Aug. 1961.
134 23. August 1963: Abgabe von 4 Fotos des 1:5-Modells und Eintragung in das Geschmacksmusterregister des Amtsgerichts Heilbronn.

Abb. 20: Modell des NSU-Typs 80 im Maßstab 1:5 – die Puppen sollten die bessere Einschätzung der Proportionen erlauben (Quelle: Korp, 1993, S. 23)

Das Design aller Außenlinien des Typs 80 wurde dann im Hause NSU von Claus Luthe in den Jahren 1964 bis 1966 realisiert (Luthe, 1997, o.S.).[135] Als Antriebsaggregat für das Fahrzeug hatte man einen Zwei-Scheiben-Kreiskolbenmotor mit je 500 ccm Kammervolumen eingeplant, der sich fertigungstechnisch eng an den NSU-Spider-Wankel-Motor anlehnte, infolge der Leistungsverdoppelung jedoch höhere Laufruhe versprach. Die ursprüngliche Preisplanung (DM 8000,-) war 1964 schon als viel zu niedrig erkannt worden und auch die Leistungsplanung für den Motor ging in den Bereich von 100 bis 120 PS (Froede, 1974b, S. 68), womit eigentlich nicht mehr die Mittelklasse, sondern bereits das Segment der gehobenen Mittelklasse bedient werden konnte.

Der für den Typ 80 vorgesehene KKM erhielt die Bezeichnung ‚Typ 506 / 509', sein erfolgreicher Erstlauf konnte bei NSU am 21. Juni 1964 vollzogen werden. Zum besseren Verständnis seines Bauprinzips sei hier die fachkundige Beschreibung von Korp (1975, S. 127) wiedergegeben:

„Die beiden Kreiskolben sind (...) auf der Exzenterwelle um 180° gegeneinander versetzt, womit ein Plus für gleichmäßige Kraftabgabe und hohe Laufruhe erzielt wird. Die unentbehrliche Ölkühlung erfolgt oben auf dem Motorgehäuse, wo ein Wärmetausch mit dem Kühlwasser stattfindet. Wie beim Spider-Motor werden Hartkohle-Dichtungen verwendet".

---

135 Die für den Typ 80 so charakteristische Keilform mit abgeflachter Motorhaube war im Übrigen vor allem deshalb realisierbar, da der Wankel-Motor im Vergleich mit einem leistungsgleichen Hubkolbenmotor einen wesentlich verringerten Raumbedarf aufwies.

Einer breiteren Öffentlichkeit wurde das Aggregat vom Typ 506 / 509 erstmals im Herbst 1965 auf der IAA Frankfurt vorgestellt. Dass hiermit in absehbarer Zeit der ‚große' Wankel-PKW von NSU bestückt werde, ließ man seitens NSU durchaus in Richtung der Interessenten verlauten.

Im Kontext dieser Erwartungshaltung bedarf es allerdings der Vergegenwärtigung, dass genau zu dieser Zeit noch nicht einmal das Rattermarkenproblem des NSU-Spider-Wankel-Motors und sonstige Mängel mit wirklich nachhaltigem Erfolg ausgeräumt worden waren; auch der Wankel-Motor vom Typ 506 / 509 war in der fraglichen Phase kaum als ausgereift zu bezeichnen, u.a. mussten spätestens nach 2500 km Laufzeit die Zündkerzen gewechselt werden (Eiermann, 2003).

Als Konstruktionsleiter (Typ 80) war 1964 Dr.-Ing. Georg Jungbluth zu NSU gestoßen. Unter seiner Leitung wurde nach zahlreichen technischen Modifizierungen der Wankel-Motor zum Typ 512 umgebaut, der 1966 eine Leistung von 110 PS bei 6000 U/Min. erreichte.[136] Der Ingenieur Jungbluth, vor seiner Zeit bei NSU in der Motorenkonstruktion von Klöckner-Humboldt-Deutz (KHD) tätig und später Maschinenbauprofessor an der Karlsruher Universität (Institut für Kolbenmaschinen), stand dem Verfasser am 1. Dezember 2004 für ein ausführliches Telefongespräch zur Verfügung.

Der zu diesem Zeitpunkt längst im Ruhestand befindliche Jungbluth berichtete über die damalige Projektierungsphase für den NSU Typ 80, es habe eine „absolute Wankel-Euphorie" geherrscht. Ohne den weiteren Analyseergebnissen vorgreifen zu wollen, sei bereits an dieser Stelle darauf verwiesen, dass Prof. Jungbluth – ganz ähnlich wie Dipl.-Ing. v. Manteuffel – die Nichtdurchsetzung des Wankel-Motors hierzulande wie international mitnichten auf soziale, sondern ganz überwiegend systemimmanente Grundsatzprobleme dieser Motorengattung zurückführte (also solche, die über die unmittelbaren technischen Probleme von NSU mit dem laufend veränderten und angepassten Wankel-Motor hinausgingen).

Hinsichtlich der technischen Gestaltung und Konstruktionsfeinheiten des für den NSU Typ 80 vorgesehenen Wankel-Motors wurde natürlich für NSU seitens der TES in Lindau kontinuierlich wichtige und qualifizierte Zuarbeit geleistet. Diese umfasste auch den Bereich der Dichtleistenprüfungen.

In diesem Zusammenhang ist darauf hinzuweisen, dass man nach 1966 im Rahmen überbetrieblicher Kooperationen dazu überging, die anfälligen Hartkohledichtleisten durch Metalldichtleisten zu ersetzen.[137]

---

136 U.a. wurde der ursprünglich oberhalb des Motors platzierte Ölkühler nun auf Höhe der Ölwanne angebracht, wodurch der vertikale Raumbedarf des Motors gestaucht werden konnte und der Einbau in den abgeflachten Motorraum noch besser möglich war (Froede, 1974b, S. 128).
137 Enge Kooperation u.a. mit den Goetze-Werken und Daimler-Benz, wo vor Ort (Cannstatt) die Leistenmaterialien getestet wurden. Das zu lösende Kardinalproblem bestand darin, für die Dichtleisten „eine als Reibpartner geeignete Laufschicht zu entwickeln" (Froede, 1974b, S. 68; die Lösung bot sich schließlich in der sog. ELNISIL-Schicht: Siliziumkarbidhaltige Nickelschicht).

Bereits seit Anfang der 1960er Jahre hatte Felix Wankel, wie bereits angesprochen, technische Einflussmöglichkeiten weitgehend an die NSU-Experten abgetreten (s. Kap. 4.4.2; vgl. auch Popplow, 2003, S. 37). Obwohl die Kooperation von NSU und der TES Lindau selbstverständlich produktiv weiter lief, hatten die leitenden NSU-Konstrukteure mit Wankel selbst nurmehr sporadischen Kontakt.[138] Auch Prof. Jungbluth berichtete, in den 1960er Jahren Wankel nur sporadisch gesehen zu haben – dessen Persönlichkeitsprägung schien sich indessen nicht wesentlich verändert zu haben, denn er „sprudelte" auf der einen Seite vor technisch interessanten Ideen, ließ aber auf der anderen Seite die Zugänglichkeit für pragmatische Erwägungen, etwa hinsichtlich der Rahmenbedingungen einer Großserienfertigung und Kosten-Nutzen-Maximen, vermissen.[139]

Obgleich mit der Entwicklung des NSU Typ 80 (die offizielle Typenbezeichnung nach öffentlicher Präsentation des Fahrzeuges lautete ‚Ro 80', ‚Ro' in Anlehnung an das engl. ‚rotary') Wankels Wunschvorstellung der Platzierung eines repräsentativen, anspruchsvollen Wagens mit seinem KKM in Erfüllung gehen sollte, konnte er sich offenbar dennoch nie ganz von der tiefen Frustration darüber freimachen, dass der – technisch komplexere – DKM mit mobilem Läufer *und* mobilem Außenteil keinen Eingang in die NSU-Fertigung fand. „NSU hat aus meinem Rennpferd [dem DKM] einen Ackergaul gemacht", lautete sein bitteres Fazit.[140]

Fakt ist, dass im September 1965 die aerodynamische Feinabstimmung für die Karosserie des ‚Ackergauls' im Windkanal stattfand, dieser Wagen nach dem Produktionsbeginn 1967 sogleich „Auto des Jahres" wurde und in einer 1989 erschienenen Liste der am besten gestylten Autos der Welt unter den ersten 10 vorzufinden war (Luthe, 1997, o.S.). Es ist auch unstrittig, dass der NSU Ro 80 aerodynamisch seiner Zeit weit voraus war, bedingt durch die Maße des Wankel-Motors eine gelungene Karosserieführung haben konnte (avantgardistische Keilform) und damit dem modernen Automobildesign wertvolle Impulse vermittelte (Wüst, 1990, S. 29).

Der von NSU angestrebte Beginn der Serienfertigung des Ro 80 im Juli 1967 war – ähnlich wie vorher bereits die Spider-Fertigung – eng terminiert. Hierbei muss man sich aus der Retrospektive vergegenwärtigen, dass bei Toyo Kogyo, dem japanischen Unternehmen, das ebenfalls die serienfertige Präsentation eines Fahrzeuges mit Zwei-Scheiben-Wankel-Motor (Mazda Cosmo) für den Sommer 1967 plante, rund 200 hochqualifizierte Mitarbeiter an diesem Projekt beteiligt

---

[138] Persönliche Mitteilung von Dipl.-Ing. v. Manteuffel an den Verf. im Gespräch im. November 2004.
[139] Persönliche Mitteilung von Prof. Dr. G. Jungbluth an den Verf. im Gespräch im Dezember 2004.
[140] Persönliche Mitteilung von Dipl.-Ing. D. Eiermann an den Verf. im Gespräch im November 2003.

waren[141], während bei NSU die Mitarbeiterstärke der Kreiskolbenabteilung seit einigen Jahren bei etwa 70 verharrte (Korp, 1993, S. 55).

Auf der anderen Seite kann jedoch der im Hause NSU herrschende Zeitdruck nachvollzogen werden, da angesichts der angespannten Liquiditätslage des vergleichsweise kleinen Unternehmens und der Notwendigkeit, aus monetären Gründen weitere Lizenznehmer zu gewinnen, nunmehr ein öffentlichkeitswirksamer und durchschlagender Erfolg im gehobenen PKW-Segment kommen *musste*.

Tatsächlich gelang es jedoch den Autobauern aus Fernost, noch im Juni 1967 den ersten Wankel-getriebenen Mazda-PKW, einen 110 PS starken ‚Cosmo Sport' mit Zwei-Scheiben-Motor, der Öffentlichkeit vorzustellen (dessen Serienfertigung lief allerdings erst einige Monate später an) (o.V., 1967, S. 368 f.). NSU vermochte es trotz ständiger technischer Nacharbeiten an Fehlerquellen immerhin, den NSU Ro 80 noch vor der Frankfurter Automobilausstellung im September 1967 den Fachkreisen und der (Presse-)Öffentlichkeit zu präsentieren.

Dieses medienwirksame Ereignis fand am 21. August 1967 im unweit von Stuttgart gelegenen Schlosshotel Solitude statt. Diesen Rahmen mit ‚Stil' und gehobenem ‚Ambiente' hatte man seitens NSU offenbar auch deshalb gewählt, um entsprechende Produktassoziationen bei der Käuferzielgruppe (Gutverdiener, Freiberufler etc.) zu erleichtern.[142] Darüber hinaus förderte NSU in seinen Werbe- und Marketingmaßnahmen in der sich anschließenden Phase der Markteinführung des Ro 80 offensiv das innovative und fortschrittliche Image dieses Fahrzeuges (Popplow, 2003, S. 71).

Vergleicht man aus zusammenfassender Perspektive die anfängliche Planung zur Serienfertigung eines Wankel-getriebenen Typ 80 (Konzept im Jahre 1961, erste Grundmodellierung 1963) mit dem tatsächlich serienfähigen Endprodukt des Jahres 1967, so tut sich zwischen diesen beiden Zeitpolen hinsichtlich der Fahrzeugcharakteristika eine enorme Diskrepanz auf: „Er [NSU RO 80; d. Verf.] sollte ursprünglich 8.000 Mark kosten, 800 Kilo wiegen und 80 PS leisten. Daraus werden 14.150 Mark, 1340 Kilo und 115 PS" (Wüst, 1990, S. 29).

Es wäre wohl vermessen, diese Diskrepanz im Sinne mangelnder Planungsfähigkeit der leitenden NSU-Entwickler zu interpretieren. Vielmehr dürfte sich gerade im Umwurf des Eingangskonzepts auch das hohe technisch-kreative Potenzial der in Neckarsulm tätigen Kreiskolbenfachleute und Designer widerspiegeln, die – angesiedelt in einem vergleichsweise kleinen und finanziell leicht zu gefährdenden Unternehmen – aus technischen Rückschlägen lernten, nie resignierten, Neuentwicklungen engagiert angingen und es trotz hohem Termindruck schafften, das Fahrzeug NSU Ro 80 in Serienreife bis zum Jahre 1967 ‚durchzudrücken'.

---

141 Aus diesen Anstrengungen wurde durchaus kein Geheimnis gemacht, entsprechende Beiträge der japanischen Konstrukteure und Entscheidungsträger erschienen auch in deutschen Fachzeitschriften; vgl. etwa Yamamoto (1967).
142 Persönliche Mitteilung von Dipl.-Ing. v. Manteuffel an den Verf. im Gespräch im November 2004.

Die Fragestellung, inwieweit dieser Erfolg seine Schattenseiten hatte bzw. (erst später evident werdende) Defizite in sich barg bzw. das ganze Projekt ‚Wankel-Motor' zumindest im Automobilbereich gefährden sollte, wird im Abschnitt 6 dieser Arbeit intensiver behandelt.

5.3 Der NSU-Wankel-Motor in den Jahren 1960 bis 1967: Eine Zwischenbilanz

Die NSU AG hatte nach 1960 den zweifellos ambitionierten Versuch unternommen, mit dem Spider das erste Serienfahrzeug mit Wankel-Motor weltweit zu platzieren. Trotz hoher technischer Expertise stellte sich den Neckarsulmer Technikern und Managern jedoch ein Geflecht von Widrigkeiten und Drohkonstellationen entgegen: Zu nennen sind hier insbesondere unerwartete technische Schwierigkeiten (Rattermarken, systemimmanente Probleme bei der Abdichtung der Brennräume); in wirtschaftlicher Hinsicht lag eine zur Ausdünnung neigende Finanzdecke vor, ferner stellte sich die Notwendigkeit, zur Realisierung von Lizenzeinnahmen die Serienreife und Alltagstauglichkeit eines Wankel-PKW nachweisen zu *müssen*.

Zur wirtschaftlichen Spannungslage steuerte natürlich auch der Ende der 1950er Jahre mit der Wankel GmbH vereinbarte Abführungsmodus betreffs der Lizenzeinnahmen zusätzlich bei, ohne dass – ungeachtet der sicherlich wichtigen Grundlagenuntersuchungen und Prüfarbeiten unter Wankels unmittelbarer Leitung in der TES – zwischen Neckarsulm und Lindau eine wirklich zielfokussierte und effiziente Symbiose zustande gekommen wäre.

Die Entwicklung bei Toyo Kogyo in Hiroshima – neben NSU Neckarsulm und der TES Lindau eine weitere wichtige Stätte der Wankel-Motoren-Forschung und -fertigung – ließ hingegen wesentlich deutlicher die besagte Zielfokussierung erkennen. Verwiesen sei hier insbesondere auf die im Vergleich mit NSU dreifach stärkere Mitarbeiterbesetzung der Wankelarbeitseinheiten und die Verfügbarkeit höherer zeitlicher Ressourcen bis zu einer ersten Serienfertigung (Cosmo Sport, Präsentation 1967, Fertigungsanlauf 1968).

So spricht denn vieles für die retrospektive Wertung des früheren Mazda-Chefentwicklers für Wankel-Motoren, Kenichi Yamamoto, wonach NSU in der Phase 1960 bis 1967 zwei Kardinalfehler begangen habe:
- Zum ersten sei das Neckarsulmer Unternehmen drei Jahre zu früh mit dem ersten Serienfahrzeug (Spider) aufgetreten. Dieser Wankel-Spider habe letztlich dem Ruf der Kreiskolbentechnik mehr Schaden zugefügt als Nutzen gestiftet. Ohne eine derartige Vorbelastung hätte sich auch der Ro 80 später besser vermarkten lassen.
- Zum zweiten habe NSU ungünstigerweise kein anderes zukunftsfähiges ‚Standbein' als eben jenen Wankel-Motor gehabt; das Firmenschicksal habe

somit – im Sinne eines schwer kalkulierbaren Risikos – primär am Erfolg dieses Motors gegangen. Im Hause Toyo Kogyo respektive Mazda sei hingegen der Wankel-Motor stets als ein ‚gleichberechtigter' Partner des konventionellen Hubkolbenmotors eingeordnet worden (Yamamoto, 1990, S. 31).

Trotz gezielter Konzentration auf den Innovationskern (Wankel-Motor im Automobilbereich und Ausmerzung von dessen Schwachstellen) herrschte also bei den japanischen Entscheidungsträgern kein Ausschließlichkeitsdenken auf Basis überbordender Euphorie vor. Im Gegenteil, letztlich war ein betriebswirtschaftlich ‚gesunder' Pragmatismus gegeben.

Dieser Pragmatismus sollte sich – wie im weiteren Verlauf der vorliegenden Arbeit noch genauer analysiert wird – dann auch in den Folgejahren bewähren, als die Managemententscheidungen bei Mazda trotz Erfolgen im Bereich der Wankel-Motoren dahin gingen, diesem Motor zunehmend den Platz in einer geeigneten Nische (Sportsegment, keine zu hohen Fertigungszahlen) zuzuerkennen.

Auch der bei NSU für Wankel-Motoren zuständige Manager Dr. Henn sparte aus der Retrospektive nicht mit Selbstkritik bezüglich einer mangelnden Fokussierung des Neckarsulmer Unternehmens, als er äußerte, dass „der Ro 80 nach dann 10-jähriger Entwicklung (1967) mit Sicherheit ein hervorragender Wagen geworden wäre, der die gesamte nachfolgende Entwicklung beeinflußt hätte, (...) hätte man bereits im Jahre 1958 mit der zügigen Entwicklung eines Automobilmotors begonnen" (Henn, 1974b, S. 54).

Insofern verhärtet sich die bereits unter Kap. 4.5 gezogene Schlussfolgerung, dass im Hause Mazda die Stabilisierungsphase der – ja nicht einmal selbst erfundenen, sondern ‚übernommenen'– Technik ‚Wankel-Motor' effizienter vonstatten ging als in dessen Ursprungsland: Zielgerichtet, aber gleichwohl nicht überhastet arbeitete man in Fernost mit intensiven personellen Ressourcen auf einen effizienten Prototypen hin, externe Störfaktoren wurden minimiert. Diese Konstellation entsprach in ihren Grundzügen genau jener Form einer erfolgreich verlaufenden Stabilisierungsphase, wie sie Weyer (2004, S. 26 ff.) aufzeigte.

Bevor auf die Bestrebungen zur faktischen Durchsetzung des Wankel-Motors im Automobilmarkt nach 1967 und automobilexternen Anwendungsfeldern eingegangen wird, sei abschließend hinsichtlich der Phase 1960 bis 1967 noch hinterfragt, inwieweit hier eine tragfähige überbetriebliche Zusammenarbeit und Absicherung der Technik mit den rotierenden Kolben vorlag.

Unstrittig ist, dass es einen regen Informations- und Erfahrungsaustausch zwischen den weltweit aufgestellten Lizenznehmern gab. In diese Austauschprozesse war natürlich auch die Wankelsche Forschungs- und Entwicklungsstätte in Lindau eingebunden. Dipl.-Ing. Eiermann, leitender Entwickler und Konstrukteur vor Ort, wusste zum Beispiel zu berichten, dass seit Mitte der 1960er Jahre eine intensive Kooperation auch zwischen Daimler-Benz und der TES Lindau stattfand, in deren Rahmen die TES selbst technisch anspruchsvollste Zwei- bis Vier-Scheiben-Wankel-Motoren mitkonzipierte und prüfte; beträchtliche Anteile des TES-Haushaltes wurden allein aus den diesbezüglichen Daimler-Benz-Vergütungen finanziert (s. Kap. 6.1.1).

Andererseits war Wankel, der ja in monetärer Hinsicht durch die Vertragsbedingungen zwischen NSU und der Wankel GmbH nachhaltig abgesichert war, an Überlegungen hinsichtlich der Marktfähigkeit des Wankel-Motors weniger interessiert, sondern eher für seine bisherigen Erfahrungen erweiternde, neue Ideen eingenommen: „Für uns war das Interessanteste ganz klar der Motor. Und für Wankel war es eigentlich nicht so, dass ihn eine Vermarktung interessiert hatte, ihn hat nur das Spielen interessiert – an der Technik. Er hatte ja genügend Geld bekommen, denn er hatte die Lizenzeinnahmen".[143]

Felix Wankel, der Erfinder, Entwickler und Ideengeber für den gleichnamigen Motor schien also, als es um konkrete Stabilisierungsmaßnahmen für seine Innovation ging, die damit verbundenen Planungs- und Handlungsnotwendigkeiten schlichtweg umgehen zu wollen und ‚stürzte' sich offenkundig lieber auf neuartige, manchmal fast phantastisch anmutende Differenzierungsmöglichkeiten seiner Rotationskolben-Maschinen. Die folgende Episode aus der TES Lindau, die sich Mitte der 1960er Jahre abspielte, kann solch einen Schluss exemplarisch untermauern:

„Er [Wankel; d. Verf.] hat gesagt: Ich möchte einen kleinen Motor haben, der mehr Leistung hat als alles Bisherige und höher dreht, z.B. 30-40 Tausend Umdrehungen. Das muss man sich mal überlegen, was das heißt, so ein Feuerkreisel mit 30-40 Tausend Umdrehungen. Ich habe mal ausgerechnet, was das für Fliehkraftbelastungen für das Material gibt. Und wie kann man das Ding abdichten gegeneinander, das läuft ja dauernd frei. Dann hat er eine Zugstangengeschichte entwickelt, wo man die Dichtteile feststellt, dass die nicht rausfliegen. Also komplizierter geht es nicht. Dann habe ich mir das Ding mal angeguckt, habe die Dichtteile mal gezählt. Da waren 140 Dichtteile drin. Da habe ich gesagt: Theoretisch kriegt man das hin, das bekommt man sogar zum Laufen, aber das kann man nicht bauen, das kann kein Mensch bezahlen. Das war ihm völlig wurscht. Er hat gesagt, das wird die Zukunft. (...) Es war ihm völlig wurscht, ob so was realisierbar ist in einer Fertigung später mal. Er sagte: Ich will nur sehen, ob man so was machen kann. Und den Rest soll die Industrie machen. Das war seine Aussage, genauso bei seinem Motor".[144]

Vor einem derartigen Hintergrund wird es natürlich auch nachvollziehbar, dass manche der NSU-Wankel-Motoren-Entwickler die Meinung vertraten, „der Wankel macht nichts für uns. Er bekommt zwar Geld, aber er gibt es nicht für uns

---

143 Persönliche Mitteilungen von Dipl.-Ing. Eiermann an den Verf. im Gespräch im November 2003; hier im Wortlaut wiedergegebene Aussagen.
144 Ebenda.

aus. Für unsere Entwicklung. Und der Wankel hat gesagt: Das sind Seeräuber, die klauen mir alles".[145]

Schon Mitte der 1960er Jahre schienen die Aversionen Wankels gegen die Firma NSU, bei der er ‚seinen' Motor offenbar nicht in respektablen Händen sah (aus seiner Sicht ein zu Daimler-Benz subalterner Partner, obwohl er sich ja in den 1950er Jahren gerade nicht in die Abhängigkeit des Stuttgarter Konzerns hatte begeben wollen; s. Kap. 4.4.1), in teils unerträglicher Weise aufzutreten. Walter Froede berichtet, in dieser Phase Wankel unter vier Augen einmal mit folgender Sichtweise konfrontiert zu haben:

> „Wenn Sie (...) die Firma Daimler-Benz als Entwicklungspartner hätten gewinnen können, so wäre erstens der technische Stand bestimmt nicht höher als er heute ist, da für Daimler-Benz keinerlei Terminzwang für die Einführung eines Rotationskolbenmotors bestand oder besteht. Zweitens wären bestimmt keine Lizenzverträge, noch dazu mit namhaften Eintrittsgebühren, abgeschlossen worden, denn diese Entwicklung wäre sicher im Hause Daimler-Benz hinter verschlossenen Türen selbständig und allein durchgeführt worden. Drittens gäbe es weder eine Wankel GmbH noch überhaupt einen ‚Wankel-Motor'. Viertens würden in der ganzen Welt vielleicht 5 Konstrukteure und 10 Versuchsmechaniker den Namen Wankel kennen" (Froede, 1974a, S. 39).

Die Mutmaßungen Froedes mögen teils überzogen wirken und in zu einseitiger Weise die Position eines NSU-Entscheidungsträgers reflektieren. Vergegenwärtigt man sich allerdings Wankels zweifelsfrei gegebene Exzentrik und seine Unwilligkeit zur Integration der eigenen Person und Entwicklungsarbeiten in Abläufe in einen Großkonzern, so dürften Froedes Ausführungen aber auf jeden Fall einen ‚Kern von Wahrheit' bergen.

Unter Berücksichtigung dieser Bedingungen kann das soziale Beziehungsgeflecht um den Kern der deutschen Wankel-Motorenentwicklung (NSU, TES) durchaus als ‚spannungsgeladen' gekennzeichnet werden.[146] Dabei lag offensichtlich eine mehr oder minder drastisch zu Tage tretende Frustration Wankels hinsichtlich der ‚Verortung' seiner Erfindung im NSU-Konzern vor (s. auch Kap. 6.1.1).

Eine andere Art von Spannung, die gleichsam knisternde Erwartungshaltung hinsichtlich der technischen Möglichkeiten des Wankel-Motors, hielt sich um 1966 aufrecht bzw. nahm sogar zu. Manche Zeitzeugen, wie etwa Dr. Kurt Obländer (geb. 1928) von der Mercedes-Motorenentwicklung, äußerten zu der

---

145 Ebenda. Ergänzend ist hier darauf hinzuweisen, dass Dankwart Eiermann in den 1960er Jahren häufiger als Wankel zum Erfahrungsaustausch in den Neckarsulmer NSU-Entwicklungsstätten vorstellig wurde und sich insofern ein authentisches Bild von den dort gegebenen Meinungs- und Stimmungslagen machen konnte.
146 Offenbar handelt es sich hier aber durchaus nicht um eine einzigartige Konstellation. Jedenfalls gibt es in dem ‚Erfinderländle' Schwaben (meine Heimat; d. Verf.) die Redewendung, man solle zur Sicherung einer Erfindung und zur Bewahrung des betrieblichen Friedens tunlichst nicht vergessen, dem Erfinder bzw. den involvierten Ingenieuren gleich von Anbeginn die Kaufleute neben das Reißbrett zu stellen.

damaligen Phase, die Erwartungen produktionstechnischer Vorteile des Kreiskolbensystems seien enorm gewesen und viele Unternehmen hätten „erst mal Lizenzgebühren bezahlt, als ginge es ums Seelenheil" (Obländer, 1990, S. 31). Im Endeffekt dürften auch im Jahre 1966 die Möglichkeiten und Risiken des Wankel-Motors schlichtweg mangels Praxiserfahrungen (man bedenke, dass der Hubkolbenmotor zu diesem Zeitpunkt bereits Jahrzehnte ‚auf dem Buckel' hatte) in der Fachwelt noch nicht differenziert erfassbar gewesen sein.

6. Wankel-Motoren in Serienfertigung: Technische Erfahrungen, Rückschläge und Niedergang

6.1 Grundsätzliche Hinweise zur nationalen und internationalen Entwicklung der Wankel-Technik im Automobilbereich bis zur ‚Ölkrise' 1973

Als 1967 die Serienproduktion des Wankel-Motor-Fahrzeuges NSU Ro 80 aufgenommen wurde, muss es den Entscheidungsträgern bei NSU bewusst gewesen sein, dass noch nicht alle technischen Probleme des Motors gelöst waren. Jedenfalls entschloss man sich seitens NSU, dem von der Öffentlichkeit begeistert aufgenommenen Fahrzeug eine für die damaligen Verhältnisse ungewöhnlich lange Garantiezeit von 30.000 km zu gewähren (de Pay, 1989, S. 7; Korp, 1975, S. 130).

Was bei kritischer Betrachtung zu erwarten oder zu befürchten war, sollte sich tatsächlich einstellen: Technische Mängel traten auf. Schulz (o.J., S. 4), der Betreiber der Dauerausstellung Autovision, weist darauf hin, dass der Ro 80 zwischen 1967 und 1970 ein wahres „Motortauschfiasko" erlebte.[147] Das neuartige Motorenkonzept bekam demnach in der Öffentlichkeit mehr und mehr den Ruf der Unzuverlässigkeit; dass NSU in der Fachpresse immer wieder durchaus offene Berichte über Schwierigkeiten am Motor und Verbesserungen brachte, habe kaum noch Gehör gefunden.

Um 1970 kreiste in der Öffentlichkeit bereits die zynische Anekdote der NSU-Ro 80-Fahrer, die sich angeblich mit erhobenen Fingern begrüßten.[148] Schulz (o.J., S. 4 f.), der sich die Mühe machte, einmal die Fakten um die ausgetauschten NSU-Wankel-Motoren zu ordnen, kam zu folgenden Schlüssen, die das sich dramatisch negativ wandelnde Image des Motors zumindest in ein etwas realistischeres Licht rücken können:
- 35 % der von den Händlern ins Werk zurückgelieferten Motoren wiesen keinen eigentlichen Motorschaden auf, sondern lediglich eine falsche Vergaser- oder Zündeinstellung, oder aber waren – häufig vor Garantieablauf – einfach aus Übervorsichtigkeit ausgetauscht worden (Stichwort: sensibilisierte Fahrer).

---

147 Hierzu steuerte auch bei, dass auftretende Motorschäden von den Werkstätten meist nicht repariert, sondern die Motoren bevorzugt in das NSU-Werk zum Austausch geschickt wurden, „denn erstens kann man ja die großzügige Garantie ausnutzen und zweitens möchte das Werkstattpersonal lieber Reparaturen an der für sie neuen Kreiskolbentechnologie vermeiden" (de Pay, 1989, S. 8; die Autorin beruft sich bei diesen Aussagen wiederum auf Rückmeldungen aus früheren NSU-Fachhändlerkreisen).

148 Soll meinen: Die einander entgegenkommenden Fahrer von Ro 80 signalisierten sich per Fingerzeigen die Anzahl der bereits neu eingebauten Austauschmotoren.

- Langstreckenwagen liefen zumeist problemlos, Kurzstreckenfahrzeuge kränkelten allerdings an starkem Verschleiß von Scheiteldichtleisten („das alte Syndrom'). Nachträgliche Prüfstandsuntersuchungen erbrachten hier eine Verschleißpotenzierung bei niedrigen Kühlwassertemperaturen. Dies war zuvor nicht berücksichtigt worden und konnte durch Nutzung weiter gehärteter Dichtleisten nachträglich abgestellt werden.
- Viele Vertragswerkstätten waren nicht in der Lage, die Zündeinstellung am Motor korrekt vorzunehmen (spätere Abhilfe durch besser einstellbaren Zündvorgang).
- Schmierprobleme am Kolbengleitlager ab 8.000 U/Min. Ursachenkomplex: Der extrem leise und ruhige Motorlauf hatte offenkundig manchen Fahrer dazu verführt, den roten Drehzahlbereich nicht nur kurzfristig zu nutzen, sondern den Motor dauerhaft zu überdrehen (Abhilfe durch Erhöhung der Standfestigkeit des Lagers und Drehzahlbegrenzung).
- Etliche Aggregate wurden schließlich durch Bedienungsfehler wie etwa vergessenes Ölnachfüllen (mithin hoher Ölverbrauch!) oder Montage von Zusatzscheinwerfern vor dem Kühler (systembedingt hohe Wärmeentwicklung!) beschädigt.

Diese Faktenaufstellung macht klar, dass viele der Mängel letztlich „nur" auf der handwerklich nicht ausreichend kompetenten Ebene der Vertragswerkstätten anzusiedeln waren. Dieses Manko wiederum mag ursächlich mit den nicht ausreichenden Möglichkeiten des ja doch recht kleinen Unternehmens NSU zusammengehangen haben (dünnes Händlernetz, schwache Logistik, keine ausreichende Schulung für die Fachbetriebe etc.) und wäre womöglich bei Verfügbarkeit eines engmaschigen, vor allem hochqualifizierten Händler- und Werkstättennetzes (wie etwa bei Mercedes, BMW, VW, Ford oder Opel) nicht unterlaufen.

Für den Nutzer von NSU-Fahrzeugen machten sich natürlich diese technisch-organisatorischen Gegebenheiten höchst negativ bemerkbar – der gleich komplette Austausch eines Motors stellte neben der damit zwangsläufig einhergehenden längerfristigen Nichtnutzbarkeit des eigenen Fahrzeuges auch ein psychologisches Problem dar, da man sich fragen musste, „was denn mit diesen Maschinen eigentlich los sei" (eine schlichte Korrektur von Vergaser und Zündung in der Fachwerkstatt – die ja anscheinend aus Gründen mangelnder fachlicher Kompetenzen unterlassen wurde – hätte hingegen solch eine Konstellation niemals aufgeworfen).[149]

Die nachteiligen Absatzeffekte konnten nicht ausbleiben: Nach vergleichsweise hohen Verkaufszahlen des Wankel-Fahrzeuges in den Jahren 1968 und 1969 folgte, bedingt durch die technischen Probleme, den werkstattmäßigen Umgang mit ihnen und durch die resultierenden Imageschädigungen, 1971 ein drastischer

---

149 Franz Schrack (geb. 1922), ehemaliger NSU-Rennsportfachmann und technischer Versuchsleiter, äußerte in einem Interview von ‚Auto Motor und Sport' (Ausgabe zum 125. Jahrestag der NSU-Firmengründung, 1873 bis 1998, S. 29) zum NSU Ro 80 sogar: „Von zehn Werkstätten (...) konnten acht den Motor nicht einstellen".

Einbruch, der bis 1972 – dem letzten Jahr vor der Ölkrise – nicht mehr kompensiert werden konnte (Abb. 21).

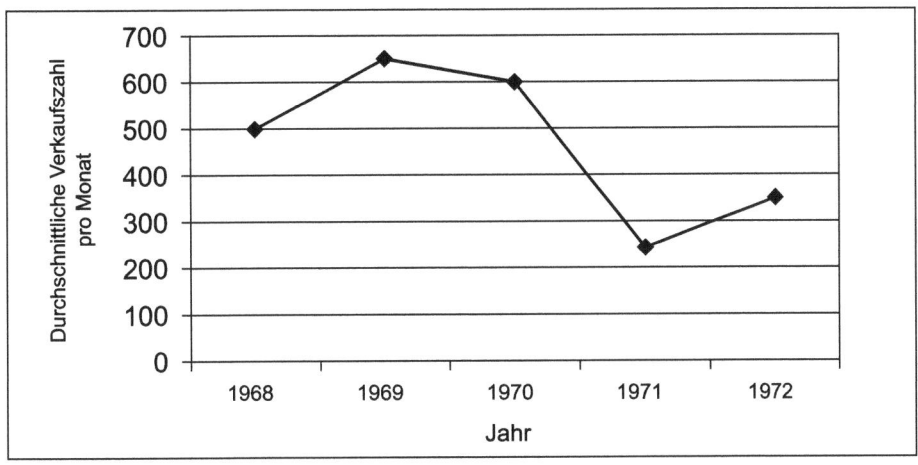

Abb. 21: Verkäufe des NSU-Wankelmotor-Fahrzeuges Ro 80
zwischen 1968 und 1972
(Quelle: de Pay, 1989, S. 8, sowie Geschäftsberichte der NSU AG)[150]

Während NSU nach der Markteinführung des Wankel-getriebenen Ro 80 mit realen (und vermeintlichen) technischen Problemen sowie den damit verbundenen Imagebeeinträchtigungen zu kämpfen hatte, gestaltete sich die Situation in Japan vorteilhafter: Das Rattermarkenproblem, quasi eine Achillesferse des Wankel-Motors, war durch die Verbesserung der Dichtleisten sowie der Laufbahnschicht der Trochoide entschärft worden (der genaue Fertigungsmodus dieser Teile blieb allerdings Firmengeheimnis; s. auch Kap. 5.2.1).

Der 1968 in den Markt eingeführt Mazda ‚Cosmo Sport' wurde zwischen 1968 und 1972 zwar nur in der eingeschränkten Zahl von 1176 Exemplaren hergestellt, war jedoch technisch zuverlässig und half, ein gutes Image für den neuartigen Motor in der japanischen Öffentlichkeit zu fördern. Der ebenfalls 1968 auf den Markt gebrachte und bis 1974 gebaute ‚Mazda Familia' sollte sich mit einer Stückzahl von 95.706 zum echten ‚Massen-Wankel' entwickeln. Nach dem Hinweis von de Pay (1989, S. 14) kann man den Zeitraum zwischen 1968 und 1973 als Phase der „Rotarisierung" von Mazda bezeichnen, da in dieser Phase – unterstützt durch einen weiteren Ausbau der dortigen Wankel-Forschungs- und Entwicklungsabteilung – eine breite Angebotspalette von Fahrzeugen mit Wankel-Motoren aufgebaut wurde, darunter neben Sport-, Klein- und Mittelklassefahrzeugen schließlich sogar LKWs. Während 1968 der Anteil an Wankel-PKWs an der Gesamtzahl der im Hause Mazda gefertigten PKWs lediglich bei 4,0 % lag, stieg

---

150 Hinweis: das Jahr 1967 blieb unberücksichtigt, da der Verkauf erst nach Markteinführung des Fahrzeuges im Herbst anlief.

dieser Anteil bis 1973, dem für die weitere Entwicklung der KKM-Technik so entscheidenden Jahr der Ölkrise, auf 51,5 % an.

Angesichts dieser Daten lässt sich auf Basis des Weyerschen Modells der Technikgenese eindeutig die grundlegende Schlussfolgerung ziehen, dass effiziente Schließungs- und Durchsetzungsprozesse hinsichtlich der neuen Technik ‚Wankelmotor im Automobilbereich' in Japan, aber nicht in dessen Ursprungsland vollzogen wurden. Diese Grundsatzkonstellation sollte bei der nachfolgenden Erläuterung (Kap. 6.1.1 ff.) der Entwicklungen der Wankel-Technik in Deutschland (insbesondere NSU bzw. Audi-NSU und VW-Konzern) sowie in den anderen europäischen Ländern und den USA stets bedacht sein, da man ansonsten allzu leicht in den Denkfehler verfallen könnte, Probleme und Niedergang des Kreiskolbenmotors in den 1970er Jahren primär anhand des NSU Ro 80 bzw. anhand der deutschen Automobilindustrie festzumachen!

Insgesamt kann der Zeitraum von 1969 bis 1973 nach Popplow (2003, S. 88) zumindest für den deutschen Sprachraum als eine „Zeit des Wartens" charakterisiert werden: Es hatte sich gemäß der Analysen dieses Autors seit 1967 in der deutschen Öffentlichkeit das Bild des von einer gewissen Exklusivität und von ‚Avantgardismus'[151], aber auch letztlich von mangelnder Ausgereiftheit geprägten Wankel-Motors festgesetzt (wobei dieser Motor in der Regel mit dem NSU Ro 80 assoziiert wurde, da andere, etwa japanische Wankel-Fahrzeuge erst später den hiesigen Markt penetrierten; siehe Folgeerläuterungen). Diese Note des elitären, nicht unbedingt für die breite Masse der Automobilisten geeigneten Wankel-Motors wurde durch die Existenz eines Prototypen wie des Mercedes C 111 (s. Kap. 6.1.1) zusätzlich genährt.

In Übersee (Japan, USA) stellte sich die Situation im fraglichen Zeitraum nicht allein – wie beschrieben – in fertigungstechnischer, sondern auch in imagebezogener Hinsicht anders dar: In Japan beteiligten sich nicht nur drei Automobilhersteller (Toyo Kogyo bzw. Mazda, Nissan, Toyota) an der Wankel-Lizenzproduktion, sondern mit Suzuki auch ein Motorradproduzent (o.V., 1971b, S. 2). Zwar überwog auch in Japan noch die Fertigung von Hubkolbenmotoren, aber die Anfang der 1970er Jahre in den effizienten Produktionsanlagen Nippons im Jahresdurchschnitt vom Band rollenden 30.000 Fahrzeuge mit Wankel-Motor (Planung danach: Erhöhung auf 50.000 bis 60.000 Einheiten p.a.) stellten die Vergleichszahlen in Deutschland und anderen europäischen Ländern[152] doch weit in

---

151 Von Felix Wankel wurde gleichwohl das Unternehmen NSU nicht stets als ‚ebenbürtig' für den von ihm konzipierten Motor angesehen (s. insb. Kap. 6.1.1).
152 Seit 1965 existierten bspw. Beziehungen zwischen NSU und Citroen auf dem Gebiet der Wankel-Motoren. Seit 1968 wurden diese Beziehungen mit dem Ziel der Entwicklung eines Wankel-getriebenen Kleinwagens (Comobil) vertieft. Es wurde von Citroen mit dem Modell M 35 auch ein Prototyp mit Einscheiben-Kreiskolbenmotor („System NSU-Wankel") entworfen, von dem schließlich aber lediglich 500 Exemplare gefertigt wurden, die als „Großversuch in Kundenhand" liefen (o.V., 1971a, S. 202). Die Pläne von NSU und Citroen zur gemeinsamen Produktion eines europäischen Wankel-Kleinwagens zerschlugen sich im Lau-

den Schatten (o.V., 1971a, S. 202). Die Motorkosten erwiesen sich dabei mit einer Spanne von DM 800,– bis 900,-, als sehr moderat.[153]

In den Vereinigten Staaten, wo besonders Toyo Kogyo (Mazda) seine Wankel-getriebenen Kompaktwagen in hohen Stückzahlen auf den Markt bringen konnte[154], hatten diese folgerichtig ein weniger avantgardistisches Image als etwa der NSU Ro 80 in Deutschland. Gleichwohl muss man sich vergegenwärtigen, dass hier die japanischen Wankel-Fahrzeuge zwar mehr die ‚Masse' der Autofahrer erreichten, aber dabei dennoch „die Wirtschaftlichkeit dem sog. Repräsentationswert nachgeordnet war" (o.V., 1971a, S. 202). Mithin litten auch die auf dem US-Markt erfolgreich eingeführten ‚Japan-Wankel' an einem damals zumindest für europäische Verhältnisse kritischen Syndrom, ihrem hohen Benzinverbrauch (Schulz, 2004). Für die Bedingungen in den USA, wo Verbräuche auch von 20 Litern und mehr auf 100 km für normale Gebrauchs-PKW bzw. Wagen der gehobenen Mittelklasse durchaus üblich waren, sollte dies aber *zunächst* noch kein Problem darstellen.

6.1.1 Schwachstellenanalysen und Entwicklungsarbeiten am Wankel-Motor seitens NSU und Daimler-Benz

Nach Anlauf der Serienfertigung und den Verkäufen der ersten NSU Ro 80-Exemplare hatte sich rasch herausgestellt, dass viele Fahrer, die ja mehrheitlich bislang nur den Umgang mit konventionellen Hubkolbenmotoren gewöhnt waren, im Hinblick auf ein mit Wankel-Motor ausgestattetes Fahrzeug die nötige Sensibilität vermissen ließen. Neben dem oftmals gegebenen Überdrehen der Motoren wurden insbesondere die vergleichsweise häufig notwendigen Zündkerzenwechsel vernachlässigt.[155] Die Ölverbräuche des NSU Ro 80 wurden als zu hoch beklagt, die Abdichtung der Motoren ließ zu wünschen übrig und dazu gesellten sich noch Zündungsdefekte. Moniert wurden in der öffentlichen Berichterstattung über den NSU Ro 80 ferner hohe Kraftstoffverbräuche. Popplow (2003, S. 75) wies allerdings darauf hin, dass die Frage des Kraftstoffverbrauches dieses Fahrzeuges verkompliziert wurde, da er wesentlich stärker als bei anderen Wagen von der individuellen Fahrweise abhing. Diese Tatsache habe aber wiederum den Bestrebungen

---

fe der 1970er Jahre, nachdem beide Unternehmen ihre selbständige Position immer mehr einbüßten (Citroen als Teil des Peugeot-Konzerns, NSU als im VW-Konzern aufgehende Produktions- bzw. Forschungsstätte; s. hierzu auch die Erläuterungen unter Kap. 6.2).

153 Kostenmitteilung durch Dipl.-Ing. Eiermann, der über diese preislichen Dimensionen bei den japanischen Herstellern als im Auftrage der Wankel GmbH an den Lizensierungsertragsbewertungen Beteiligter nach eigener Angabe genau informiert war.

154 In Deutschland erfolgte eine Marktplatzierung von Mazda-Wankel-Fahrzeugen in nennenswertem Umfang erst ab 1973; angesichts der im gleichen Jahr einsetzenden Ölkrise und des nachfolgenden generellen ‚Wankel-Niederganges' (1977 Produktionseinstellung des NSU Ro 80) sollten diese Mazda-Automobile hierzulande keine Rolle mehr spielen. Anders verhielt es sich mit den RX-Modellen (Reihe 7 und 8), die sich bis in die unmittelbare Gegenwart hinein eine erfolgreiche Nischenposition sichern konnten (s. hierzu auch Kap. 1).

155 Persönliche Mitteilung von Dipl.-Ing. v. Manteuffel an den Verf. im Nov. 2004.

des Genres ‚Autotests' entgegen gestanden, möglichst exakte bzw. normierte Verbrauchszahlen anzugeben.

Der schon ab etwa 1968 etablierte Ruf des NSU Ro 80, ein ‚Benzinsäufer' (teils Angaben von mehr als 19 l auf 100 km) zu sein, dürfte also nicht zuletzt auf die Erfahrungen einiger weniger Fahrer und Testfahrer zurückzuführen gewesen sein. Die in verschiedenen Fachzeitschriften und den Gazetten veröffentlichten Verbrauchstests konnten dergleichen Erfahrungen durchaus nicht immer in homogener Weise bestätigen, vielmehr wurden auch Durchschnittsverbräuche um 15 l/100 km ermittelt, was zwar keineswegs als sparsam zu bezeichnen war, aber doch Verbrauchswerte ähnlich stark motorisierter Automobile der damaligen Zeit, etwa Mercedes-Benz 230 mit 150 PS, nicht substanziell überschritt (Popplow, 2003, S. 81 ff.).

Zu allem technischen Ärger und dem zumindest in Teilbereichen fragwürdigen Ruf des NSU Ro 80 kam noch hinzu, dass sich das NSU-Servicenetz nicht nur in den auf die Markteinführung folgenden Monaten besonders bei der Motorwartung als überfordert erwies, sondern letztlich dauerhaft ‚unterdimensioniert'[156] erschien. Insofern ist die Wertung von Korp (1993, S. 107), welcher ja die rein technischen Aspekte des Ro 80-Motors in weit differenzierterem Maße reflektierte als es im Rahmen dieser Arbeit getan werden kann, hinsichtlich der Anfangsjahre des zweifellos als avantgardistisch anzusehenden Fahrzeuges voll und ganz nachvollziehbar: „Der neuartige Motor blieb offensichtlich nicht nur zu kurz im Brutkasten der Entwicklung, er kommt auch zu einem kleinen Kundendienst-Netz. Dort ist man die neue, anspruchsvolle Kundschaft nicht gewöhnt".

Vor einem solchen Hintergrund mehrten sich im Hause NSU bereits im Laufe des Jahres 1968 Stimmen gegen den Wankel-Motor, die für den Einbau eines konventionellen und für die Mechaniker ‚verständlicheren' Hubkolbenmotors in den NSU Ro 80 plädierten. Als angesichts seiner Abmessungen und Leistung praktikabel wurde dabei ein Ford-V6-Motor, der in dieser Phase schon in den Modellen Ford 17 M und 20 M seine Dienste tat, angesehen (Korp, 1993, S. 109). Mithin war seitens der NSU-Entscheidungsträger noch vor der ‚Eingemeindung' in den VW-Konzern (1969 bis 1971) und der sich abzeichnenden Schwächung eigener Entscheidungsbefugnisse der Entscheid zu Gunsten des Wankel-Motors unabänderlich gefallen, denn ein Rückzug nach Jahren vorausgegangener Entwicklungsarbeiten und begonnener Serienfertigung hätte doch ein enormes Imagedebakel für das Unternehmen bzw. den Motor gegenüber den Lizenznehmern bedeutet. Bei diesen wäre sicherlich die Frage aufgeworfen worden, inwieweit Bemühungen um ein Motorenkonzept, das vom an der Erfindung beteiligten Unternehmen nicht

---

[156] Man muss sich hierbei vergegenwärtigen, dass die NSU-Vertragshändler ja bis dato Erfahrungen primär mit eher schwach motorisierten, luftgekühlten Hecktrieblern hatten (‚Prinz'). NSU-Chef v. Heydekampf sollte in diesem Kontext in den 1970er Jahren, als das Unternehmen bereits dem VW-Konzern einverleibt worden war, des öfteren nicht ohne einen gewissen Zynismus ausführen: „Mit den Prinzen waren wir für die Zukunft eine Nummer zu klein, aber der Ro 80 war für uns eine Nummer zu groß" (dem Verf. im Nov. 2004 mitgeteilt durch Dipl.-Ing. v. Manteuffel).

mehr verfolgt wird, überhaupt sinnvoll seien. Die NSU-Führung setzte daher ab Ende 1968 – im Verbund mit Wankels TES in Lindau – auf eine intensivierte und systematisierte Schwachstellenanalyse des Motors, um sowohl die objektive Haltbarkeit des Aggregates als auch dessen bereits ‚angekratzten' Ruf zu verbessern.[157]

In der vorliegenden Arbeit kann, wie an anderer Stelle bereits erwähnt, unmöglich auf die technischen Details der Schwachstellenanalyse und -beseitigung in extenso eingegangen werden. Der Interessierte sei hierzu auf das umfangreiche technische bzw. ingenieurwissenschaftliche Schrifttum verwiesen, das sich im Felix-Wankel-Archiv[158] des LTA Mannheim befindet. Daher seien an dieser Stelle lediglich übersichtsweise folgende wesentliche Schwachstelleninterventionen genannt:
- Änderungen an den Zündkerzen, am Zündkerzensitz und an der Zündanlage (Hochspannungs-Kondensator-Zündung ab 1969).
- Verbesserter Kühlwasserdurchsatz des thermisch insgesamt hoch belasteten Motors (ab Ende 1969).
- Weitere Optimierung der Öl- und Gas-Dichtleisten (ab 1969; s. auch Kap. 6.1).
- Änderungen am Drehmomentwandler und Überdrehungsschutz (1970 ff.).

Nachdem noch im Sommer 1968 die Verkaufsorganisation für Mercedes-Fahrzeuge mit kritischen bis leicht hämischen Argumenten gegen den in das gehobene Segment eingetretenen, potenziellen Konkurrenten NSU Ro 80 versorgt worden war,[159] wendete sich das Blatt im Frühjahr 1969 in einer Weise, die NSU sehr zugute kommen sollte:

Der Wankel-Lizenznehmer Daimler-Benz (bereits seit 1961 Wankel-Lizenz für alle Ottomotoren ab 50 PS und seit 1964 erweitert auch für Dieselaggregate aller Anwendungsgebiete) präsentierte zu diesem Zeitpunkt den mit Kreiskolbenmotor (Dreischeibenaggregat[160]) ausgerüsteten Prototypen C 111, der zwischen Sport- und Rennwagen angesiedelt sein sollte (Abb. 22).

---

157 Man mag in der Retrospektive diese Bemühungen durchaus wertschätzen – aber dennoch bleibt unmissverständlich festzuhalten, dass solche technischen Optimierungsmaßnahmen unbedingt vor Aufnahme der Serienfertigung hätten vorgenommen werden müssen anstatt den Motor ‚frühreif' auf den Markt zu lassen.
158 Relevant sind dabei v.a. die Bestände unter den Klassifikationen 109 und 110.
159 Dies erfolgte Daimler-Benz-intern in dem Publikationsorgan „Scheinwerfer" (=Mitteilungen der Verkaufsorganisation der Daimler-Benz AG, Ausgabe 8/1968); hierin fand sich die mit einer gewissen Schadenfreude verbundene Thematisierung der technischen Komplikationen des NSU Ro 80-Wankel-Motors.
160 Quasi drei ineinander geschaltete und als Mittelmotor eingebaute Wankelantriebe (drei Läufer), womit eine extrem hohe Leistung, anfangs 280 PS mit einer Höchstgeschwindigkeit von über 260 km/h, erzielt werden konnte. Die Leistung des Motors wurde später noch weiter gesteigert.

Abb. 22: Mercedes-Benz C111 – imagewirksames Versuchsfahrzeug
mit Wankel-Motor (Quelle: Korp, 1989, S. 92)

Der Vorstellung des Prototypen C 111 war seit 1967 eine intensive Zuarbeit von Felix Wankels TES in Lindau für die Daimler-Benz AG vorausgegangen: Auf Seiten von Daimler-Benz hatte es Wolf-Dieter Bensinger, den ja mit Wankel seit den 1930er Jahren eine intensive persönliche Beziehung verband (s. auch Kap. 4.2.2), trotz gewisser Widerstände der ‚hubkolbenorientierten' Ingenieursmehrheit in diesem Hause durchsetzen können, Zwei- bis Vier-Scheiben-Wankel-Motoren für eine eventuell spätere Serienfertigung zu konzipieren und optimieren zu lassen.

Nach Angabe von Dankwart Eiermann, technischer Leiter und Wankels ‚rechte Hand' in Lindau, wurden ab 1967 mehr als 40 % des TES-Haushaltes allein über die Auftragsarbeit für Daimler-Benz finanziert. Die Verantwortlichkeiten und Kompetenzzuordnungen in dieser Kooperation beschrieb Eiermann im Gespräch mit dem Verfasser wie folgt, wobei aus den Äußerungen dieses Zeitzeugen eine Vernetzung[161] zwischen mehreren der damals in der Wankel-Motoren-Entwicklung tätigen Unternehmen durchaus ersichtlich wird:

---

[161] Für solch eine zumindest zum Ende der 1960er Jahre bestehende Vernetzung der am Wankel-Motor und seinen Entwicklungspotenzialen interessierten Unternehmen bzw. Lizenznehmer spricht auch die 1968 in Hiroshima abgehaltene Wankel-Konferenz. An der noch von großem Optimismus hinsichtlich der Zukunftsfähigkeit des Motors geprägten Konferenz nahm gleichsam ‚alles mit Rang und Namen' teil, darunter Daimler-Benz, Rolls Royce, Toyo Kogyo bzw. Mazda, Nissan, Toyota. Die Niederschrift der auf der Konferenz gehaltenen Referate hatte „die Abmessung und das Gewicht eines Großstadt-Telefonbuches" (Froede, 1974b, S. 82). Als großer Vorteil der Konferenz stellte sich nach Einschätzung von Henn (1974c, S. 82) dar, dass die ja bereits vorhandenen engen Kontakte von Technikern und Entwicklern der verschiedenen Unternehmen im Bereich der Kreiskolbenmotoren weiter vertieft werden konnten.

„Wir haben immer die Grundmotorik bekommen von Daimler und dann Änderungen selbst vorgenommen, was notwendig war, und haben auch eigene Messtechniken eingebracht. Zum Beispiel wurde untersucht, wie sich ein Ölfilm im Läufer verteilt zur Kühlung. Es wurde ein gläserner Motor gebaut mit Plexiglasläufer mit gefärbtem Öl und Hochgeschwindigkeitskamera – 10.000 Bilder pro Sekunde – womit man dann sehen konnte, was im Motor überhaupt passiert; also richtige Grundsatzuntersuchungen, die dann sehr viel Erkenntnis gebracht haben für die Konstruktion des Motors. Und diese ganzen Dinge sind eingeflossen in die damaligen Daimlermotoren, also C 111. Aber auch in die anderen Entwicklungen, es gab damals noch einen regen Informationsaustausch zwischen den ganzen Lizenznehmern, die weltweit verteilt waren" (Eiermann, 2003, Interview).

Die Fachzeitschrift ‚Auto Motor und Sport' betitelte in ihrer Ausgabe vom 12. April 1969 den Prototypen C 111 als „Wankel mit Stern" und sprach von der interessantesten Auto-Nachricht des Jahres (zit. gemäß Popplow, 2003, S. 86). Zwar wurde von Daimler-Benz auf der einen Seite darauf hingewiesen, dass an eine Serienfertigung des C 111 bis auf Weiteres nicht gedacht sei, doch platzierte man andererseits im Laufe des Jahres 1969 ganzseitige Anzeigen in gängigen Automobilzeitschriften, in denen die technische Innovationsfähigkeit des Unternehmens auf den besagten Prototypen bezogen wurde:

„Wir gehen einer vielversprechenden Autozukunft entgegen. Dafür haben unsere Konstrukteure gesorgt. Sie haben experimentiert. Mit Ideen und Phantasie. Das Ergebnis ist der Mercedes-Benz C 111. (So heißt dieses Versuchsfahrzeug bei uns im Werk. An eine endgültige Modellbezeichnung ist noch nicht zu denken.)
Der C 111 hat das Zeug zu einem Auto, wie es noch keines gegeben hat. Fast zu phantastisch. Deshalb bleibt es vorerst ein Versuchsfahrzeug. Es ist absolut unmöglich zu sagen, wann seine Ideen serienreif sein werden.
Bleiben wir deshalb bei der vielversprechenden Gegenwart. Bei unseren bisher besten Autoideen, deren technische Gesamtleistung noch in keinem einzigen Fall übertroffen worden ist. Auch von uns noch nicht" (Passage aus einer Anzeige in ‚Auto Motor und Sport' vom 27. Sept. 1969; zit. nach Popplow, 2003, S. 172).

Durch die Verwendung des Wankel-Motors im ‚Sportwagen der Zukunft' wie dem Mercedes C 111 kam es nicht nur zu einem beträchtlichen Imagegewinn des alternativen Antriebskonzeptes, sondern es konnte mit diesem Drei-Scheiben-Aggregat auch ein überzeugender Beweis für die mechanische Haltbarkeit von Wankel-Motoren erbracht werden: Die Motoren erwiesen sich als dermaßen verschleißfest, dass ohne Weiteres eine Laufleistung von 500.000 km möglich war.

Dies galt erst recht für den Anfang der 1970er Jahre in den C 111-Prototypen eingebauten Vier-Scheiben-Wankel-Motor mit über 300 PS Leistung. Erreicht wurde diese Verschleißfestigkeit in den C 111-Motoren durch die erstmalige Verwendung von Keramikdichtteilen. Diese hatten allerdings den Nachteil eines sehr hohen Anschaffungspreises von DM 100,– bis DM 150,– pro Stück (Bedarf beim C 111: 3 Stück pro Läufer, also 3 mal 3 Stück im Falle des Drei-Scheiben-Motors oder 4 mal 3 Stück für den Vier-Scheiben-Motor und damit Kosten von DM 900,– bis max. DM 1800,– allein für die diesbezüglichen Keramikdichtteile pro Fahrzeug!) (Eiermann, 2003, pers. Mitteil.).

Natürlich spielte dieser Kostenfaktor für die C 111-Prototypen keine Rolle und wäre vermutlich auch bei einer Serienproduktion des ohnehin hochpreisigen Fahrzeuges nicht wirklich ins Gewicht gefallen. Bei der Serienproduktion niedrigpreisigerer Wankel-Fahrzeuge hätte sich die Frage nach der Nutzung derart teurer Materialien natürlich ganz anders dargestellt.

Der Erfinder des modernen Kreiskolbenmotors, Felix Wankel, sah in dieser Phase – Anfang der 1970er Jahre – seinen Motor im Hause Daimler-Benz auf dem richtigen, also ‚ebenbürtigen' Wege:

> „(...) dann kamen die Vierscheiber. Wankel war natürlich happy. Hat gesagt: *Das* ist die Technik. Daimler war natürlich die große Sache. Dann durfte er C 111 mitfahren. Dann haben sie ihn herumgefahren durch die Steilwand [Teil der Mercedes-Teststrecken; d. Verf.]. Da war er happy, der Felix. Er fand eigentlich, die Technik, die der Bensinger gemacht hat, *das* ist die richtige, und die anderen, das sind so Krampen. Das hat ihm nicht so gepasst" (Eiermann 2003, Interview).[162]

Die fruchtbare Zusammenarbeit zwischen der TES Lindau und der Daimler-Benz AG im Bereich der Wankel-Motorenentwicklung deckte sich über weite Strecken mit jener Phase, in der Felix Wankel aufgrund der Folgen eines am 26. Juli 1966 erlittenen Verkehrsunfalles[163] in Lindau häufiger abwesend war.

Die unfallbedingten Beeinträchtigungen, die aus inneren Verletzungen und einem Schädeltrauma herrührten, wurden von dem begutachtenden Arzt Prof. Max Kaess vom Klinikum rechts der Isar der TU München auf 20 % Erwerbsminderung bis einschließlich des dritten Unfalljahres und darüber hinaus auf irreparable 10 % geschätzt. Bei Wankels Ehefrau, die ebenfalls im chauffierten Unfallfahrzeug saß und u.a. Kopfverletzungen davontrug, wurde eine dauerhafte Erwerbsminderung von 20 % festgestellt.

---

[162] Ressentiments Wankels gegen die „Krampenfirma" NSU reichen mithin bis weit in die 1960er Jahre zurück. Nach Erinnerungen Walter Froedes (1974a, S. 39) hatte Wankel wegen dieser Nörgeleien gegen NSU auch mehrfach Auseinandersetzungen mit seinem langjährigen Konstruktionsmitarbeiter Ernst Höppner (zu dessen Person siehe auch Kap. 4.2.3, 4.3.2.2). Dieser habe Wankel dann in der Phase noch vor der Ro 80-Markteinführung einmal entgegnet: „Seien Sie doch ehrlich, Herr Wankel, wenn NSU Ihre Vorschläge nicht aufgegriffen und realisiert hätte, dann säßen Sie heute noch da und würden Ihre Trudelmühlen aus Papier mit der Hand drehen."

[163] Unverschuldeter Zusammenstoß von Wankels durch einen Chauffeur gelenkten Wagen mit einem Lastwagen in München.

Felix Wankel musste sich aufgrund der Unfallfolgen in den Jahren von 1966 bis 1970 wiederholt fachärztlichen Behandlungen unterziehen und verbrachte überdies 1971 nach einer Gallen-, Bauchspeicheldrüsen- und Milzoperation mehrere Wochen in stationärer Therapie.[164]

Aus den Archivmaterialien und den Gesprächen mit Zeitzeugen ließen sich letztlich aber keine hinreichenden Belege für die unter Kap. 4.1 aufgeworfene Annahme finden, wonach die Kooperation von TES und Daimler-Benz eben deshalb so konstruktiv war, weil Wankel im fraglichen Zeitraum die Arbeiten vor Ort weniger stören konnte, etwa durch seine Individualprojekte und eigene, exzentrisch anmutende Entwicklungsarbeiten (s. hierzu insb. Kap. 5.3).[165]

Nach Aussage des hier unmittelbar involvierten Zeitzeugen Eiermann war es vielmehr so, dass der Daimler-Benz-Koordinator für die Kooperation, Bensinger, mit Wankel trotz all dessen Eigenheiten und manchmal überbordenden Sonderwünschen im Endeffekt doch ohne substanzielle ‚Reibungsverluste' interagieren konnte: „Der Bensinger hat es verstanden. Der kam zum Wankel und, wenn der Wankel irgendwas gemotzt hat, ging er. Er hat gewusst, wie er den nehmen muss und hat gesagt: Wir [TES im Verbund mit Daimler-Benz; d. Verf.] machen das schon richtig. (...) So hat der den ganz gut im Griff gehabt" (Eiermann, 2003, Interview).

Ein gewisses Zerwürfnis zwischen Felix Wankel und Daimler-Benz resultierte am Anfang der 1970er Jahre letztlich aber doch, als „die Weiterentwicklung des Versuchs- und Demonstrations-Boliden C 111 zwar den Einbau eines Vierscheiben- statt des bisherigen Dreischeibenmotors, aber noch keine Produktionsabsichten des Stuttgarter Werkes zum Ausdruck brachte" (o.V., 1971a, S. 202). Eiermann berichtet, dass Wankel darauf bestand, dann wenigstens einen Vierscheibenmotor mit Billigung von Daimler-Benz in das von ihm bereits in den 1940er Jahren konzipierte und später modifizierte Rennboot Zisch (s. Kap. 4.2.3, 4.3.2.3) einzubauen, um damit Versuchsfahrten auf dem Bodensee durchzuführen.

Damit habe sich Wankel aber nicht zufrieden gegeben, denn er habe ‚seinen' Motor endlich in einem gebrauchstüchtigen Mercedes sehen wollen. Daraufhin wurde nach Angabe Eiermanns der für das Motorboot vorgesehene Wankel-Motor aus Stuttgart geholt, umgebaut und in eines von Wankels Privatfahrzeugen, einen Mercedes 350 SL, eingebaut, womit man sich wiederum bei Daimler-Benz überhaupt nicht einverstanden zeigte:

---

164 Unfallakten (Einzelstücke) im Felix-Wankel-Archiv des Landesmuseums für Technik und Arbeit Mannheim, Inventarnummern 0077-1174, -1425 und –0845.
165 Es soll hier keinesfalls der Eindruck entstehen, Wankel habe Ende der 1960er bzw. Anfang der 1970er Jahre für die Entwicklungsarbeiten im Bereich des von ihm konzipierten Motors keine nennenswerte Rolle mehr gespielt. Fakt ist laut der durchgeführten Recherchen vielmehr, dass gerade wegen seiner Innovationsfreudigkeit und auf Grundlage seiner Konstruktionsideen in diesem Zeitraum in der TES weitere Entwicklungen realisiert werden konnten, darunter Rotationskolbenkompressoren und entsprechende Turbolader für japanische Industrieabnehmer (Eiermann, 2003, pers. Mitteil.).

„Dann haben wir den [Vier-Scheiben-Wankel-Motor; d. Verf.] umgebaut, einen entsprechenden Flansch gemacht, dass er an das Getriebe passt. (...) Und das Auto ging bei 200 erst richtig los. Da konnten wir an den anderen SL vorbeifahren. Das Auto war nur kritisch, wenn es nass war und man gibt Gas, haben gleich die Räder durchgedreht. Dann hat man gleich das Sperrdifferenzial durchgedreht, weil das die Drehmomente nicht ausgehalten hat. Der hat damals 40-45 Newtonmeter gehabt. Das war für die damalige Zeit einen ganze Menge. Ich habe dann eine Begrenzung rein gemacht bei 7½, weil es sonst Wellenbiegungen gibt und so. Wir wollten ihn ja nicht kaputt machen. Und wie der Daimler das erfahren hatte, dass wir den Motor umgebaut haben, gab es einen Riesenkrach. Dann kam sofort ein hässlicher Brief und Schriftwechsel: Sie würden alles einstellen und so. Und wenn sie noch einmal so etwas erleben, dann würden sie den Kontakt zu uns abbrechen. Die Briefe habe ich noch" (Eiermann, 2003, Interview).

Selbstverständlich war die seitens Daimler-Benz gezeigte Reaktion nachvollziehbar, denn kaum ein Lizenznehmer hätte es wohl toleriert, wenn ohne vorherige Abstimmung ein überlassenes Produkt umgebaut und in der geschilderten Weise zu einem anderen als dem ursprünglich vereinbarten Verwendungszweck genutzt worden wäre. Wankel freilich scherte sich letztlich nicht um die Reaktionen aus der Stuttgarter Konzernzentrale und ließ sich weiterhin in dem besagten SL chauffieren (Abb. 23).

Abb. 23: Felix Wankel mit Vierscheiben-Mercedes SL (1974)[166]

Wankel schien sich Anfang der 1970er Jahre nicht nur in einem Zwiespalt zwischen NSU und Daimler-Benz, sondern häufiger in einer generell ambivalenten Stimmungslage hinsichtlich des von ihm konzipierten Motors befunden zu haben.

---

166 Quelle: Dem Verf. von Dipl.-Ing. Eiermann, Weißensberg, zur Kopie überlassene Fotografie

Von zwei Zeitzeugen wird überzeugend berichtet, dass er in dieser Zeit mit Bezug auf die weitere Entwicklung und Vermarktung des Wankel-Motors im Automobilsektor immer öfter sinngemäß ausführte: „Ich habe meine Arbeit getan, jetzt ist die Industrie dran"[167] (s. zu ähnlichen, aus den 1960er Jahren berichteten Äußerungen auch Kap. 5.3).

Kongruent mit derartigen Schilderungen ist die Tatsache, dass er 1971 in Verkaufsverhandlungen mit der britischen Lonrho plc (London and Rhodesian Group) eintrat. Im Jahre 1972 war diese Transaktion beendet – die gesamte Wankel GmbH mit ihren Ansprüchen auf Lizenzbeteiligungen und technischem Know-how ging für den stolzen Preis von rund 100 Mio. DM an die Briten. Offenkundig hatte hier Wankel auch dem Rat seines kaufmännisch geschickten Partners Hutzenlaub (s. Kap. 4.4.2) Gehör geschenkt, wenige Jahre später – der Wankel-Motor sollte im Gefolge der sog. Ölkrise an Stellenwert einbüßen – wäre jedenfalls solch eine Summe kaum erzielbar gewesen.

Das gesamte Team der Wankel GmbH glaubte im Jahre 1972 noch, Lonrho-Chef Tiny Rowland[168] werde mit seinen finanziellen Möglichkeiten der Wankel-Motoren-Entwicklung einen regelrechten „Schub" geben. Allerdings sollte das Gegenteil in den Folgejahren der Fall sein, wobei sich für die bereits von Knie (1994, S. 144) aufgegriffene Position, bei der Lonrho-Gruppe habe es sich um ein eher zwielichtiges Gebilde gehandelt, weitere Indizien auffinden ließen (siehe dazu Abschnitt 7).

Eine gewisse Frustration hinsichtlich der Entwicklungsperspektiven des Wankel-Motors in der Automobilindustrie, namentlich bei NSU und Daimler-Benz, mag man auch darin erkennen, dass sich dessen Erfinder seit Ende der 1960er Jahre immer stärker der Konstruktion von Sport- und Rennbooten zuwandte.[169] In einer Denkschrift mit dem Titel „Die Meere als Autobahn" hatte er bereits im August 1969 seine visionär anmutenden Überlegungen zu individuellen Personenverkehrsströmen mit Hochgeschwindigkeitsbooten auf den Wasserstraßen der Ozeane dargelegt. Derartige Vorstellungen fanden allerdings eher wenig Anklang bzw. stießen bei manchen ausländischen Besuchern auch auf Irritationen. Als kennzeichnend für solch eine Reaktion seien hier die Einlassungen aus einem Beitrag mit dem Titel „The Unsinkable Herr Wankel and His Boat" von Jan P. Norbye[170] aus ‚Ward's Wankel Report' Nr. 2 vom 26. Januar 1973 wiedergegeben:

---

167 Pers. Mitteil. (Eiermann, 2003; v. Manteuffel, 2004).
168 Rowland, gebürtiger Hamburger, hatte sich ein undurchsichtiges Geflecht verschiedener Firmen, vor allem afrikanische Kohle- und Diamantenförderer, geschmiedet. Eine differenzierte Beschreibung dieses Typus ‚Selfmademan', versehen mit detaillierten Informationen zu Rowlands Werdegang, findet sich bei Wotschke (1995).
169 Die Wurzeln dieses Interesses reichten bis in die Zeit vor und während des Zweiten Weltkrieges zurück (s. Kap. 4.2.3).
170 Der Autor Norbye galt in den 1960er und 1970er Jahren als ausgewiesener Kenner der Wankel-Technik, der neben einer Monographie zum Wankel-Motor entsprechende Beiträge in vielen Fachzeitschriften publizierte und dabei grundsätzlich eine ‚Pro-Wankel-Haltung' einnahm (vgl. etwa Norbye, 1966; Norbye, 1973).

„Just as many of Herr Wankel's ideas, of which he has a piethora, seemed unrealistic even to men like Dr. Walter Froede of NSU (...) who finally accepted his rotary principle as a primary internal combustion mobile power source, the inventor's goals for his boat are hard for Americans to take seriously. A waterborn craft running at passenger car speed with comparable economy, capacity, plus ocean going capability" (Norbye; zit. nach Wilmers und Riethmüller, 1978, S. 100).

6.1.2 Versuche der Anwendung des Wankel-Prinzips auf Diesel-Motoren

Zu den Lizenznehmern der Wankel-Technik gehörten in den 1960er Jahren auch die vier im Bereich von Diesel-Motoren führenden Unternehmen MAN, KHD (Klöckner-Humboldt-Deutz), Fried. Krupp sowie Daimler-Benz (Schwermaschinenabteilung, Lastwagen). Gemäß der Interpretation von Knie (1994, S. 139 ff.) organisierten sich diese Dieselmotorenhersteller in eigener Regie, um die Forschungsprogramme untereinander zu koordinieren. Bei keinem der im „Vierer-Ring" (teils auch als „Diesel-Ring" bezeichnet) organisierten Hersteller habe auf der Leitungsebene ein nennenswertes Interesse an einer neuen Antriebstechnik vorgelegen, „die Dieselmotoren waren in den verschiedenen industriellen Verwendungskontexten eingeführt und innerhalb der gesamten Branche bestens abgesichert, während sich in den einzelnen Teams durchaus engagierte Ingenieure und Techniker um den Erfolg mühten".

Tatsächlich beendete dieser Ring im Jahre 1969 die Entwicklungsarbeiten am Wankel-Motor, wobei als Begründung vorgebracht wurde, dass die Versuchsläufe keine befriedigenden Ergebnisse erbracht hätten; der langgestreckte, konvexe Brennraum im Wankel-Motor erlaubte demgemäß letztlich nicht jene hohen Verdichtungsgrade des Kraftstoffes, die für herkömmliche Dieselmotoren auf Hubkolbenbasis möglich waren. Ob allerdings die Auffassung Knies angemessen ist, den im Diesel-Ring zusammengeschlossenen Firmen sei es ohnehin nur um die Bestätigung gegangen, dass der Wankel-Motor für Dieselantriebe keine brauchbaren Entwicklungsperspektiven biete, ist doch kritisch zu hinterfragen: Wie der Autor selbst anmerkt, bemühte sich ja ab 1965 ein nicht im deutschen Diesel-Ring organisiertes Unternehmen, nämlich die traditionsreiche britische Rolls Royce Gruppe, um ein dieselgerechtes Kreiskolbenaggregat, „bei dem die für das Dieselverfahren notwendige hohe Verdichtung in einer separaten Kammer erzeugt wurde" (Knie, 1994, S. 140).

Dass sich gegenüber einer derartigen technischen Lösung und gegenüber dem Wankel-Motor in Gänze der deutsche Dieselring skeptisch zeigte, sei unbenommen.[171] Worauf Knie allerdings nicht weiter eingeht, ist die Tatsache, dass auch

---
171 Deutungsmuster in der Art einer Konspiration gegen den Wankel-Motor seitens des Diesel-Ringes erhielten natürlich auch dadurch Nahrung, dass nicht einmal NSU als Lizenzgeber an dessen Treffen teilnehmen durfte; vgl. Froede (1974b), S. 89.

Rolls Royce im Endeffekt zu keinen anderen technischen Schlussfolgerungen als der Diesel-Ring gelangte.

Dipl.-Ing. v. Manteuffel, der ja als NSU-Vertreter seinerzeit mit den verschiedenen Lizenznehmern in intensivem Austausch stand und ein ureigenstes Interesse an einer möglichst vorteilhaften Außendarstellung des Wankel-Motors und seiner Anwendungsfelder haben musste, schilderte dies wie folgt: Einen „Diesel zu machen", sei „eine doppelt so schwere Aufgabe wie ein Hubkolben" („Wenn man einen üblichen Automotor nicht kann, dann kann man einen Diesel erst recht nicht. Die Probleme sind da viel schwieriger"). Entscheidend im Motorenbau sei die Lösung der Wärmeabfuhr („Sie müssen die Wärmung raus bringen, das muss durch Kolben hindurch, das Öl, vom Brennraum raus ins Wasser. Aber je kompakter und verdichteter der Motor, desto schwieriger wird es, die Wärmung weg zu bringen"). Die Wärmeabfuhr sei jedoch das letztlich – wie vom deutschen Diesel-Ring unterstellt – nicht sauber lösbare Kardinalproblem bei einer Anwendung des Wankel-Prinzips auf einen Diesel-Motor:

> „Bei hohem Druck steigt die Wärme an. Ein normaler Verbrennungsmotor, wenn er klingelt oder klopft, dann geht er nicht an dem Geräusch zu Grunde. Und auch nicht an den Schlägen von der Verbrennung, die man hört als Klingeln. Sondern, die Wärme, die Wärmedurchgangswerte, steigen durch das Klingeln. Und er überhitzt sofort. In diesem Zustand bringt er die Wärme nicht mehr weg. Und genau da muss man um den Diesel Angst haben. Deshalb hat Rolls Royce einen zweistufigen Diesel gemacht. Wenn Sie die Brennraumform eins zu zwanzigfach verdichten wollen, da bleibt überhaupt kein Brennraum mehr über. Die Form wird immer ungünstiger. Deshalb haben sie es [Dieselkraftstoff; d. Verf.] vorverdichtet. Dann haben sie es oben in die zweite Einheit geschoben. Dann fand dort die Verbrennung statt. (...) Was hat Rolls Royce reingesteckt in seinen Zwei-Stufen-Diesel. Das sind ja riesige Teile, die zusammengebaut wurden, dieses zwei-stufige Teil. Da kostete jeder Versuchsmotor ein Vermögen. Das Ganze war aber ein technischer Fehlschlag und dann haben die auch noch die Rattermarken produziert. Das muss man mit der Technologie machen, die existiert. Nachdem die Rattermarkengeschichte behoben ist".[172]

Ein Erklärungsmuster, wonach ganz wesentlich das Motiv der Sicherung etablierter ‚Pfründe' die mit der herkömmlichen Technik (hier Hubkolbenmotor) vertrauten Entscheidungsträger der deutschen Dieselmotorenhersteller dazu bewegt habe, einer neu- bzw. andersartigen Technik wie dem Wankel-Motor von vornherein die Entwicklungsmöglichkeiten nehmen zu wollen, trägt angesichts dieser Sachlage im Falle ‚Wankel-Diesel' nicht wirklich. Soziale Geflechte, Machtinteressen und Meinungen, ja selbst Vorbehalte und Vorurteile dürften insofern für die

---

172 Auf Nachfrage präzisierte v. Manteuffel, dass nach seiner Meinung hier der zweite vor dem ersten Schritt erfolgte: Zunächst einmal hätte man die mechanischen Probleme beim benzingetriebenen Wankel-Motor durchgreifend lösen müssen, mit einem Diesel „vorzupreschen" sei strategisch falsch gewesen.

Nichtrealisierung weiterer Forschungsarbeiten zu einem Wankel-Diesel zwar mit beigetragen haben, es bleibt aber dennoch ein Faktum, dass hier primär die ausgeprägte Inkongruenz zwischen dem Anspruch an einen funktionstüchtigen Motor und den technischen Lösungsmöglichkeiten ausschlaggebend war.[173]

Die Reaktion Felix Wankels im Hinblick auf die Verwerfung des KKM-Prinzips für Anwendungen im Diesel-Bereich war im Übrigen bezeichnend ausgefallen: Der Erfinder mochte sich mit der technischen Bewertung der Sachlage seitens des Diesel-Ringes nicht zufrieden geben und veranlasste weitergehende Forschungen in Lindau. Hierbei konnte 1969 ein KKM-Prinzip entwickelt werden, bei dem der Innenläufer eher quadratisch und das Gehäuse nahezu dreiecksartig gehalten waren. Diese Bauweise eignete sich für den Betrieb mit Dieselkraftstoff, allerdings nur unter der Maßgabe einer (im Endeffekt aufwändigeren) Fremdzündung. Mit dem Nachweis eines solchermaßen funktionstüchtigen Modells ließ es Wankel dann jedoch bewenden, eingehende Untersuchungen der technischen Haltbarkeit, Wirtschaftlichkeit und Laufleistungen des Aggregates unterblieben. Vielmehr ‚begnügte' sich Wankel mit der Feststellung, man habe ja ein Prinzip gefunden, auf dem dann doch bitte die Industrie aufbauen möge (was in der Folge nicht geschehen sollte). Der Erfinder verfolgte insofern nicht mehr zielgerichtet die Realisierung seines eigenen Produktes.[174]

6.2 Unternehmerisch-organisatorische Umbrüche für die deutsche Wankel-Technik: Die Integration von NSU in den VW-Konzern

In seiner wechselvollen Geschichte hatte das 1873 gegründete Unternehmen NSU mehrfach Krisensituationen zu bewältigen gehabt. Ende der 1960er Jahre lag wiederum eine krisenhafte Umbruchkonstellation für die Firma vor: Zwar war NSU in den Jahren davor kontinuierlich gewachsen, hatte 1968 mehr als eine halbe Mrd. DM Umsatz generiert und die Rekordzahl von 127.610 Autos produziert, doch als nach wie vor überwiegend im Kleinwagensegment positioniertes Unternehmen waren die Umsatzrenditen völlig unbefriedigend.

Um das Unternehmensprofil mit größeren und auch renditeträchtigeren Modellen zu stärken, wurde dringend Kapital benötigt. Eine Kapitalaufnahme über den Markt für Unternehmensanleihen oder das ‚Anzapfen' der Aktionäre

---

[173] In diesem Zusammenhang sei darauf verwiesen, dass Dipl.-Ing. Eiermann im Rahmen seiner Konstruktionsarbeiten für die Cottbuser Wankel Super Tec GmbH (s. dazu auch Kap. 1) einen Wankel-Diesel fokussiert, der nicht für den Schwereinsatz gedacht ist und daher thermisch weniger belastet wäre; das sich gleichwohl stellende Problem der ungünstigen Brennraumform soll durch spezielle Einspritzverfahren gelöst werden. Inwieweit diese intensiven Konstruktionsarbeiten fruchtbare Ergebnisse erbringen, ist derzeit noch nicht ganz absehbar.

[174] Dieser Sachverhalt in Bezug auf die Arbeiten zu einem Wankel-Diesel in Lindau und insbesondere zur Reaktionsweise Wankels wurden dem Verf. von Dipl.-Ing. Eiermann auf nochmalige persönl. Nachfrage im April 2005 geschildert.

über Kapitalerhöhungen hätte auch wirtschaftlich fragwürdige Folgen haben können (etwa den sog. Verwässerungseffekt hinsichtlich des Wertes der von den Altaktionären gehaltenen Anteile, zudem wäre nicht sichergestellt gewesen, ob das erzielbare Kapitalvolumen für den notwendigen Wandel wirklich ausgereicht hätte). Insofern drängte der größte Anteilseigner von NSU, die Dresdner Bank, auf eine Fusion[175] (Korp, 1993, S. 128).

Dass die Dresdner Bank dabei ein Zusammengehen von NSU mit VW favorisierte, mag zum einen auf die engen Kontakte des zugleich den Vorsitz im NSU- wie auch einen Sitz im VW-Aufsichtsrat inne habenden Dr. Hermann Richter mit VW-Vorstand Dr. Kurt Lotz (seit 1968) zurückzuführen sein. Zum anderen benötigte VW Ende der 1960er Jahre dringend eine ‚Frischzellenkur', da das Unternehmen völlig auf seine luftgekühlten Hubkolbenboxermotoren und hierbei insbesondere auf den Hecktriebler ‚Käfer' fokussiert war.

Damit wies der VW-Konzern eine zu NSU diametral entgegengesetzte Orientierung auf: NSU war mit dem innovativen, aber technisch ja nicht ausgereiften Wankel-Motor gleichsam auf den Markt gepresst. VW hingegen führte in der ‚Ära' Nordhoff (1948-1968)[176] die robusten luftgekühlten Hecktriebler zu einer überdurchschnittlich hohen Zuverlässigkeit und Wartungsfreundlichkeit, ohne dabei jedoch hinsichtlich einer ‚Zeit danach' tragfähige Konzepte zu entwickeln.

Seitens der VW-Führung wurde realisiert, dass eine Beibehaltung dieser Ausrichtung auf den überkommenen Motor- bzw. Antriebstypus die Zukunftsfähigkeit des Unternehmens ernsthaft in Frage stellen konnte. Gleichwohl wurde noch im August 1968 als Erweiterung der Modellpalette in den Mittelklassebereich der luftgekühlte Hecktriebler VW 411 auf den Markt gebracht und erwies sich in der Folge als schwer verkäuflich – eine gewisse Parallele zeigte sich hierbei zum NSU Ro 80 mit Wankel-Motor, da auch beim 411 der Kraftstoffdurst von 13 Litern auf 100 km und mehr auf Kritik stieß.[177]

---

175 Hierbei darf allerdings nicht übersehen werden, dass die NSU-Führung – hier Finanzchef Baumann – bereits 1965 als Langfristplanung das Aufgehen in einem größeren Unternehmen anstrebte: „(...) bis spätestens 1975 müssen wir unter die Haube gekommen sein" (Aussage Baumanns nach Erinnerung von NSU-Chef v. Heydekampf; zit. gemäß Krauss-Weysser, 1980, S. 204). Auch die Entwicklung des später von VW in Serie gebrachten ‚K 70', eines konventionellen und wassergekühlten Fronttrieblers der Mittelklasse (1,6 l, 75 PS), ist in diesem Kontext zu betrachten; dieses Fahrzeug sollte einerseits einen Beitrag zur Überwindung des margenschwachen Kleinwagengeschäfts von NSU darstellen, andererseits aber auch eine Art von ‚Mitgift' für eine Fusion spielen (Korp, 1993, S. 182).Tatsächlich wurde es im September 1970 als VW K 70 eingeführt, jedoch ohne Verkaufserfolg, was vermutlich daran gelegen haben dürfte, dass die potenziellen Käufer das Fahrzeug nicht als ‚echten' Volkswagen wahrnahmen und sich insofern zurückhielten.
176 Heinrich Nordhoff (1899-1968), der vor und während des Zweiten Weltkrieges seine Erfahrungen als Führungskraft bei General Motors bzw. Opel sammelte, hatte es nach 1948 – nicht zuletzt durch den Einsatz moderner amerikanischer Methoden der Betriebsführung und progressiver Produktionsverfahren – vermocht, VW zum umsatzstärksten Automobilhersteller Europas zu formen. Seit Mitte der 1960er Jahre wurden allerdings erste Stimmen laut, die ihm einen Mangel an Flexibilität und an Innovationsfähigkeit vorwarfen; vgl. Edelmann (2003), S. 289 f.
177 Verbrauchsangaben nach Reuter (2004).

Wenn in der Literatur mit Bezug auf diese Phase Mitte bis Ende der 1960er Jahre von VW als Autobauer mit perspektivloser Monokultur gesprochen wird, für den die Integration von NSU gleichsam einen Kreativitätsschub bedeuten sollte (Knoblauch, 2003, S. 3; Korp, 1997, o.S.; Schneider, 1985, S. 242), so erscheint eine solche Wertung durchaus nicht übertrieben. Kongruent mit dieser Wertung, umriss auch Dipl.-Ing. v. Manteuffel die damaligen, nach Reformen verlangenden Bedingungen bei VW:

„Ich sage mal, der Frontantrieb lag Ende sechzig bei VW ohnehin in der Luft. Wenn es nicht der K 70 gewesen wäre, dieses Kuckucksei, was ihnen NSU ins Nest gelegt hatte [siehe hierzu Fn. 174; d. Verf.], welches sie dann in Kassel gebaut haben, glaube ich, was zum ersten Mal ein anständiges Auto war, welches einen Kofferraum und Platz innen hatte, dann hätten sie auf einem anderen Wege auch zum Frontantrieb kommen müssen. Allein schon wegen des Käfers. Wenn sie den Käfer mit dem NSU 1200er ersetzt hätten, hätten sie einen vernünftigen Kofferraum erstmals in ihrem Leben in einem Volksauto gehabt. Der NSU 1200er hatte zwar auch Heckantrieb. Aber das war ein schickes Auto. Hinten ein sehr übersichtlicher Motor. Da war lauter Luft drum herum. Man konnte da durchsehen. Nicht so zugebaut wie heute. Und vorne einen schönen Kofferraum. Da lief der Käfer noch, und lief. Das war wirklich ziemlich trostlos, dass die in Wolfsburg wegen des Erfolges des Käfers so lange nichts gemacht haben. Oder dann fast schon zu spät etwas gemacht haben" (v. Manteuffel, 2004, Interview).

Es darf als Faktum gelten, dass man beim NSU-Anteilseigner Dresdner Bank eine Fusion von NSU mit dem Volkswagenkonzern favorisierte und andere mögliche Fusionspartner, etwa Citroen, nicht gern gesehen hätte (vgl. etwa Knie, 1994, S. 141 f.; vgl. ferner die Lebenserinnerungen von Lotz, 1978, S. 120 ff.). Die Annahme, VW habe in der Umbruchphase Ende der 1960er Jahre von vornherein dem NSU-Wankel-Motor zugunsten der Konzentration auf herkömmliche wassergekühlte Motoren die nötige Beachtung verweigert und ein Zusammengehen insbesondere mit der bereits im Wankel-Motorensegment tätigen Firma Citroen[178] sei möglicherweise die für die Weiterentwicklung des Wankel-Motors interessantere Alternative gewesen, ist sicherlich nicht von der Hand zu weisen. Auch ist es unstrittig, dass es sich bei Citroen zum fraglichen Zeitpunkt um ein äußerst innovationsfähiges und kreatives Unternehmen handelte (Stichworte: Federung, ungewöhnliches Design), wenngleich es – wie beispielsweise auch Knie (1994, S. 142) einräumt – durch eher chaotische Strukturen in kaufmännisch-wirtschaftlicher Hinsicht geprägt war.

---

178 In der Dauerausstellung ‚Autovision' in Altlußheim finden sich entsprechende Citroen-Exponate mit Wankel-Motor. Citroen versuchte nach Aufgabe der Wankel-Technik möglichst alle diese Fahrzeuge zurückzukaufen, um sich der Pflicht für eine kostspielige Ersatzteilversorgung zu entledigen (pers. Mitteilung von Schulz, dem Ausstellungsleiter, an den Verf. im Juli 2004).

Fraglich ist allerdings, inwieweit das Zusammengehen ausgerechnet zweier wirtschaftlich eher schwacher und mit Qualitätsproblemen[179] kämpfender Unternehmen dem Wankel-Motor zum weiteren Durchbruch hätte verhelfen sollen. Das wechselseitige Abdecken der Schwäche eines Partners durch die Stärke eines anderen Partners bzw. das Heben tatsächlicher Synergien dürfte jedenfalls nicht unmittelbar vorgelegen haben. Insofern ist es auch aus pragmatischem Blickwinkel nachvollziehbar, dass die Dresdner Bank die Allianz zwischen VW und NSU favorisierte. In diesem Zusammenhang muss auch die gerade von NSU- bzw. Wankel-‚Nostalgikern' oftmals zu hörende Interpretation in Frage gestellt werden, NSU sei von VW in der Art eines aggressiven Aktes vereinnahmt worden. Dem kann kaum beigepflichtet werden, denn NSU-Chef v. Heydekampf selbst war es, der die Bereitschaft zur Kooperation planerisch-pragmatisch begründete:

„Vor allem aus langfristigen Überlegungen haben wir uns zu dieser Kooperation [mit VW; d. Verf.] entschlossen. Spätestens ab 1975 wären wir hochverschuldet gewesen, nämlich durch eine erforderliche zweite oder dritte Fließbandlinie. Die allgemeine Kostenexplosion hätte aber schon 1973 kritisch werden können" (v. Heydekampf; zit. nach Korp, 1975, S. 206).

Verwiesen sei schließlich aber auch darauf, dass in den 1960er Jahren das Prinzip der sog. „Deutschland AG", also die Verflechtung deutscher Unternehmen über wechselseitige Beteiligungen als Abwehrbollwerk gegenüber möglichen (ausländischen) Übernahmeabsichten, hohen wirtschaftspolitischen Stellenwert hatte; ein Zusammengehen von NSU mit einem nicht-deutschen Konzern hätte gegen dieses Prinzip verstoßen. Mittlerweile dürfte es sich übrigens überlebt haben, was nicht zuletzt durch Übernahmefälle wie Vodafone-Mannesmann belegt werden kann.[180]

Die Integration von NSU in den VW-Konzern wurde auf der NSU-Hauptversammlung am 26. April 1969 entscheidend vorangebracht. NSU-Vorstand v. Heydekampf sprach im Namen des von ihm vertretenen Unternehmens die Bereitschaft aus, sich der VW AG über eine Verschmelzung mit deren Tochterfirma Auto Union (Audi) anzugliedern. Mittels einer genehmigten Kapitalerhöhung sicherte sich VW im Anschluss rund 60 % der NSU-Anteile, die Kleinaktionäre verfügten noch über etwa 6 %. Diese reagierten allerdings auf der Hauptversammlung und auch in der Folge zunehmend erregt, da sie die Auffassung vertraten, die NSU-Lizenzhaltung am Wankel-Motor stelle einen enormen Wert

---

179 Das damalige Citroen-Image war – gegenläufig zu jenem von VW – gezeichnet durch Attribute wie ‚Unzuverlässigkeit', ‚Pannenanfälligkeit', ‚schlampige Verarbeitung', ‚Rost' etc. Dass es sich dabei nur um Stereotype der Autofahrer gehandelt haben sollte, ist kaum anzunehmen, zumal auch die objektiven Daten späterer Jahre (seit 1978) den Citroen-Fahrzeugen hinsichtlich Zuverlässigkeit regelmäßig die hintersten Ränge zuwiesen (vgl. ADAC, 2005).
180 Eine differenzierte Darstellung dieses Prinzips auch aus historischer Perspektive findet sich bei Höppner (2000), wobei der Beitrag dieses Autors fast schon wie ein ‚Nachruf' auf die Deutschland AG anmutet.

dar, der bei der Kapitalerhöhung bzw. dem Aufgehen von NSU in VW verwässert werde. Nach Erinnerung von Dipl.-Ing. v. Manteuffel konnten die NSU-Kleinaktionäre schließlich durch persönliche Gespräche mit NSU-Vorstandsmitgliedern und insbesondere durch den Beschluss „beruhigt" werden, den NSU-Wankel-Bereich auszugliedern und darauf separate Genussscheine auszugeben (pro NSU-Aktie ein Genussschein).[181] Mithin erwies sich dieser Ansatz als effektiv:

> „Dann kam die Sache mit der Genussscheinidee. Der Wankelbereich wurde abgespalten und man sagte, der Genussschein darf sich selber entwickeln – sein Wert wird kontinuierlich an der Börse festgestellt, was die kleinen Aktionäre beruhigte. Die dachten, mit ihrem Genussschein ein Juwel zu besitzen. Und das war es natürlich nicht. Es war ein viel versprechendes Papier, aber Risiko behaftet" (v. Manteuffel, 2004, Interview).

Nicht zuletzt dieser Genussscheinoption mit der Sicherung von Anrechten aus erwarteten Einnahmen am Wankel-Motor war es wohl zu verdanken, dass in der Folge neben den institutionellen Investoren die Kleinaktionäre das Angebot zum Umtausch ihrer NSU- in VW-Aktien, wenn auch zögerlich, annahmen.[182] Nachdem auf diese Weise in den Jahren 1970 und 1971 VW 99 % der NSU-Aktien erhalten hatten, konnte am 23. April 1971 der Beherrschungs- und Gewinnabführungsvertrag zwischen der verschmolzenen Firma Audi NSU Auto Union AG (später nur noch: Audi NSU AG) und VW in Kraft treten.

Als Firmensitz der neuen VW-Tochtergesellschaft wurde zwar Neckarsulm bestimmt, die Einrichtung des Verwaltungssitzes in Ingolstadt, also dem Standort von Audi, ließ aber bereits ahnen, dass die Freiräume der früheren NSU AG möglicherweise eingeschränkt werden sollten und diese sich mit der auf konventionelle Automotoren ausgerichteten Audi-Fertigung abzustimmen hatte. VW wiederum setzte darauf, mit vereinten Kräften der Standorte Ingolstadt und Neckarsulm „Autos zu entwickeln, die großes Produktions-Volumen bei absehbaren Gewinn-Chancen versprachen", um auf diese Weise die für das Unternehmen erforderliche Überwindung der Boxermotoren- bzw. Luftkühlungs-‚Ära' zu gewährleisten (Korp, 1993, S. 132). Vor diesem Hintergrund wird es auch nachvollziehbar, dass die Fertigung der kleinen NSU-Hecktriebler vom Typ Prinz im Jahre 1973 eingestellt wurde.

Nach der Verschmelzung von Audi und NSU schien es zunächst so, als solle der Neckarsulmer Standort auf Kosten des Wankel-Motors zurückgestutzt werden: Die

---

181 Hinweis zu den Genussscheinen: Festgelegt wurde für den Zeitraum von 10 Jahren, dass von den 60 % der auf NSU bzw. in der Folge den VW-Konzern (Gesellschaft) entfallenden Lizenzgebühren (40 % gingen ja, wie bereits beschrieben, an die Wankel GmbH oder deren Aufkäufer) 70 % an die Genussscheininhaber und die restlichen 30 % an die Gesellschaft auszuschütten seien.
182 Die Möglichkeit eines sog. ‚squeeze-out' (zwangsweise Abfindung von Minderheitsaktionären), wie sie heute insbesondere bei der Konzentration von Beteiligungen ohne größeren Streubesitz genutzt wird, existierte seinerseits noch nicht.

frühere NSU-Fahrzeugentwicklung mit ihren etwa 70 Mitarbeitern wurde nach Ingolstadt verlegt, wo die Vorbereitungen für die Einführung der frontgetriebenen und wassergekühlten Typen Polo bzw. Audi 50 mit Hubkolbenmotoren allmählich in Gang kommen sollten. Auf der anderen Seite vernachlässigte, entgegen den Befürchtungen mancher NSU-Vertreter, die VW-Führung die Entwicklung der Wankel-Technik keineswegs. Unter der Leitung des altgedienten NSU-Rotationskolben-Ingenieurs Ewald Praxl wurde Neckarsulm zum Standort des „Wankel-Zentrums" bestimmt, dessen Mitarbeiterzahl sich zwischen 1969 und 1971 deutlich von 158 auf 425 erhöhte (Froede, 1974b, S. 67).[183]

Sucht man nach Gründen für diese Ressourcenerhöhung, so ist zunächst einmal darauf hinzuweisen, dass die um 1970 ja noch positive Dynamik der Lizenzeinnahmen aufrecht erhalten werden sollte (die, wie geschildert, zwar mehrheitlich an die Inhaber der Genussscheine flossen, aber eben auch dem gesamten Firmenverbund zugute kamen). Die Tatsache, dass in den USA, wo seit den 1960er Jahren verstärkte Bemühungen um eine Reduktion der Belastungen durch Autoabgase festzustellen waren, nunmehr gerade der Wankel-Motor von einigen technischen Experten für die Realisierung dieser Zielstellung als geeignet erkannt wurde (vgl. etwa Nelson, 1970, S. 109 ff.), erhöhte auch in der Wolfsburger VW-Zentrale die Aufmerksamkeitszuwendung auf dieses Aggregat und seine Möglichkeiten.[184]

Eine zusätzliche Verstärkung pro Wankel-Motor dürfte schließlich davon ausgegangen sein, dass der US-Autoriese General Motors (GM) aus strategischen Gründen (besagte Möglichkeiten der Emissionsreduktion) 1970 in Wankel-Lizenzvereinbarungen eingestiegen war und diese am 10. November 1970 erfolgreich abgeschlossen wurden. Nach dem Abschluss verstärkten sich Gerüchte, GM wolle seine Produktion komplett auf Wankel-Motoren umstellen, da hiermit nicht nur die Abgasproblematik zu lösen sei, sondern angesichts des einfachen Aufbaus des innovativen Aggregates (40 % weniger Einzelteile als ein konventioneller Automotor) auch Automatisierung und damit Senkung der Produktionskosten in den US-Werken voran gebracht werden könnten. Kritische Stimmen fragten aber angesichts der erwarteten Produktions-Umstellungskosten in der damals enormen Größenordnung von 2 Mrd. Dollar (zum Vergleich, 1970: 6,4 Mrd. DM) umgehend nach dem betriebswirtschaftlichen Nutzwert einer derartigen Maßnahme (Popplow, 2003, S. 99 f.).

Trotz der genannten Ressourcenaufstockung des Neckarsulmer Wankel-Zentrums muss festgehalten werden, dass dort zwar in produktionsorientierter Hinsicht (Arbeiten am Ro 80, ferner an PS-stärkeren Wankel-Motoren bzw. an Wankel-Aggregaten für automobilexterne Anwendungen) beträchtliche Leistungen

---

183 Zum Vergleich: In der gesamten Ingolstädter PKW- und Hubkolbenmotorenentwicklung, die für eine ganze Palette von Audi-Modellen und Neuprojektierungen zuständig war, waren in etwa 1200 Mitarbeiter tätig (Korp, 1993, S. 116).
184 Insbesondere die Mazda-Ingenieure wiesen darauf hin, dass der Wankel-Motor nicht nur für bleifreies Benzin prädisponiert sei, sondern durch einen nachgeschalteten Reaktor Stickoxide (NOx) besser als bei einem Hubkolbenmotor zu eliminieren seien und hinsichtlich der Kohlenwasserstoffe nur marginal schwächere Eliminierungsgrade vorlägen.

erbracht, die lizenzbezogenen Forschungen und Grundlagenentwicklungen jedoch vernachlässigt wurden.

Henn (1974d, S. 67) merkte hierzu an, dass „außer Zweifel (...) in den Jahren 1970 bis 1973 wesentliches Terrain unserer technischen Position als Lizenzgeber verloren gegangen ist" und führte als Ursache hierfür den „Fehleinsatz von personellen Kräften" und „Verzettelung", die auch vom Wankel-Chefentwickler Froede moniert worden sei, an. In diesem Zusammenhang wies Henn darauf hin, dass sich die Kräfte bei der Tochter NSU – obzwar ihr seitens der VW-Führung eigener Gestaltungsspielraum zugebilligt worden war – nicht auf den Automotorenbereich konzentriert hätten, sondern auch Wankel-Motoren für maritime Anwendungen gebaut worden seien, die sich als teils desaströse Fehlschläge entpuppt hätten (Rücknahmequote 80 %). Die schließlich getroffene Entscheidung, die Produktion von Bootsmotoren aufzugeben, stellte nach Henn keine unbotmäßige Einflussnahme der Wolfsburger Konzernführung, sondern eine unternehmerisch richtige und auch von Froede gebilligte Maßnahme dar.

Während des personellen Ausbaus des Neckarsulmer Wankel-Zentrums stellten sich aber auch hinsichtlich des NSU Ro 80-Wankel-Motors neuerliche technische Widrigkeiten ein: Nachdem unter der Leitung des neuen Audi-NSU-Technik-Chefs Ludwig Kraus noch 1971 ein Pressemeeting organisiert worden war, in dem selbstkritisch zu den Mängeln des Wankel-Motors im Ro 80 Stellung bezogen wurde und die Verbesserungen aufgezeigt wurden, kam es 1972 zu einem erheblichen und auch imagemäßig bedenklichen Rückschlag, da die Trochoidenbeschichtung „Rauhigkeiten und Knospen" aufwies und die Produktion eines ganzen Monats (März 1972) zurückgerufen werden musste (Froede, 1974b, S. 68). Dazu gesellten sich noch die Gewährleistungskosten für die NSU-Wankel-Motoren des Typs Ro 80, für deren Höhe im Zeitraum 1972 bis 1973 DM 1400,– pro Motor ermittelt wurden (davon allein DM 550,– für Zündungs- und Abdichtungseffekte). Der Vergleichswert eines herkömmlichen Audi 100-Motors lag in diesem Zeitraum bei DM 75,– (Korp, 1993, S. 118).[185]

Insgesamt herrschte also im Neckarsulmer Wankel-Zentrum um 1972 eine in technischer Hinsicht nicht unbedingt zu überschäumendem Optimismus animierende Gemengelage vor. Durch personelle Fluktuationen von Neckarsulm nach Ingolstadt oder aus dem Audi-NSU-Verband heraus[186] wurde diese Situation auch nicht gerade erleichtert.

Bei alledem darf jedoch nicht übersehen werden, dass zu diesem Zeitpunkt nicht nur die großen japanischen Autowerke, sondern auch andere Lizenznehmer funktionsfähige Wankel-Motoren entwickelten, welche bis Mitte der 1970er

---

185 Die Gewährleistungskosten der NSU Ro 80-Motoren fielen bis zur Produktionseinstellung 1977 weiter, erreichten jedoch nie das Niveau der vergleichbaren Hubkolbenmotoren der VW- bzw. Audi-Modelle (s. auch Korp, 1993, S. 118).
186 Beispielsweise hatte 1970 der auch vom Verf. befragte Prof. Jungbluth den Verband verlassen; für Walter Froede, welcher der Wankel-Motoren-Entwicklung ja in den Vorjahren enorme Impulse gegeben hatte (s. Abschnitte 4 und 5), zeichnete sich das Ende seiner Dienstzeit bei Audi-NSU (1974) ab.

Jahre tatsächlich Produktions- und Serienreife erreichten. Zu nennen sind hier beispielsweise das deutsche Unternehmen Fichtel & Sachs sowie die japanische Yanmar Corp. Beide Unternehmen konzentrierten sich allerdings auf PS-schwache Antriebe, die u.a. für Rasenmäher, Zweiräder, Boote und Stationäraggregate dienten (Froede, 1974b, S. 88). Mit der Fokussierung von Stationäraggregaten besetzte Fichtel & Sachs ein für den Wankel-Motor durchaus geeignetes und zukunftsfähiges Gebiet (siehe hierzu auch Abschnitt 7 mit einer gegenwartsbezogenen Sachverhaltsbewertung).

6.3 Die Ölkrise 1973: Unmittelbare Effekte auf den Wankel-Motor und Auswirkungen in den Folgejahren

Die sog. Ölkrise – arabische Förderländer verhängten 1973 im Zusammenhang mit dem Nahostkonflikt (Israel) gegen westliche Länder einen Öllieferungsboykott – stellte ein Ereignis dar, das innerhalb kurzer Zeit die öffentliche Meinung über den Wankel-Motor völlig verändern sollte. Galt dieser Motor bis zur Ölkrise zumindest hierzulande als avantgardistisch und von einer gewissen Exklusivität und Noblesse geprägt, so wurde angesichts der plötzlichen Ölknappheit (teils Sonntagsfahrverbote !) nunmehr dessen Kraftstoffverbrauch kritischer denn je hinterfragt. Seitens der Automobilindustrie nahmen hinsichtlich dieses Motors jetzt rasch die pragmatischen Überlegungen einen erhöhten Stellenwert ein, insbesondere wurde dabei bezweifelt, „ob sich die erheblichen Investitionen in neue Fertigungsstraßen mittelfristig rentieren würden – ein Argument, das bis dato in der Öffentlichkeit angesichts des zukunftsweisenden Images des Wankelmotors nur wenig Gehör gefunden hatte" (Popplow, 2003, S. 103).[187]

Gemäß der Analyse von Hohensee (1996) stellte die bereits im Laufe des Jahres 1974 durch die Wiederaufnahme geregelter Öllieferungen überwundene Ölkrise[188] für die westlichen Länder zwar ein ernst zu nehmendes, aber letztlich nicht wirklich materiell bedrohliches Ereignis dar. Die massivsten Folgen hatte demnach die Ölkrise eher auf der Ebene der kollektiven Bewusstseinsbildung: Die Verfügbarkeit des wirtschaftlich so wichtigen Rohstoffes Öl stand plötzlich in Frage, Diskussionen um die zukünftige Energieversorgung und Möglichkeiten der Energieeinsparung rückten in den Mittelpunkt. Dipl.-Ing. Eiermann wies im Gespräch mit dem Verf. darauf hin, dass diese Diskussionen im Bezug auf die automobile Zukunft teils fast hysterischen Charakter annahmen: So kursierte nach

---

187 Popplow bezieht sich hier primär auf die Situation im deutschsprachigen Raum. Wie unter Kap. 6.2 beschrieben, spielte bspw. im Falle von GM (USA) das Investitionskostenargument hinsichtlich einer möglichen Produktionsumstellung von Hubkolben- auf Wankel-Motoren auch bereits vor der Ölkrise eine gewichtige Rolle.

188 Man spricht für die Jahre 1973 bis 1974 von der „ersten" Ölkrise, da im Laufe der 1970er Jahre weitere Fördereinschränkungen eintraten und zudem nach dem Ausbruch des Krieges zwischen dem Irak und Iran die Öl bzw. Kraftstoffpreise 1980 neue Höchststände markierten.

Angabe Eiermanns in der Automobilindustrie sehr ernst genommene Prognosen, wonach schon 1980 Erdölförderengpässe und bis 1990 die Erschöpfung dieser fossilen Reserve eintreten sollten.[189] Tatsächlich war es so, dass nach 1974, trotz der wieder angelaufenen Öllieferungen durch die arabischen Länder, in der gesamten Automobilindustrie ein Trend zu wirtschaftlichen Kleinwagen vorlag, wobei das Argument der zwischenzeitlich gestiegenen Benzinpreise ins Feld geführt wurde.[190]

In einem solchen Kontext einer kollektiven Bewusstseinsänderung konnte ein höherer – und dabei gar nicht einmal unbedingt *substanziell* höherer – Treibstoffverbrauch von Fahrzeugen mit Wankel-Motor im Vergleich zu herkömmlichen Wagen tatsächlich den Optimismus der Vorjahre in Bezug auf die erstgenannte Motorengattung geradezu ersticken:

> „Und hier schien der Kreiskolbenmotor weniger deshalb auf verlorenem Posten zu stehen, weil er 1974 tatsächlich wesentlich mehr Treibstoff verbraucht hätte als vergleichbare Hubkolbenmotoren, sondern deshalb, weil keine Aussichten gesehen wurden, den Verbrauch in kurzer Zeit so weit unter den des Hubkolbenmotors zu senken, dass sich daraus ein konkreter Kaufanreiz für Wagen mit Wankelmotoren ergeben hätte" (Popplow, 2003, S. 104 f.).

In imagemäßig gnadenloser Konsequenz häuften sich seit 1974 die Negativbotschaften für den Wankel-Motor: Weitere Lizenzverträge ließen sich nicht mehr platzieren und ein bedeutender Lizenznehmer wie etwa GM distanzierte sich im Laufe des Jahres 1974 vom Kreiskolbenkonzept. Auch GM gab als Begründung für die Zurückstellung seiner Pläne, einen alltagstauglichen Massen-Wankel in den USA zu bauen (,Vega'), an, dessen Benzinverbräuche hätten sich in Testläufen als zu hoch erwiesen und man müsse weiter an dem Problem arbeiten. Die ,Lösung' des Problems fiel schließlich dergestalt aus, dass GM 1977 die Entwicklungsarbeiten am Wankel-Motor einstellte.

---

189 Bekanntermaßen sollten sich diese Prognosen als völlig verfehlt darstellen. Selbst in der unmittelbaren Gegenwart mit dem gesteigerten Ölbedarf von gewaltig aufstrebenden Volkswirtschaften wie China und Indien werden den weltweiten Ölreserven noch Jahrzehnte zugebilligt (BGR, 2003). Diese Hochrechnung ergibt sich, da seit dem Zusammenbruch des Kommunismus nunmehr auch Staaten die Ölsuche und -förderung verstärken, die vorher nicht auf dem Weltmarkt agierten, so etwa die Nachfolgestaaten der ehemaligen Sowjetunion (insbes. Russland, die Anrainer des Kaspischen Meeres und Kasachstan). Allerdings sind derartige Hochrechnungen interessenabhängig und die Berechnungsgrundlagen teils umstritten (Ristau, 2004).

190 So kann es auch nicht weiter verwundern, dass exakt in der Phase 1974 bis 1976 Kleinwagen wie etwa der WV Polo, Audi 50 und Ford Fiesta erfolgreich in den Markt eingeführt wurden oder aber bestimmte Nachfolgemodelle sogar mit verminderten Eingangsleistungen angeboten wurden (etwa 1974 Übergang vom Opel Kadett B zum Kadett C mit einer von 45 auf 40 PS reduzierten Leistung des Basismodells). Die großen Käfer-Modelle (1300er, 1500er) waren hingegen trotz ihrer sprichwörtlichen Zuverlässigkeit – faktisch nicht ganz zu Unrecht – als ,Schluckspechte' verpönt.

In Deutschland erklärte Toni Schmücker (1921–1996), ein Manager des dynamischen ‚Sanierer-Typus' („the Herr Fix-It of German Industry"; o.V., 1977), der zuvor bei der Rheinstahl AG tätig war und 1975 die VW-Führung übernahm[191], die technischen Probleme des Wankel-Motors seien weitgehend behoben; dass man sich nicht stärker auf dieses Aggregat konzentriere, habe primär ökonomische Gründe, da eine etwaige Umstellung der Serienfertigung von Hubkolben- auf Wankel-Motoren zu kostspielig sei. Es spricht einiges dafür, dass seitens VW das Argument ökonomischer Risiken aufgenommen wurde, um eine schon länger feststehende Managemententscheidung zu rechtfertigen, nämlich die Entwicklung des Wankel-Motors im Konzern unterzugewichten oder längerfristig zu verwerfen. Knie (1994, S. 141 ff.) vermutet in diesem Kontext vor allem im Hause VW eine Art von Verhinderungskartell aus kaufmännischen Entscheidungsträgern und Technikern, die – dem Wankel-Motor nicht wohl gesonnen und um ihre gleichsam angestammten Pfründe im Bereich der konventionellen Hubkolbenmotoren fürchtend – dem jungen Antriebskonzept die Chancen verwehrt hätten.

Es bleibt unbenommen, dass tatsächlich eine in diese Richtung geartete soziale Konstellation bestand, in der – auch unter einem gewissen Aufbauschen bestimmter Argumentationslinien (etwa des erhöhten Kraftstoffverbrauches von Wankel-Motoren) oder durch Fokussierung ökonomischer Kosten-Nutzen-Abwägungen (Investitionskosten; siehe Vorerläuterungen) – das Festhalten an der ‚alten Lehre' begründet werden sollte. Jedoch läuft man möglicherweise zu leicht Gefahr, mangelnde ‚Chancengleichheit' oder ‚Unfairness' gegenüber dem Wankel-Motor zu diagnostizieren und andere Rahmenbedingungen, namentlich auf der technischen Ebene, zu übersehen.

Hinsichtlich dieser technischen Ebene sei hier zunächst einmal die Forschungsarbeit von Popplow (2003, S. 105 ff.) aufgegriffen: Der Autor weist darauf hin, dass Mitte der 1970er Jahre im VW-Konzern die Dieselentwicklung intensiv und erfolgreich betrieben wurde; rasch standen demnach leistungsfähige Aggregate zur Verfügung.[192] Nach Popplow wurde bei vielen Rückblicken auf den Niedergang des Kreiskolbenmotors nach 1974 geflissentlich übersehen, dass sich „die Ablösung der Zukunftshoffnungen in den Wankel-Motor durch den Dieselmotor in der Folge durchaus plausibel erklärt" (S. 109).[193]

---

191 Er löste den seit Oktober 1971 an der Spitze des VW-Konzerns stehenden Rudolf Leiding (1914-2003) ab, unter dessen Führung VW wie die meisten anderen Automobilhersteller nach der Ölkrise herbe Absatzeinbrüche zu verkraften hatte.
192 Hierbei muss auch einmal expressis verbis angemerkt werden, dass dieser Schritt für die VW-Techniker, die ja bis dahin über keine Erfahrungen in der Dieselfertigung verfügten, auch eine erstaunliche Abkehr von der ‚alten Lehre' der ‚Benziner' darstellte!
193 Hingewiesen sei an dieser Stelle auch noch einmal auf die Tatsache, dass zumindest in der fraglichen Phase Wankel-Technik und Dieselverwendung inkongruent erscheinen mussten, da die Entwicklungsarbeiten an Wankel-Diesel-Motoren alles andere als ermutigende Resultate erbracht hatten (s. Kap. 6.1.2).

Selbst ein erfahrener Motorenkonstrukteur mit unmittelbaren und profunden Kenntnissen der Wankel-Technik wie Dipl.-Ing. Eiermann, übrigens selbst Fahrer eines VW Golf Turbo Diesel, räumte im Gespräch mit dem Verf. unumwunden ein, dass die ja nicht zuletzt von VW seit Mitte der 1970er Jahre ausgehende und sich bis heute als substanziell erweisende „Dieselwelle"[194] im Automobilbereich hinsichtlich Kraftstoffersparnis sowie erzielbarer Laufleistungen eine „klammheimliche Revolution" darstellte. Hierbei verwies dieser Zeitzeuge auch darauf, dass der Diesel-Motor selbst in punkto Laufkultur den herkömmlichen Benzinern kaum noch nachstehe (Abstellung des „Nagelns", Überwindung der früher dieseltypischen „Schwerfälligkeit"):

> „Ich habe vor einiger Zeit noch gesagt, ich würde mir nie einen Diesel zulegen, der kommt mir nicht ins Haus, so ein Stinker, hinter dem ich mit schwarzen Wolken herfahren muss, eine lahme Ente zudem noch, die an jedem Berg stehen bleibt. Und heute fahre ich einen TDI modernster Bauart, und das Ding geht wie die Hölle. Das läuft, das hat überhaupt nichts mehr von einem alten Diesel in sich. Das ist ein Techniksprung, der ist ganz enorm. Das ist ein solcher Innovationssprung, dass manch einer fragt, wozu man noch den Wankel braucht" (Eiermann, 2003, Interview).[195]

Eiermann vertrat gegenüber dem Verfasser die Position, dass der Rückzug von VW und anderen namhaften Automobilproduzenten aus der Wankel-Motoren-Entwicklung nicht nur in erster Linie technische Gründe hatte, sondern eine „politische" Entscheidung darstellte bzw. die „Philosophie" der Unternehmen widerspiegelte. Um eine solche Auffassung kritisch bewerten zu können (s. Kap. 6.4), seien zunächst die seit Mitte der 1970er Jahre stattfindenden Entwicklungen, soweit sie faktisch greifbar sind, prägnant zusammengefasst.

Fakt ist, dass sowohl VW, als auch Daimler-Benz und andere Motorenhersteller, weiterhin in der Entwicklung von Wankel-Motoren arbeiteten; VW beispielsweise konnte 1979 den Zwei-Scheiben-Kreiskolbenmotor KKM 871 mit 170 PS vorstellen. Fakt ist auch, dass der NSU Ro 80 weitere Modellpflege erhielt und hinsichtlich der technischen Zuverlässigkeit Verbesserungen erzielt werden konnten. In der Retrospektive wird die Produktionseinstellung dieses Fahrzeuges (1977) oftmals nostalgisch verklärt – dabei spricht tatsächlich einiges dafür, dass die Entscheidungsträger im VW-Konzern das endgültige Auslaufen des Modells

---

194 Zuvor wurde der Diesel hauptsächlich als Antrieb für Lastwagen genutzt. Im PKW-Sektor hatte Daimler-Benz zwar über Jahrzehnte hinweg Fertigungserfahrungen mit dem Selbstzünder vorzuweisen, jedoch wohnte diesen unbestritten zuverlässigen und langlebigen Mercedes-Fahrzeugen das Image des etwas phlegmatischen, behäbigen Arbeitstiers inne (Haupt, 2003).

195 Daher vertritt Eiermann im Rahmen seiner Entwicklungsarbeiten für die Cottbuser Wankel Super Tec GmbH auch den konsequenten Standpunkt, dass ein Wankel-Motor für den Automobilbereich nur dann Zukunft haben könne, wenn er hinsichtlich Verbrauch, Emissionen, technischer Haltbarkeit und wirtschaftlicher Fertigung substanzielle Vorteile gegenüber einem herkömmlichen Hubkolbenmotor einnehme; diese Entwicklungen der jüngsten Vergangenheit werden im Abschnitt 7 weiter vertieft.

bereits Jahre vorher einkalkuliert hatten –, zu bedenken ist allerdings auch der objektive Tatbestand, dass die Verkaufszahlen des Ro 80 in dem Ölkrisenjahr 1973 massiv eingebrochen waren (Rückgang von 4074 verkauften Exemplaren im Jahre 1972 auf nurmehr 1286 für das Jahr 1973) und sich seitdem trotz Modellpflege *nicht* mehr erholen konnten (de Pay, 1989, S. 8).[196] Das einzige Automobilunternehmen, das den Wankel-Motor dauerhaft im Repertoire behalten sollte, war Mazda – aber auch für dieses Unternehmen muss festgestellt werden, dass hier nie eine radikale, alleinige Umstellung auf die Wankel-Technik stattgefunden hatte und sich erst recht nicht nach der Ölkrise vollziehen sollte (die RX-Modelle besetzten letztlich nur eine Nischenposition im Bereich sportlich ambitionierter Fahrzeuge, mittlerweile gelten sie als ausgereift und weisen eine hohe technische Güte auf; s. Kap. 1).

Nach der Analyse von Popplow (2003, S. 124 f.) hatte sich zumindest in Deutschland seit Ende der 1970er Jahre in der öffentlichen Diskussion und bei Rückblicken auf den Kreiskolbenmotor, für den VW zur gleichen Zeit die Option auf eine Serienfertigung verwarf, insbesondere folgende stereotypenhafte Sichtweise durchgesetzt: Schwerpunktmäßige Abstellung auf den tatsächlichen bzw. vermeintlichen Benzinverbrauch des Aggregates sowie auf dessen mangelnde mechanische Haltbarkeit.[197] Demgemäß war der Automobilfachmann Dieter Korp in jener Phase einer der wenigen Medienberichterstatter, der ein faktenhaltiges bzw. differenzierteres Bild vermitteln konnte und dabei auch mit den technischen Aspekten der laufenden Entwicklungsarbeiten vertraut war.

Diese für den Wankel-Motor fast schon trostlos anmutende Situation lag – was in der bisherigen Forschung kaum reflektiert wurde – vermutlich auch darin begründet, dass vorausgegangenen Versuchen einer der Wankel-‚Keimzellen', der TES in Lindau, Lobbyarbeit und Imagepflege für das Aggregat zu betreiben, kaum Erfolg beschieden war. Zunächst ist festzuhalten, dass es die TES immerhin vermocht hatte, im März 1976 über eine Pressemitteilung der „Internationalen Motor-Korrespondenz" (IMK)[198] optimistische Prognosen zu platzieren, wonach „in knapp ein Fünftel der Entwicklungszeit des Hubkolbenmotors der Wankelmotor heute (...) auf der Überholspur neben der Hubkolbenkonkurrenz" stehe (IMK, 1976, S. 1). Ferner wurden an gleicher Stelle baubedingte Fortschritte des Kreiskolbenmotors für den Automobilbereich („ca. 30 % leichter, ca. 50 % weniger Raum, 40 % weniger Teile als ein vergleichbarer Hubkolbenmotor"), ein respek-

---

196 In gewisser Hinsicht eine Parallele zum Ende des luftgekühlten Hecktrieblers VW Käfer: Viele brachten dem zwischen 1974 und 1978 nur noch in den VW-Werken Emden und Brüssel (später in Mexiko) gefertigten Vehikel nach wie vor positive Emotionen entgegen, kaufen wollten ihn allerdings immer weniger Autofahrer.
197 Dass sich die Verbrauchswerte bis dahin in der Regel im Vergleich zu leistungsähnlichen Hubkolbenmotoren doch als nachteiliger erwiesen, sei hier nicht in Frage gestellt. Durchaus wahrscheinlich ist es allerdings, dass dabei teils nur marginale Verbrauchsunterschiede in der Medienberichterstattung sowie in der allgemeinen Diskussion dramatisiert wurden.
198 Herausgegeben von der „Internationalen Sport-Korrespondenz" in Stuttgart-Degerloch.

tables Abgasverhalten sowie ein Gleichziehen mit konventionellen Motoren hinsichtlich weiterer Punkte (Drehmomentverhalten, Lebensdauer) angeführt.

Die nicht unbedingt mit derart optimistischen Darlegungen kongruente Tatsache, dass ja die Wankel GmbH einige Jahre zuvor an Lonrho veräußert worden war (s. Kap. 6.1.1), wurde in der Pressemitteilung wie folgt eingebettet bzw. gedeutet:

> „Die einstige Wankel GmbH, (...) die gemeinsam mit NSU (später Audi-NSU) alle Patentrechte besitzt und weiter wahrnimmt, wurde 1971 an die englische Finanzfirma Lonrho verkauft. Felix Wankel verfolgte von diesem Zeitpunkt an andere technische Interessen, z.B. Entwicklung von Wankel-Bootsmotoren, und pflegt Liebhabereien wie z.B. Hilfsmaßnahmen für arme Menschen und Tiere. Große Erfinder sind oft eigenwillige Menschen und besessen von der Idee, die sie verfolgen. Er hielt sich aus dem Streit um Wert oder Unwert seiner Erfindungen so gut es ging heraus und zog sich den Ruf eines großen ‚Schweigers' zu" (IMK, 1976, S. 1 f.).[199]

Wesentliche publizistische Effekte oder gar eine ‚Breitenwirkung' ging seinerzeit von der IMK-Mitteilung nicht aus. Eine nennenswerte Ausnahme bot lediglich ein kurzer Beitrag in der Zeitschrift AMZ (Auto, Motor und Zubehör), Ausgabe Mai 1976. Bei der Durchsicht dieses Beitrages fällt zunächst auf, dass die von der Stuttgarter IMK gebrachten Argumentationslinien mehr oder minder wortgemäß wiedergegeben wurden. Zum anderen findet sich eine auf die Jahre 1970 und 1976 bezogene, tabellarische Aufstellung des Entwicklungsstandes der Wankel- versus Hubkolbentechnik für eine ganze Reihe technischer Parameter (s. Tab. 2). Den Ausführungen in Abschnitt 7 der vorliegenden Arbeit wird zu entnehmen sein, dass die Entwicklung der Folgejahre ein Argumentationsmuster, wie es in Tabelle 2 auf der nächsten Seite enthalten ist, doch entschieden in Frage stellen sollte.

---

[199] Dass diese Charakterisierung in Frage zu stellen ist, dürfte aus den Vorpassagen klar geworden sein, denn Wankel war, was die Anwendungsfelder und Perspektiven des von ihm konzipierten Motors anbelangte, durchaus emotional involviert und zeigte Frustrationen. Dafür spricht übrigens auch, dass er in einem Kurzmanuskript aus dem Jahr 1980 mit dem Titel „Kreiskolbenmotor und großkapitalistische Aktionäre" empört verdeckte Absprachen von Aktienkapitaleignern und pfründeorientierte Interessen für den Niedergang des Kreiskolbenaggregates in der Autoindustrie verantwortlich machte (Wankel, 1980).

Tab. 2: Vergleich von Wankel- und Hubkolbenmotor für die Jahre 1970 und 1976 (Quelle: o.V., 1976, S. 14 = redaktioneller Beitrag in „Auto, Motor und Zubehör")

Vergleichsdaten	1970		1976	
	Wankel-Motor	Hubkolben-Motor	Wankel-Motor	Hubkolben-Motor
Gewicht	Besser	Schlechter	Besser	Schlechter
Bauraum	Besser	Schlechter	Besser	Schlechter
Anzahl der Teile	Besser	Schlechter	Besser	Schlechter
Leistung / kp	Besser	Schlechter	Besser	Schlechter
Drehmomentverhalten	Schlechter	Besser	Gleich	Gleich
Lebensdauer	Schlechter	Besser	Gleich	Gleich
Kraftstoffverbrauch	Schlechter	Besser	Gleich	Gleich
Kraftstoffanspruch	Besser	Schlechter	Besser	Schlechter
Laufruhe	Besser	Schlechter	Besser	Schlechter
Abgase	Schlechter	Besser	Gleich	Gleich
Ölverbrauch	Schlechter	Besser	Gleich	Gleich
Wartungskosten	Gleich	Gleich	Besser	Schlechter
Reparaturmöglichkeit	Schlechter	Besser	Besser	Schlechter
Herstellungskosten	Schlechter	Besser	Besser	Schlechter
Herstellungs-Investition	Gleich	Gleich	Besser	Schlechter
Flächenbedarf für Herstellung	Gleich	Gleich	Besser	Schlechter
Ergebnis	Schlechter 7	Besser 7	Besser 11	Schlechter 11
	Gleich 3	Gleich 3	Gleich 5	Gleich 5
	Besser 6	Schlechter 6		

6.4 Kritische Zwischenbilanz zu dem durch die Ölkrise forcierten Bedeutungsverlust des Wankel-Motors

Viele der 1967 in Deutschland mit dem NSU Ro 80 auf den Markt gebrachten Wankel-Motoren wiesen technische Mängel auf. Das in den Folgejahren resultierende „Motortauschdebakel" kann letztlich auch nicht dadurch gemildert werden, dass Motormängel häufig den nicht ausreichenden Kompetenzen der NSU-Vertragswerkstätten zuzuschreiben waren und möglicherweise bei einem dichteren und vor allem qualifizierteren Händlernetz wie etwa jenem von Daimler-Benz, VW oder Opel nicht aufgetreten wären. Insofern ist aus technischer Sicht das Fazit zu ziehen, dass das innovative Antriebsaggregat noch nicht ausgereift war bzw. – wie es Korp so treffend ausdrückte – nicht lange genug im „Brutkasten der Entwicklung" zugebracht hatte.

An diesem Grundsatzmanko konnte auch die Tatsache nichts ändern, dass – im Kontext einer intensiven Kooperation zwischen Untertürkheim und der TES Lindau – Daimler-Benz mit dem Prototypen C 111 das eigene Unternehmensinteresse am Wankel-Motor und die grundsätzliche Eignung dieses Motorenkonzeptes für extrem hohe Leistungsanforderungen unter Beweis stellte. Die diesbezüglichen Maßnahmen im Hause Daimler-Benz, die sich bis weit in die 1970er Jahre hinein erstrecken sollten, zeigten zudem, dass es auch in großen und etablierten deutschen Automobilunternehmen möglich war, eine intensive und technisch anspruchsvolle Entwicklungsarbeit am Wankel-Motor trotz gewisser Widerstände der am konventionellen Motorenbau orientierten Mehrheit der Ingenieure und Techniker durchsetzen zu können.[200]

Im Falle des deutschen Wankel-Produktes Ro 80 mussten sich aufgrund der technischen Mängel zwangsläufig negative Effekte auf die Kaufbereitschaft einstellen: Nachdem die Verkaufszahlen in den Jahren bis 1970 noch ermutigend waren, folgte im Verbund mit den unausweichlichen Beeinträchtigungen des Produkt- bzw. Motorenimages 1971 ein deutlicher Rückgang, der sich bis zum Jahre 1972 nicht mehr ausgleichen ließ. Mit dem Einsetzen der Ölkrise gestaltete sich die Entwicklung noch desaströser, in den drei Jahren 1974 bis 1976 erreichten die Produktionszahlen in etwa nur noch 20 % des Vergleichszeitraumes 1968–1970.

In Japan, wo der Lizenznehmer Toyo Kogyo 1967 fast zeitgleich mit NSU das erste Wankel-Fahrzeug auf den Markt brachte, lagen hingegen die Dinge anders: Die motorentechnische Reife der Fahrzeuge war offensichtlich höher. Das Problem so genannter „Rattermarken", durch die Dichtleisten bewirkte Einkerbungen an der Trochoidenlaufbahn (gefürchteter mechanischer Schaden beim Wankel-Motor), war von den japanischen Entwicklern früh ausgemerzt worden. Bei Mazda, wo Fahrzeuge mit Wankel-Motoren für Japan und für den Export (insbesondere USA) in großen Stückzahlen gefertigt wurden, lag deren Anteil an der Gesamtproduktion bis 1973, dem Jahr der Ölkrise, in etwa gleichauf mit dem Anteil der Hubkolbenmotoren. Zieht man das Weyersche Technikgenesemodell heran, so ist die Feststellung unausweichlich, dass die notwendigen Schließungs- und Durchsetzungsprozesse hinsichtlich der für Fahrzeuganwendungen neuartigen Kreiskolbentechnik in Japan, nicht jedoch in Deutschland, auf effiziente Weise umgesetzt wurden. Zu bedenken ist dabei, dass das Unternehmen Mazda in Japan eine eigenständige Position als führender Kraftfahrzeugproduzent inne hatte.

---

200 Widerstände gegen die Einbringung der neuen Technik Wankel-Motor in ein etabliertes Anwendungsfeld bestanden im Übrigen auch bei den deutschen Dieselmotorenproduzenten. Die Bedeutung dieser Widerstände für die dortigen Entwicklungsarbeiten am Wankel-Motor sollte nicht unterschätzt werden. Allerdings dürfte der Hauptgrund für die seinerzeitige Einstellung der Arbeiten in technischen Problemen gelegen haben, da sich der Brennraum beim Wankel-Motor als wenig geeignet für die Dieselverdichtung erwies und auch andere Verfahren zur Vorverdichtung ohne durchschlagenden Erfolg blieben.

Hingegen war in Deutschland die kleine NSU AG mit ihren Hecktrieblern nicht mehr zukunftsfähig, aber mit einem anspruchsvollen Produkt wie dem Ro 80 mit Wankel-Motor möglicherweise überfordert (verwiesen sei nochmalig auf die mangelnde technische Ausreifung des Motors und auf die Defizite des Service- und Wartungsnetzes). Seitens der NSU-Führung war aus strategischen Gründen die Notwendigkeit der Fusion mit einem größeren Partner bereits Mitte der 1960er Jahre als notwendig erkannt worden. Pragmatisch betrachtet, waren daher die in den Jahren 1969 bis 1971 konstatierbaren und schließlich zum Erfolg führenden Bestrebungen des größten NSU-Anteilseigners, der Dresdner Bank, um ein Zusammengehen zwischen dem VW-Konzern und NSU durchaus verständlich.

Dieses Zusammengehen als aggressive Vereinnahmung von NSU durch VW zu interpretieren, wäre vermessen. Vielmehr wurde parallel zum Zusammenschluss beider Unternehmen (Verschmelzung der bereits zum VW-Konzern gehörenden Audi Auto Union mit NSU) die Entwicklung der Wankel-Technik erst einmal verstärkt und Neckarsulm, die frühere NSU-Zentrale, fungierte als Standort des „Wankel-Zentrums". Als Gründe dieser Verstärkung lassen sich die positive Dynamik der Wankel-Lizenzeinnahmen sowie damals aktuelle Erkenntnisse, wonach der Wankel-Motor unter Emissionsschutzgesichtspunkten Vorteile biete, anführen. In den USA erwog das Unternehmen GM um 1970 sogar eine komplette Umstellung seiner Motorenproduktion von Hubkolben- auf Wankel-Motoren. In Neckarsulm konnten allerdings – im Gegensatz zur technischen Effizienz der Japaner – die Probleme mit Wankel-Motoren nicht richtig überwunden werden. So musste etwa im März 1972 eine ganze Monatsproduktion von NSU Ro 80 wegen Motorschäden zurückgerufen werden; außerdem fokussierte sich das Wankel-Zentrum nicht konsequent auf die Arbeiten am Wankel-Automotor, sondern „verzettelte" sich beispielsweise mit Versuchen zu maritimen Anwendungen.

Die Impulse, die der Wankel-Motor aus Deutschland erhielt, waren schließlich auch insofern fragwürdig, als sich dessen Erfinder 1971 von der Wankel GmbH getrennt hatte (Verkauf an Lonrho). In kaufmännischer Hinsicht mag es sich hier um einen „cleveren" Schachzug gehandelt haben, die imagemäßige Außenwirkung dürfte jedoch sehr nachteilig gewesen sein. Überhaupt hatte sich die gespaltene Haltung Felix Wankels gegenüber „seinem" Motor in den 1970er Jahren weiter forciert: Er sah den Motor im Hause NSU respektive im NSU-VW-Verbund nicht in „ebenbürtigen" Händen (Frustrationskomponente) und schien manchmal sogar das generelle Interesse an der Anwendung des Motors im Automobilbereich verloren zu haben; statt dessen entwickelte er teils phantastisch anmutende Visionen über die maritime Zukunft des Kreiskolbenmotors.

Hieraus die Schlussfolgerung abzuleiten, der Erfinder (Wankel) habe nach 1970 der Durchsetzung seines eigenen Produktes Kreiskolbenmotor im Weg gestanden, wäre sicherlich vermessen. Nicht vermessen dürfte allerdings die Feststellung sein, dass er sich in den Durchsetzungsprozess nicht mehr gezielt einbrachte (keine Strategien einer aktiven Gestaltung, die Industrie solle es „machen"). Kongruent mit einer solchen Feststellung erscheint die Tatsache, dass seitens Wankels TES in Lindau keine wirklich effektive Lobbyarbeit und Imagepflege für das Kreiskolbenaggregat erfolgte.

Fraglich ist allerdings, ob eine solche Arbeit der TES überhaupt etwas gegen die sich mit der Ölkrise (1973) für den Wankel-Motor stellenden Konsequenzen hätte ausrichten können. Dessen Benzinverbrauch, der nicht unbedingt substanziell oberhalb der Verbrauchswerte herkömmlicher Motoren liegen musste und auch in wesentlich stärkerem Maße von der individuellen Fahrweise abhing, wurde seit 1973 seitens der Automobilindustrie und in den Medien zunehmend kritischer thematisiert. Auch die Kosten-Nutzen-Relationen einer möglichen Umstellung der Fertigung von einer Hubkolben- auf Wankel-Motoren-Produktion wurden von den Entscheidungsträgern der Industrie ab 1973 mehr denn je hinterfragt. Diese Argumentationslinien wurden offensichtlich in der Automobilindustrie, insbesondere bei VW und GM, nach der Ölkrise verstärkt aufgegriffen, um eine Managementoption oder möglicherweise auch eine bereits gefällte Managemententscheidung zur Einschränkung oder aber Aufgabe der Entwicklungsarbeiten am Wankel-Motor zu begründen bzw. in der Öffentlichkeit zu rechtfertigen. Dass dabei auch ein Aspekt wie der angeblich so kritische Benzinverbrauch von Wankel-Motoren übertrieben dargestellt oder „aufgebauscht" wurde, bleibt unbenommen. Es dürfte jedoch gefährlich sein, hier gleich den Schluss auf eine Art von Verhinderungskartell zu ziehen, das den Wankel-Motor in jener Phase über Abstimmungsprozesse in den Entscheidungsnetzwerken der involvierten Unternehmen quasi seiner „Chancengleichheit" beraubt habe.

Allzu leicht wird bei solchen Schlussfolgerungen das genuin technische Moment übersehen. Genau hierauf stellen aber beispielsweise Wissenschaftler wie Popplow mit dem so wichtigen Hinweis ab, dass die großen Fortschritte im Bereich der PKW-Dieselmotorenentwicklung, die sich ja damals gerade im VW-Konzern vollzogen, Ressourcen banden und Arbeiten am Wankel-Motor zurückstehen ließen. Der VW-Konzern repräsentierte Ende der 1960er Jahre mit seiner Ausrichtung auf die luftgekühlten Hecktriebler noch eine weitgehende Monokultur, die nicht zukunftsfähig war. Die Konzernlenker hatten diese Problematik und die Notwendigkeit eines radikalen Umbruchs erkannt, das kreative Potenzial von NSU war in diesem Zusammenhang höchst „willkommen". Die grundsätzliche Managemententscheidung lief dann aber darauf hinaus, unter schwierigen Umfeldbedingungen (Ölkrise und Nachwirkungen im „kollektiven Bewusstsein") auf konventionelle (wassergekühlte) Fronttriebler umzusatteln und den Dieselbereich zu verstärken.

Wie die Folgejahre zeigen sollten, hatte sich damit das Unternehmen erfolgreich positioniert;[201] besonders der Audi-NSU-Verbund, aus dem ja das kon-

---

201 In der unmittelbaren Gegenwart kämpft der Konzern allerdings wieder mehr mit dem margenschwachen Massengeschäft im Klein- und Mittelklassesegment. Manche Analysten sehen insofern VW sogar schon von einem „Hauch von Fiat und Opel" umweht (Martin, 2005, S. C3). Unter den echten Erlösbringern sticht hingegen v. a. Audi hervor (s. auch Folgefußnote).

zerneigene „Dieselkompetenzzentrum" erwuchs, erwies sich als wichtiger und profitträchtiger Unternehmensbereich.[202] Man stelle sich aber nun einmal das Alternativszenario vor, der VW-Konzern hätte – was selbst im Hause Mazda nicht geschah – trotz Ölkrise eine konsequente Umstellung auf Wankel-Motoren forciert, auf der „Plusseite" der Motoren das unmittelbar evidente Argument hervorragender Laufkultur verbucht, hätte die Verbräuche jedoch nicht signifikant unter jene herkömmlicher Hubkolbenmotoren senken können und im Dieselbereich aufgrund der systemimmanenten Attribute des Wankel-Motors nicht an den diesbezüglichen Entwicklungsfortschritt des hubkolbenorientierten Engineerings anknüpfen können. Nach Meinung des Verfassers wäre in einem solchen – durchaus nicht unwahrscheinlichen – Szenario selbst der Zusammenbruch des VW Konzerns in den 1970er Jahren nicht auszuschließen gewesen.

In diesem Zusammenhang seien noch einmal die Wertungen von entschiedenen Verfechtern des Wankel-Motoren-Konzepts wie etwa Dankwart Eiermann aufgegriffen, wonach es sich bei der Zurückstellung des Wankel-Motors vor allem in der deutschen, aber auch amerikanischen Automobilindustrie, um „politische" Entscheidungen handelte. Eine solche Wertung ist selbst bei Berücksichtigung der technischen Ebene nicht abzulehnen – es lagen hier unternehmensstrategische Managemententscheidungen bzw. Schwerpunktsetzungen zugunsten der konventionellen Technik einschließlich ihrer erweiterten Anwendung auf das neue Segment von PKW-Dieselmotoren zugrunde (wobei Optionen auf Weiterentwicklungen des Wankel-Motors in den 1970er Jahren ja durchaus offen blieben!), die insgesamt bei Anlegung betriebswirtschaftlicher Kosten-Nutzen- bzw. Risiko-Ertrags-Überlegungen pragmatisch nachvollziehbar sind.

Nach Meinung des Verfassers lag hier insofern eine Konstellation vor, wie sie bei vielen Grundsatzentscheidungen in Unternehmen gegeben ist: Es dominiert ein pragmatischer Kern von rational strukturierten Argumenten und Analysen, in den aber – und das ist das Entscheidende – durchaus irrationale oder affektgesteuerte Einflüsse eindringen (hier: Stereotype gegenüber dem Wankel-Motor, Pfründedenken der konventionell orientierten Motoreningenieure, emotionales Aufbauschen von Argumenten gegen die Entscheidungsalternative), die aber für die letztlich rationale Entscheidungsfindung in der Regel nicht ausschlaggebend sind.[203]

Angesichts derartiger Überlegungen zur Gewichtung von Rationalität und Affekt bei Unternehmensentscheidungen muss man sich vor der von manchen NSU-„Nostalgikern" praktizierten Neigung hüten, damaligen Entscheidungsträgern der etablierten Automobilkonzerne in Deutschland und den USA gleichsam unfaires bzw. konspirativ geprägtes Agieren gegen den Wankel-Motor oder aber

---

202 Audi beispielsweise zeigte nicht nur eine überdurchschnittliche Entwicklung des Aktienkurses (Audi AG mit allerdings minimalem Streubesitz), sondern avancierte neben Daimler-Benz und BMW zu einem der national wie international imagestärksten Autounternehmen.
203 Eine prägnante Übersicht zu derartigen Rationalitäts- versus Irrationalitätsaspekten in der Unternehmenspraxis findet sich bei Wottawa und Gluminski (1995, S. 35 ff.); vgl. zu weiter führenden Darstellungen auch Jungermann (1983).

eine diesbezüglich zaudernde Haltung zuzuschreiben. Im Übrigen belegt die im Folgeabschnitt 7 darzustellende Entwicklung, dass der Wankel-Motor, der bei Mazda ja durchaus seine Durchsetzung – wenn auch nur in einer Nischenposition – fand, als Antriebsoption für den Automobilbereich durchaus nicht gescheitert ist. Erst recht stellt er sich als Option für andersartige Anwendungsfelder.

Abschließend sei an dieser Stelle auf die in der bisherigen Forschung zur Historie des Wankelschen Kreiskolbenaggregates kaum aufgegriffene Möglichkeit verwiesen, dass dieses gerade wegen seiner potenziell konfliktbehafteten bzw. ‚beneideten' und insofern problematischen Stellung in der Automobilindustrie seit den 1970er Jahren auch als eine Art von „Innovationstreiber" fungieren konnte. Entsprechende Möglichkeiten, also produktive Konflikte durch Konkurrenz von unterschiedlichen Verfahrensweisen und Kompetenzen, werden seitens der unternehmenspsychologischen Forschung durchaus für wahrscheinlich erachtet (vgl. etwa Wottawa und Gluminski, 1995, S. 115 ff; eine gute Übersicht, wenn auch älteren Datums, findet sich bei Deutsch, 1973).

Dipl.-Ing. v. Manteuffel äußerte sich in einem solchen Sinne im mit dem Verf. geführten Gespräch dahin gehend, dass die Ingenieure in den Hubkolbenmotoren-Abteilungen der NSU-Konkurrenz in den 1970er Jahren offenbar durch das Bestehen der Antriebsalternative Wankel-Motor geradezu in ihren Innovationsbestrebungen „angespornt" worden seien. Man habe zwar in Neckarsulm wie auch bei den in- und ausländischen Lizenznehmern bei der mechanischen Stabilisierung und Weiterentwicklung des Wankel-Motors „tolle Fortschritte" gemacht, jedoch stets das Gefühl gehabt, ein auf ein „bewegtes Ziel" schießender Jäger zu sein, da der Hubkolben-Motor in den konkurrenzrelevanten Bereichen wie etwa Emissionen, Raumbedarf und Leistungsfähigkeit schon wieder fortgeschritten war:

> „Wir hatten eine Hürde vor uns, die haben wir genommen, großer Anlauf, und als wir drüber springen wollten, da hat der Hubkolbenmotor die Hürde beim Sprung in der letzten Sekunde höher gestellt. Mit anderen Worten, es gab ein paar Bereiche, da wurde der Abstand, der Entwicklungsstand, die Differenz des Entwicklungsstandes zwischen dem Wankelmotor und dem Massenfabrikat Hubkolbenmotor, der ja unser leuchtendes Vorbild war und an dem wir uns messen mussten, nicht mehr kleiner oder nicht mehr so schnell kleiner wie er werden muss, damit man absehen konnte, dass in vernünftiger Zeit der Wankel ein wirkliches Großprojekt werden konnte" (v. Manteuffel, 2004, Interview).

7. Die Entwicklung des Wankel-Motors seit 1980: Probleme, Risiken und Möglichkeiten

Von den zahlreichen Lizenznehmern unter den Autobauern führte in den 1980er Jahren allein Mazda eine intensive Forschungs- und Entwicklungsarbeit am Wankel-Motor fort und produzierte entsprechende Modelle in beträchtlichen Stückzahlen (RX-Reihe).[204] Mit der Weiterentwicklung des Kreiskolbenmotors beschäftigten sich ferner die von Lonrho übernommene Wankel GmbH sowie die TES Lindau. Bei der Wankel GmbH wurden allerdings, wie weiter unten näher ausgeführt wird, die Mittel für das Motorenengineering bereits zu Anfang der 1980er Jahre eingeschränkt.

Der Kreis der den Wankel-Motor in größerem Umfang produzierenden Unternehmen war im Laufe der 1980er Jahre immer mehr geschrumpft. Es verblieben gemäß der Recherche von de Pay (1989, S. 26) folgende Firmen:
- John Deere, Hersteller von Landmaschinen; das Unternehmen produzierte Wankel-Aggregate für das US-Verteidigungsministerium.
- Graupner (Wankel-Motoren für kleine Modellflugzeuge).
- Norton (Wankel-Motorradantriebe, durchaus hohe Stückzahlen).
- Teldyne Continental Motor (stationäre Wankel-Aggregate, z.B. zum Antrieb von Generatoren).

Die TES Lindau hatte sich unter der Leitung Wankels seit dem Ende der 1970er Jahre wieder verstärkt den technisch anspruchsvollen Drehkolbenmotoren (sowohl Läufer als auch Gehäuse beweglich; s. Kap. 4.3.2.3) zugewandt. Obzwar dem 80. Lebensjahr nahe, konnte Wankel in Lindau noch die DKM78 realisieren. Auf der einen Seite hatte er damit neuerlich an seine alte Präferenz für Drehkolben- gegenüber den Kreiskolbenaggregaten angeknüpft, auf der anderen Seite handelte es sich bei der DKM78 um ein völlig neues Zweitaktverfahren, das sich deutlich von den bekannten Zweitaktverfahren der Hubkolbenmotoren unterschied.[205]

Zwar war auch diesem DKM letztlich kein durchgreifender Erfolg beschieden[206], aber die kreativen Aktivitäten der TES fanden doch hohe Aufmerksamkeit

---

204 Dipl.-Ing. v. Manteuffel wies allerdings im Gespräch mit dem Verf. kritisch darauf hin, dass die entscheidende Frage sich nicht darauf beziehen dürfe, warum Mazda in der Wankel-Technik involviert geblieben sei, sondern dahin gehen müsse, warum sich dieser Motor nicht durch die ganze Palette der Fahrzeuge dieses Herstellers durchgesetzt habe: „Die haben doch inzwischen längst zwei, drei Mal die Maschinen neu gekauft zur Fertigung ihrer Hubkolben-Motoren-Palette. Das wären doch mehrere Gelegenheiten gewesen, um umzustellen. Warum also nicht?" (v. Manteuffel, 2004, Interview; die Antwort kann – wie auch an anderer Stelle dieser Arbeit dargestellt – letztlich nur beinhalten, dass man selbst bei Mazda mit einer Massenfertigung von Wankel-Motoren keine unternehmerisch richtige Strategie sah und daher mit der RX-Modellreihe das Abdecken eines Nischensegments anstrebte).

205 Eine detaillierte Darstellung der technischen Aspekte der DKM78 findet sich bei Honolka und Elberth (1983).

206 Gemäß eines Hinweises von Dipl.-Ing. Eiermann an den Verf. in einem Nachgespräch im Februar 2005 handelte es sich im Endeffekt bei dieser DKM um eine technisch anspruchs-

in Fachkreisen. So entschloss man sich Anfang 1986 bei Daimler-Benz sogar, die TES Lindau im Rahmen einer dauerhaften Kooperation zu unterstützen.[207] Dabei wurde eine fachliche Zusammenarbeit und eine Ausstattung mit entsprechenden Finanzmitteln durch Daimler-Benz bis zum Tode Felix Wankels vereinbart. Das Kooperationsabkommen gewährte Wankel und seinem Team erfinderischen Freiraum ohne Auflagen, wobei die Arbeiten seitens Daimler-Benz bei Bedarf zusätzlich durch die Delegation eigener Mitarbeiter gefördert werden konnten (de Pay, 1989, S. 26).

Im ‚Manager Magazin' (MM) (Ausgabe März 1986) begründete Wankel das Zustandekommen der Kooperation damit, dass es Entscheidungsträgern in Untertürkheim wohl leid tue, dass nach dem Tode Bensingers die Arbeiten am bereits serienfähigen C 111-Kreiskolbenaggregat nicht weiter verfolgt worden seien. Viele Jahre nach dieser Entwicklung sei er nun mit den gegenüber dem Wankel-Motor aufgeschlossenen Herren Prof. Werner Niefer und Dr. Rudolf Hörnig vom Daimler-Benz-Vorstand zu der neuen Vereinbarung, die ihm völlig freie Entwicklungsmöglichkeiten lasse, gelangt. Den Vereinbarungstext gab Wankel im Interview mit dem MM wie folgt wieder:

> „Herr Dr. Wankel und die Daimler-Benz AG stimmen in dem Wunsch überein, das Lebenswerk von Herrn Dr. Wankel, gegebenenfalls über die Zeit seiner aktiven Entwicklungstätigkeit hinaus, zu sichern. Die Krönung dieses Lebenswerkes sieht Herr Dr. Wankel vor allem in der Entwicklung von Drehkolbenmotoren ... [Unterbrechung des MM-Redakteurs und -Interviewers Rüßmann: ‚... einen Augenblick bitte, sagten Sie Drehkolbenmotoren? Ist der berühmte Wankelmotor nicht ein Kreiskolben-Motor?'] ... Ja, aber der ist nicht mehr mein Liebling. Ich möchte die Drehkolben-Motoren weiterführen, die in meinen Augen besser sind" (Rüßmann, 1986, o.S.).

Die Art dieser Vereinbarung belegt wohl auch, dass sich – obwohl ja dem Wankel-Motor im Automobilbereich kein nachhaltiger Erfolg beschieden war – die Faszination der Wankelschen Konzepte und Pläne aufrecht erhalten hatte und weitere kreative Forschungsarbeiten seitens der auf die konventionelle Hubkolbenmotorik ausgerichteten Autoindustrie Interesse und Respekt fanden. Dass Wankel dabei an seine alten, im Vergleich mit der Kreiskolbentechnik anspruchsvolleren Planungen zum Drehkolbenmotor anknüpfte, zeigt im Übrigen die dem Erfinder inne wohnende visionäre Triebkraft.[208]

---

volle Exploration, die unter Wankels Anleitung aber wieder einmal ohne kaufmännische Planung oder gar ausdrückliche Gewinnerzielungsabsicht betrieben worden war.
207 Dies ist insbesondere vor dem Hintergrund interessant, dass die Daimler-Benz-Entwicklungsarbeiten am Wankel-Motor nach dem Tode Wolf-Dieter Bensingers (1974) zwischenzeitlich eingestellt worden waren. Dipl.-Ing. Eiermann äußerte im Nachgespräch mit dem Verf. (Februar 2005), dass Daimler-Benz mit der Kooperation das Potenzial in Lindau gleichsam in der Art eines Inspirationsfundus nutzen wollte.
208 Mithin berichtete v. Manteuffel, der ja nach seiner Zeit bei NSU selbst zu Daimler-Benz gewechselt war und gemeinsam mit dem Entwickler Bensinger an den technischen Sitzungen teilnahm, dass dieses Unternehmen in den gesamten 1970er Jahren „riesige Anstren-

Möglicherweise bestand eine gewisse Kausalität zwischen dem Abschluss der Kooperationsvereinbarung von TES und Daimler-Benz und der Tatsache, dass der damalige Eigner der Wankel GmbH, Lonrho, die Mittel für die dortigen technischen Entwicklungsarbeiten unmittelbar am Automotor seit 1982 merklich zurückgeschraubt hatte. Dipl.-Ing. Eiermann beschrieb die damalige Konstellation folgendermaßen:

> „Schmücker hatte ja die Wankel-Entwicklung abgebrochen [Hinweis des Verf.: Abbruch durch VW-Chef Schmücker 1979; s. auch Kap. 6.3] und Lonrho wollte ja nun Geld verdienen; also das hatte nicht gepasst. Lonrho tat nichts mehr für die Wankel-Motoren-Entwicklung in der Autoindustrie, wohl in Abstimmung mit VW. Gut, ob das der direkte Zusammenhang ist, ist schwierig, aber man kann schon daraus schließen, dass es so war, denn Lonrho hat für zehn Jahre Exklusivimport von Volkswagen bekommen. Also, man hat da einen Deal gemacht. Sämtliche VW-Fahrzeuge, Audi-Fahrzeuge, die nach England gingen, gingen über Lonrho. Und das ist natürlich ein Riesengeschäft – und zwar auf zehn Jahre, das war 1982. 1992 ist dieser Vertrag ausgelaufen und da wurde dieses Exklusivrecht zurückverkauft an Volkswagen für über 100 Millionen Pfund. Dazu kam noch, dass die ganzen Karosseriebleche für Audi von einer Lonrhoschmiede kamen, die vorher fast pleite gewesen ist, und damit haben sie diese wieder aufgebessert (...) Wir waren in der R & D[209] so weit, dass wir über Aufträge und Entwicklungen schwarze Zahlen gemacht haben, wir konnten uns finanzieren. Aber an Automotoren war einfach kein richtiges Interesse da, denn auf uns wurde über die GmbH [Wankel GmbH; d. Verf.] von Lonrho Druck ausgeübt, keine Motoren zu entwickeln. Die hatten sich mit VW geeinigt und VW konnte ja nun nicht zulassen, dass einer einen Motor macht, der besser ist als das, was man vorher in der Zeitung propagiert hatte. Dass nämlich die moderneren Wankel-Motoren zwar den Stand von Hubkolben erreicht haben, so hat man das offiziell dargestellt, dass sie aber aufgrund des gesunkenen Interesses nicht in Frage kommen, dass es keinen Sinn macht, Fahrzeuge mit dem Motor auszurüsten, weil die Stückzahlen, die Gewinn bringen, nicht mehr verkaufbar wären. So etwa in dem Stil" (Eiermann, 2003, Interview).

Man mag dieser Schilderung entnehmen, dass im VW-Konzern am Anfang der 1980er Jahre durchaus ein negativer Affekt gegen den Wankel-Motor herrschte

---

gungen" gemacht habe, um den Wankel-Motor zu optimieren. Dort habe man das Konzept des Kreiskolbenaggregates schließlich jedoch untergewichtet, da es schlichtweg keine effizienten Kosten-Nutzen-Relationen versprach: „Wenn sie bei Daimler gekonnt hätten [Hinweis zum Kontext: Produktion eines konkurrenzfähigen Wankel-Motors; d. Verf.], dann hätten sie. Es war nur die gleiche Erkenntnis, die sich auch bei mir festsetzte: ‚Nein, das ist es halt nicht'. Das Geld ist besser investiert in den Hubkolbenmotor. Das ist vernünftiger und führt schneller zum Ziel. Und man kann daraus Geld machen" (v. Manteuffel, 2004, Interview).
209 Gemeint ist die Lindauer Wankel R & D GmbH („R & D" steht für Research & Development), die als Beteiligung im Rahmen des Wankel GmbH-Verbundes ab den Jahren 1972–1973 im Bereich der Rotationskolbenmaschinen forschungsaktiv war. Eiermann war in den 1970er Jahren als technischer Entwickler leitend für diese Beteiligung tätig.

und dass die Führungsebene des Unternehmens wohl gewisse Probleme mit der Verarbeitung der Möglichkeit gehabt hätte, ein moderner Wankel-Motor könne überzeugende technische Attribute aufweisen und vielleicht doch noch in ein echtes Konkurrenzverhältnis mit den inzwischen optimierten Hubkolbenmotoren treten.

Auf der anderen Seite ist es fraglich, inwieweit sich dieses Risiko selbst angesichts eines in Lindau zu hohem Reifegrad gebrachten Kreiskolbenaggregates gestellt hätte: Die pragmatischen Entscheidungen in der deutschen und US-Automobilindustrie (gefolgt von den Unternehmen der anderen Regionen) waren ja gefallen, die PKW-Käufer waren auf die konventionelle Motorik und dabei in verstärktem Maße auf den Dieselantrieb orientiert und auch die Tatsache, dass in Japan mit der RX-Reihe die Verwendbarkeit eines mechanisch zuverlässigen Wankel-Motors als Autoantrieb unter Beweis gestellt wurde, sollte zu keiner grundsätzlichen Umorientierung mehr führen. Was allerdings bedenklich stimmen muss, ist der beschriebene Deal zwischen Lonrho und VW. Die berichteten (informellen) Abstimmungsprozesse müssen letztlich wie ein ‚Geschacher' anmuten und werfen auf beide Unternehmen ein wenig gutes Licht.

Eiermann berichtete dem Verfasser, dass – nachdem im Sinne der Lonrho-Gruppe eine weitere Fokussierung der Wankel R & D GmbH auf Entwicklungsarbeiten zur direkten automobilen Motorik ausschied – man sich mehr auf die Anwendung des Wankel-Motors für Lader und Kompressoren, beispielsweise Klimakompressoren für Automobilklimaanlagen und Auflagegeräte, konzentrierte und damit teils auch wirtschaftlichen Erfolg hatte.[210] Insbesondere die in der TES Lindau entwickelten, technisch anspruchsvollen Lader (Turbolader) auf Rotationskolbenbasis fanden in Fachkreisen großen Anklang und wurden ab 1986 von der Firma KKK (Kühnle, Kopp & Kausch AG mit Sitz in Frankenthal), einem führenden Hersteller von Turboladern für die Leistungssteigerung von Automotoren, übernommen (Rüßmann, 1986, S. o.S.). Diese Art von Ladern (innenachsige Zahnräder) konnten sich aber in wirtschaftlicher Hinsicht mittelfristig nicht durchsetzen, da sie sich im Gegensatz zu den durch Ogura (Japan) von der Wankel R & D GmbH übernommenen Aggregaten mit außenachsigen Zahnrädern als technisch zu komplex und anfällig erwiesen.

Möglicherweise steuerten diese wenngleich nicht durchweg erfolgsträchtigen Innovationen der TES auch dazu bei, dass – die ursprüngliche Vereinbarung zwischen Daimler und der TES wohlwollend auslegend – die Untertürkheimer Konzernzentrale nach Wankels Tod im Jahre 1988 die Förderung der Lindauer Entwicklungsstelle nicht einstellte, sondern sie, wenn auch in eingeschränktem Umfang, noch bis 1993 fortführte. Nachdem die Kooperation mit Daimler-Benz ausgelaufen war, arbeiteten die TES-Ingenieure noch drei weitere Jahre an Neuerungen für die Auto- und Maschinenindustrie. Erst 1996 wurde der operative

---

210 Hinweis: Die Lader- und Kompressorentechnik auf Wankelbasis erwies sich als erfolgreich; die japanische Firma Ogura richtete in den 1980er Jahren eine entsprechende Produktionslinie ein und fertigte die Teile in großen Stückzahlen (bis zu 250.000 pro Jahr).

Betrieb der TES beendet und das in den Besitz der Felix-Wankel-Stiftung übergegangene Bauwerk nach längerem Leerstand schließlich von VW gekauft.[211] Seitdem dient es unter anderem als Seminar-, Tagungs- und Ausstellungsstätte.

Das „Aus" der TES im Jahre 1996 sollte mithin nicht das Ende qualifizierter Forschungs- und Entwicklungsarbeiten am Wankel-Motor in Deutschland bedeuten: Bereits 1992 stand Lonrho's Wankel-Gruppe zur Übernahme an. Der Geschäftsmann Jürgen Bax prüfte im Auftrag eines japanischen Unternehmens die Übernahmemöglichkeit. Nachdem die Japaner jedoch „abgesprungen" waren, gründete Bax 1993 zusammen mit Dipl.-Ing. Eiermann die Wankel Rotary GmbH mit Sitz in Korb (Rems-Murr-Kreis), welche dann die Wankel-spezifischen Aktivitäten von Lonrho unter Integration der Wankel GmbH fortführte.

Die Wankel Rotary GmbH entwickelte und fertigte in den Folgejahren unter anderem Drehkolbenaggregate für Leichtflugzeuge und Go-Karts. Diese Produkte wurden auch in die USA, nach Mexiko und China exportiert. Das Lüftungssystem der deutschen ICE-Züge mit Neigetechnik, das ursprünglich von der Wankel R & D GmbH entworfen worden war, wurde später ebenfalls von der Wankel Rotary GmbH vermarktet. In den Korber Fertigungsstätten konnten durchaus ambitionierte Rotationskolbenaggregate, beispielsweise ein 35-Kilowatt-Flugzeugmotor mit einem Gewicht von lediglich 35 kg (bei Befüllung mit allen Schmierstoffen und Flüssigkeiten), entwickelt werden. Auf der Fluggerätemesse AERO 1999 in Friedrichshafen stellte die Wankel Rotary GmbH nach mehrjährigen Vorarbeiten zudem zwei einsatzfähige Schichtlade-Vielstoff-Motoren mit Fremdzündung und Turboaufladung vor, bei denen die Gewichte der funktionsfertigen Motoren bis dahin nicht für möglich gehaltene Werte erreichten (50-PS-Ein-Scheiben-Motor mit einem Gewicht von nur 31,4 kg, Zwei-Scheiben-Vielstoff-Schichtlade-Motor mit 90 PS und 90 kg Gewicht).[212] Bereits am 6. Februar 1998 hatte das Korber Unternehmen die Benzinversion (bleifrei, Anspruch nur 91 ROZ) eines innovativen Ein-Läufer-Kreiskolben-Motors (Bezeichnung HE-400 SG) zum Antreiben von Hochleistungs-Permanent-Magnet-Generatoren für sog. Elektro-Hybrid-Fahrzeuge in Funktion vorgestellt.[213]

Die wirtschaftliche Lage der Wankel Rotary GmbH verschlechterte sich nach Angabe von Bax allerdings, nachdem VW im Jahre 1999 einen Großauftrag für

---

211 Bei den entsprechenden Kontakten zu VW war im Übrigen auch Dipl.-Ing. Eiermann beteiligt: Er stand seinerzeit im Austausch mit VW-Technikern, die sich um eine maritime Anwendung des werkseigenen TDI-Motors bemühten und dabei in der Bodenseeregion auch mit dem Maschinenbauer MTU verhandelten. Über diesen Austausch wurden die Entscheidungsträger bei VW auf den Bau aufmerksam gemacht und entschlossen sich zum Erwerb (Nachgespräch des Verf. mit Dipl.-Ing. Eiermann im Februar 2005).
212 Angaben gemäß offizieller Pressemitteilung der Wankel Rotary GmbH vom 30.4.1999. Zu den Vorarbeiten s. auch Benz (1995).
213 Dieses Aggregat mit nur 400 ccm Verdrängungsvolumen, das die bekannten Vorzüge des Wankel-Prinzips vereinen sollte (niedriges Gewicht, geringes Einbauvolumen, vibrationsarme Laufkultur), war zuvor in einigen Tausend Prüfstandstunden erfolgreich getestet worden (Angaben gemäß offizieller Pressenotiz der Wankel Rotary GmbH vom 6.2.1998).

Klimakompressoren auf Rotationskolbenbasis kündigte. In etwa zeitgleich mit dieser kritischen Phase untersagte dann das Bundesamt für Außenwirtschaft der Wankel Rotary GmbH, Wankel-Motoren für leichte Drohnen (Aufklärungsflugzeuge) nach Israel zu liefern. Daraufhin musste die Firma im Jahre 2000 vorläufige Insolvenz anmelden (Missal, 2000, S. 5).

Das Unternehmen war nicht mehr zu retten, 2001 kam das endgültige Aus.[214] Wie unter Kap. 1 bereits dargelegt, konnte die Konkursmasse von der Wankel AG in Kirchberg (Sachsen) erworben werden, die seitdem die Korber Entwicklungsarbeiten fortsetzt. Die Wankel Super Tec GmbH in Cottbus forscht unter Mitarbeit von Dipl.-Ing. Eiermann insbesondere an Möglichkeiten, doch eine technisch überzeugende Kompatibilität von Wankel-Motor und Dieselbetrieb zu erreichen. Wie bei der CDI-Technologie soll dabei der Kraftstoff direkt in mehreren Schüben in den Brennraum gespritzt werden. Aktuell ist nach Angabe von Eiermann ein rund 65 PS starker, aber nur 45 kg wiegender und sehr verbrauchsarmer Diesel-Motor geplant. Es handelt sich hier um viel versprechende Konzepte und Planungen, über deren Ausgang aber zum Zeitpunkt der Abfassung der vorliegenden Arbeit noch keine feste Prognose gewagt werden kann.

Dass Wankel-Motoren für vergleichsweise drehmomentstabile Anwendungen wie etwa bei bestimmten Fluggeräten (Drohnen, Leichtflugzeuge) oder auch bei Torpedos geeignet sind, gilt gegenwärtig in Fachkreisen als unstrittig. Die Motoren weisen die Vorteile günstiger Leistungsgewichte, meist guter aerodynamischer Verkleidbarkeit, geringer Stirnwiderstände, minimaler Vibrationen und – unter der vorgenannten Bedingung mäßiger Drehzahlbeanspruchung und Belastung – mechanischer Zuverlässigkeit auf.

Eine Gruppe von Motoreningenieuren, darunter auch solche, die kaum im ‚Verdacht' stehen dürften, dem Wankel-Motor gegenüber vorurteilshaft und ablehnend gestimmt zu sein, sieht insofern zukünftige Einsatzmöglichkeiten des Aggregates vor allem in Bereichen, in denen relative Laufruhe dominiert.[215] Nach Aussage von Prof. Jungbluth, seinerzeit im Wankel-Entwicklungsteam von NSU und später an der Karlsruher Universität tätig (s. auch Kap. 3 und 5.2.2), kommen für den Wankel-Antrieb daher u.a. in Frage: Pumpen, Verdichter, stationäre Generatoren, Fräsen, sowie Baumsägen (Jungbluth, 2004, pers. Mitteilung). Eine damit kongruente Position vertritt Dipl.-Ing. Arnold Schönbeck, derzeit Motorenversuchsleiter bei der 1947 gegründeten Farymann GmbH im südhessischen Lampertheim und zuvor bei den Motorenwerken Mannheim beschäftigt, mit dem der Verf. im Dezember 2004 ein mehrstündiges Gespräch führen konnte. Diese Aus-

---

214 Ohne das Exportverbot für die von den Israelis begehrten Drohnenantriebe wäre vermutlich das Überleben des Unternehmens zunächst gesichert, möglicherweise sogar eine Expansion machbar gewesen (Eiermann, 2003).
215 Es ist auch für einen technischen Laien unmittelbar nachvollziehbar, dass gerade in diesen Bereichen das Wankel-Prinzip „technisch logischer und einfacher als ein über eine geringe Distanz hoch und runter ackernder Kolben" sein kann, der „seine wahnwitzig schnelle Auf- und Ab-Bewegung erst mittels Pleuelstange auf eine rotierende Kurbelwelle übertragen muss" (Bruske, 2002, o.S.).

kunftsperson anerkennt eine Zukunftsfähigkeit des Wankel-Antriebes „eventuell als stationär betriebener Stromerzeuger bei einer konstanten Last- und Drehzahl".

Ebenfalls konsistent mit einer derartigen Prognose favorisiert schließlich Dipl.-Ing. v. Manteuffel (2004, Interview) den zukünftigen Einsatz des Wankel-Motors bei „leichten Dingern wie Rasenmähern, Laubblasgeräten, also möglichst einfachen Konstruktionen, bei denen die Laufzeiten auch nicht so wahnsinnig lang sind". Nach Aussage dieses Gesprächspartners seien aber auch Verwendungen des Wankel-Motors für bestimmte Individualkonstruktionen im Leichtflugzeugbau, bei denen Kosten eine untergeordnete Rolle spielen, denkbar. Die „Zeit nach dem Zweitaktmotor, wenn die Hersteller von Rasenmähern oder Schneemobilen neue Antriebe brauchen", hatte als einen Vermarktungsbezug für den Wankel-Motor im Übrigen in der Endphase der Wankel Rotary GmbH auch deren Geschäftsführer Bax identifiziert (Bax, zit. gemäß Missal, 2000, S. 5).

Abschließend müssen an dieser Stelle aber auch jene Stimmen aufgegriffen werden, die sich weniger optimistisch hinsichtlich einer substanziellen ‚Neuauflage' des Wankel-Motors im Automobilbereich äußern. Eine solche Einschätzung nahmen im Gespräch mit dem Verfasser unter Verwendung durchaus ähnlicher Argumente sowohl Prof. Jungbluth, als auch die Dipl.-Ing. v. Manteuffel und Schönbeck vor. Die Einschätzung lässt sich wie folgt skizzieren.

Der Hubkolbenmotor erfülle derzeit in weit besserem Maße die Bestimmungen zur Abgasemission als ein Wankel-Motor, bei welchem zudem auch die Verbrauchswerte tendenziell nachteiliger seien. Im Einzelnen seien aufgrund insgesamt schwächerer Wirkungsgrade von Wankel-Motoren im Teil- und Schwachlastbereich die Rohemissionen von Kohlenmonoxid und Kohlenwasserstoff dramatisch hoch, und daher letztlich nur mit teuren außermotorischen Zusatzmaßnahmen in den Griff zu bekommen (größerer Drei-Wege-Katalysator als bei vergleichbaren Ottomotoren oder auch Dieselmotoren). Das systemimmanente Grundproblem des Wankel-Motors, ein nicht rotationssymmetrischer Brennraum mit schlechterer Verbrennung, Verlust an Wirkungsgrad und der Erfordernis einer Nachverbrennung schädlicher Abgase, bedinge nach wie vor einen zusätzlichen technischen Aufwand, welcher wiederum Vorteile des Aggregates wie einfache Bauweise dekompensiere. Mithin sei der Wankel-Motor möglicherweise für gasförmige Kraftstoffe, welche die so genannten ‚Wandanlagerungseffekte' nicht besitzen, geeigneter, da hier die Teillast-Wirkungsgrad-Nachteile weniger zur Geltung kämen. Die Turbinen-Eignung des Wankel-Motors begründe sich ohnehin aus dem direkten kontinuierlichen Verbrennungskonzept.

Insgesamt bestand hier Einigkeit dahin gehend, dass der Wankel-Motor im Bereich der Automassenfertigung deswegen eingeschränkte Möglichkeiten habe, da durch die Verschärfung der Abgasgrenzwerte seine signifikanten thermodynamischen Nachteile im Vergleich zum Hubkolbenmotor immer größer würden. Prof. Jungbluth hob zusätzlich hervor, dass die heutigen Hubkolbenmotoren mit veränderbaren Steuerzeiten (Kurbel- oder Nockenwelle, Ein- und Auslassdefinition) in einem weit besseren Maße Anpassungsmöglichkeiten bieten würden als selbst ein technisch anspruchsvoller Wankel-Motor. Insofern ist der Auffassung von Eiermann (2003, Interview) voll und ganz zuzustimmen, wonach die Serienfertigung eines modernen Wankel-Motors auch für automobile Anwendungen nur dann profitabel und zukunftsfähig sei, wenn es durch gezielte Innovationen gelinge, hinsichtlich Einfachheit der Bauweise, Gewicht und der Relation von Leistung und Verbrauch einen erkennbaren Vorteil gegenüber konventionellen Hubkolbenmotoren zu erreichen.

8. Versuch einer Zwischenbilanz zur Entwicklungsgeschichte des Wankel-Motors im Kontext der Überlegungen Weyers zur Technikgenese

Im Unterschied zu älteren Modellen der Technikgenese aus den 1980er und 1990er Jahren[216], insbesondere dem sog. ‚Closure'-Konzept, hebt Weyer (2004) hervor, dass die sozialen Aushandlungsprozesse in Bezug auf eine neuartige Technik keinen einmaligen Akt darstellen, in dessen Folge Charakteristik, Verlaufsdynamik und mögliche Auswirkungen der Technik bereits früh determiniert würden.

Vielmehr vertritt der Autor die Position, wonach sich soziale Netzwerke bzw. Akteurkonstellationen, die für die neue Technik die Konfiguration der relevanten Entscheidungsträger bilden, im Rahmen der Entwicklungsdynamik wesentlich ändern oder wechseln können. Diese Option auf Umbrüche gelte natürlich auch für die mit der Innovation verknüpften Einsatz- und Generalisierungsperspektiven.

‚Idealtypisch' lässt sich nach Weyer Technikgenese als Prozess der sozialen Konstruktion von Technik in die drei Phasen Entstehung, Stabilisierung und Durchsetzung einteilen.[217] Angenommen wird dabei, dass Technikprojekte in diesen Phasen „von unterschiedlichen sozialen Netzwerken getragen werden, in denen Akteure mit unterschiedlichen Motiven und Nutzungsvisionen agieren und interagieren – und so soziale Schließungen erreichen, die für die Technikgenese folgenreich sind" (Weyer, 2004, S. 25).

Aus derartigen Modellannahmen ist zwingend abzuleiten, dass sowohl technische als auch anwendungsorientierte und vermarktungspolitische Resultate innerhalb der Netzwerke durch die dort eingebundenen Akteure ausgehandelt und wechselseitig abgestimmt werden. Handlungsspielräume und -alternativen ergeben sich demnach durch Veränderung, Erweiterung, aber auch durch Konzentration sozialer Netzwerke. Technikgestaltung als normative Steuerung, bei der beispielsweise der Staat als übergeordneter Akteur autoritativ die Zielvorgaben setzt, die dann von den anderen Akteuren zu befolgen sind, hat nach Weyer hingegen einen nur untergeordneten Stellenwert.

Im Falle der vorliegenden Thematik konnten die von Weyer beschriebenen Phasen in mehr oder minder deutlicher Ausprägung identifiziert werden. So ließ sich eine durchaus abseits von bürgerlicher Konformität angesiedelte Gruppierung der Erfinder und Tüftler, geprägt von leidenschaftlicher Hingabe an ihre Konstruktions- und Montagearbeiten im Bereich von Drehkolbenmotoren und anderen

---

[216] Vgl. hierzu beispielhaft die Arbeiten von Meinolf Dierkes (1989, 1993) zur Technikgeneseforschung.
[217] Da diese Phasen bereits unter Kap. 2.2 ausführlich erläutert wurden, sei hier auf eine nochmalige modelltheoretische Darstellung verzichtet.

Modellen, für die 1920er und 1930er Jahre ausmachen; verwiesen sei hier exemplarisch auf die Phase der Heidelberger Versuchswerkstatt.

Diese Gruppierung erwies sich zwar, nicht zuletzt bedingt durch Wankels mehrfache Ortswechsel, kaum als stabil, doch einzelne Kontakte mit Ingenieuren und Mechanikern aus diesen beiden Dekaden überdauerten die Kriegsjahre und bestanden teils bis weit in die 1960er Jahre hinein.[218]

Auch die für den späteren Wankel-Motor Weg weisenden Sozialkontakte auf organisatorisch-strategischer Ebene hatten sich bereits in den 1930er Jahren verfestigt (Keppler, Bensinger). Offensichtlich verstand es Wankel, der sich ja selbst als kaufmännisch eher untauglich charakterisierte (s. Kap. 4.2.1), derartige Kontakte zu nutzen, um sich in der NS-Zeit die Unterstützung der offiziellen Stellen für seine Forschungs- und Entwicklungsarbeiten zu sichern.

Auf der einen Seite sind hier insofern Ansätze einer effizienten Netzwerkbildung zu erkennen, auf der anderen Seite blieb Wankels Haltung zum NS-System von mancherlei Widersprüchlichkeiten gekennzeichnet (hingewiesen sei hier etwa auf seinen Konflikt mit dem badischen Gauleiter Wagner, aber auch auf seine Anwürfe gegen das NS-‚Bonzentum'; s. Kap. 4.1, 4.2.4).

Eine mögliche Hypothese zur Erklärung des ambivalenten Verhaltens Wankels zum NS-System wäre, dass er mit diesem zumindest teilweise bewusst kollaborierte, um seine Forschungsideen durch die ‚offizielle' Alimentierung verfolgen zu können. Ob Ähnlichkeiten zum passiven Verhalten Werner Heisenbergs vorliegen, der Forschung betrieb, aber das Regime mit nicht kriegswichtigen Ergebnissen ‚hinhielt'[219], lässt sich aber trotz intensiver Sichtung der diesbezüglichen Wankel-Archivmaterialien nicht beurteilen.

Dies begründet sich wie folgt: Wankels Innovationen bzw. technischen Entwicklungen hätten im obigen Falle vor allem in Bereichen von untergeordneter rüstungspolitischer Bedeutung oder in geringer Stückzahl zum Einsatz kommen dürfen. Dass seine Drehkolbenanwendungen (Luftwaffe) und auch maritimen Entwicklungsarbeiten seitens offizieller NS-Stellen als wehrtechnisch durchaus relevant eingestuft wurden, darf als gegeben angesehen werden; gleichwohl ist jedoch deren tatsächliche Bedeutung für militärische Einsätze schwer zu erfassen bzw. doch eher fraglich. Dabei muss man sich auch vergegenwärtigen, dass es Wankel ja stets verstand, in dem gegebenen Förderungskontext seinen genuin eigenständigen Vorstellungen nachzugehen.

Die Möglichkeit der Instrumentalisierung Wankels durch den Nationalsozialismus und auch seine Hinweise, die eigenen Forschungsarbeiten zwischen 1933 und

---

218 Verwiesen sei hier beispielsweise auf einen für die Entwicklungsgeschichte nicht nur der Drehkolbenmotoren, sondern auch des eigentlichen Wankel-Motors bedeutenden Techniker wie Ernst Höppner; siehe Kap. 4.2.3.
219 Vgl. hierzu die Darstellung von Fischer (2002, S. 122 ff.), die allerdings nur grob orientierenden Charakter für sich beanspruchen kann. Eine umfassende Abhandlung der fraglichen Problematik im Lebensweg von Werner Heisenberg findet sich in dem Werk von Cassidy (1992).

1945 „um ihrer selbst willen", also quasi politisch neutral betrieben und damit letztlich den Kontext des NS-Staates nicht richtig wahrgenommen zu haben, müssen jedoch auch kritisch hinterfragt werden. Offenkundig nutzte Wankel, trotz seiner früheren Konflikte mit dem NS-Apparat in Baden, zielgerichtet Chancen und Unterstützung, die ihm die nationalsozialistische Rüstungspolitik bot. Erst unlängst hob Maier (2004, S. 76)[220] hervor, dass nach 1945 von manchen unter den totalitären Bedingungen des NS-Systems tätigen Technikern und dann auch von einigen Technik- und Wissenschaftshistorikern die „Legende von der Wertneutralität der Wissenschaft" und der Grundlagenforschung um reiner Erkenntnis willen vertreten worden sei. Möglicherweise wandte Wankel, sei es nun rational und pragmatisch gewesen oder mehr oder minder sublimierten Rechtfertigungsantrieben entspringend, eine ähnliche Argumentationsstrategie an. Inwieweit beziehungsweise in welchen Gewichtungen sein Wirken bis 1945 als opportunistische Nutzung der Potenziale des NS-Rüstungsapparates oder mehr als bewusste Kollaboration bei in gewisser Hinsicht gegebener Instrumentalisierung der eigenen Person zu bewerten ist, kann in der vorliegenden Arbeit letztlich aber nicht völlig geklärt werden und würde ohnehin ausführlichere Darlegungen erfordern, die den Rahmen des hier behandelten Themas gesprengt hätten.

Das eigentliche Netzwerk, das – unter Mitwirkung bzw. Vermittlungs- und Zuarbeit von bereits in der Phase von Wankels Drehkolbenmotorenversuchen in den 1930er Jahren beteiligten Akteuren wie insbesondere Wilhelm Keppler – den Wankel-Motor (Kreiskolbenmotor) voran bringen sollte, wurde seit Anfang der 1950er Jahre in der Kooperation mit NSU geschaffen. Hierbei handelte es sich um eine soziale Konfiguration von Technikern und Unternehmensentscheidern, welche das Konzept Wankels bis hin zur Fertigung des notwendigen Prototypen (Kreiskolbenmotor) tragen sollte.

Bis Ende dieser Dekade scheint dabei zumindest im Hinblick auf die informationellen Parameter und die organisatorische Geschlossenheit eine effiziente Stabilisierungsphase im Weyerschen Sinne bestanden zu haben, denn immerhin wurde das revolutionäre Trochoidenprinzip des Wankel-Motors im Vergleich etwa zur Historie des Otto-Motors zügig umgesetzt, ohne dass wesentliche Aspekte dieser Entwicklung an die Öffentlichkeit durchgesickert wären. In der gleichen Phase zeigten sich für den Erfinder Wankel aber immer stärker Tendenzen, sich aus einer planvollen technischen Reifungsarbeit für den Motor (Kreiskolbenmotor) zurückzuziehen. Es lagen wohl Frustrationen bei ihm vor, da man seiner Ansicht nach die technisch anspruchsvollere Vision eines Drehkolbenmotors mit rotierendem Innenläufer und nicht-statischem Gehäuse hätte verfolgen sollen.

---

220 Dieser Autor untersuchte auf Basis der ehemaligen Kaiser-Wilhelm-Gesellschaft das Problem der Verantwortung von Wissenschaftlern und Technikern im nationalsozialistischen System. Vgl. zu diesem Komplex zusammenfassend auch: Kaufmann (2000).

Zudem vermochte es Felix Wankel, sich unter Beratung Kepplers und vor allem des kaufmännisch durchtriebenen Ernst Hutzenlaubs im Rahmen der 1957 gegründeten Wankel GmbH beträchtliche Anteile der zu erwartenden Lizenzeinnahmen am Kreiskolbenmotor zu sichern. Diese Geldsummen sollten dann im Laufe der 1960er Jahre tatsächlich fließen, aber letztlich die ohnehin nicht üppige Liquiditätsausstattung der NSU AG zusätzlich belasten bzw. für gezielte technische Arbeiten beim Versuch der Durchsetzung des Kreiskolbenmotors (dritte Phase nach Weyer) fehlen.

Es mag paradox anmuten und die Widersprüchlichkeiten in Felix Wankels eigener Entwicklung offenbaren, dass sich die Phase, in der er plötzlich zur Person des öffentlichen Lebens wurde (medienwirksame Vorstellung des Wankel-Motors Anfang 1960), zeitlich mit seiner finanziellen Saturierung und seinem weitgehenden Rückzug aus den Arbeiten am Kreiskolbenmotor im Hause NSU überschnitt.

In den Folgejahren vertrat Wankel, der als technischer Visionär offensichtlich dazu neigte, konkreten Gegenwartsanforderungen wie etwa Fragen der Produktausreifung und Serienfertigung etc. gleichsam gedanklich schon längst voraus zu sein, immer häufiger den Standpunkt, er habe ja seine Arbeit getan und für die Umsetzung und Weiterungen des bestehenden Produktes ‚Kreiskolbenmotor' sei doch die Industrie ‚zuständig'. Die gleiche Einstellung hatte er ja auch an die Anwendung des Kreiskolbenmotors im Bereich der Diesel-Motoren angelegt. Wankels Selbstdefinition als Erfinder beinhaltete also offenkundig die kreative Ausarbeitung einer technischen Innovation, jedoch nicht unbedingt deren Ausdifferenzierung und vor allem nicht all jene kaufmännisch-administrativen, auf die Vermarktung der Innovation bezogenen Tätigkeiten. Grob vereinfacht ließe sich also festhalten, dass Wankel das ingeniöse Moment auslebte, aber nicht mehr recht ‚am Ball bleiben' mochte, nachdem sich dieses als technische Realität manifestiert hatte.

In imagemäßiger Hinsicht hatte Wankel mit der Einwilligung zum Verkauf der Wankel GmbH an die britischen Lonrho-Investoren (1971) ‚seinem' Motor sicherlich einen sog. Bärendienst erwiesen, da dieser Akt in der Öffentlichkeit kaum anders wirken konnte, als glaube der Erfinder nicht mehr an das eigene Produkt oder identifiziere sich zumindest nicht wirklich damit. Die emotionale Breitenwirkung eines solchen Effektes sollte man insbesondere auch deshalb nicht unterschätzen, da ja zum fraglichen Zeitpunkt mit gegebener Massenmotorisierung das Automobil von den Konsumenten längst als „Mittel und Weg zu Repräsentation, Abenteuer und Sport" gedeutet wurde (Bayerl, 1998, S. 329).

Es dürfte allerdings deplatziert sein, die weitgehende Nichtdurchsetzung des Wankel-Motors in der Automobilindustrie an der Person Wankel festmachen zu wollen. Als den Niedergang der neuartigen Antriebsalternative mitbedingend erscheinen doch andere Faktoren: So ist im Falle von NSU neben dem Umstand der – im Unterschied zu Japan (hier ausreichende Ressourcenausstattung für die

Entwicklungsarbeiten am Wankel-Motor im Kontext eines eigenständigen Netzwerkes !) – mangelnden Anbindung der technischen Innovation an einen großen Automobilkonzern auch der Nichtausbau des tragenden Netzwerks in der erfolgsträchtigen Phase Ende der 1960er Jahre zu nennen. Insoweit unterschieden sich die Rahmenbedingungen des Wankel-Motors entscheidend etwa von der Durchsetzung des Diesel-Motors (seinerzeit getragen von der erfolgreichen, im Maschinenbau bestens positionierten MAN) oder des damals ebenfalls ‚revolutionären' Konzepts eines Volkswagens (durchgreifende industriepolitische Unterstützung des NS-Systems für Ferdinand Porsche).

Gleichwohl sollte hier einer ‚Mythologisierung' des Netzwerkansatzes nicht das Wort geredet werden; systemimmanente Nachteile und auch schlichtweg technische Mängel des Wankel-Motors hatten ‚außerhalb' der sozialen Konfigurationen sicherlich erhebliche Bedeutung für den Niedergang des Kreiskolbenaggregates. Und schließlich dürfte es fraglich sein, ob – nicht zuletzt angesichts der persönlichkeitsspezifischen Charakteristika des Felix Wankel – die frühzeitige Kooperationsvereinbarung mit einem wirtschaftlich starken Konzern wie etwa der Daimler Benz AG anstatt mit einem zwar kreativen, aber doch stets liquiditätsgefährdeten[221] Unternehmen wie NSU, den durchschlagenden Erfolg gebracht hätte.

Bezeichnend erscheint hier der kritische Hinweis des langjährigen Weggefährten Felix Wankels, Ernst Höppner: Demnach wäre es ohne die Aufgeschlossenheit von NSU für Wankels ungewöhnliche Motorenvorstellungen und die entsprechende technische Unterstützung wohl beim Drehen von „Trudelmühlen aus Papier" geblieben (s. Kap. 6.1.1).

---

221 Zumindest teilweise steuerte ja die angespannte Liquiditätssituation des Unternehmens auch dazu bei, dass – im Rahmen der spezifischen Charakteristika der NSU-Lizenzverträge – die Einführung des ersten Serienfahrzeuges mit Wankel-Motor (NSU-Spider) fast überstürzt erfolgte.

9. Zusammenfassende Diskussion der Arbeitsergebnisse

Das Kreiskolbenaggregat, der eigentliche Wankel-Motor, wurde in der automobilen Serienfertigung erstmalig 1963 mit dem NSU Spider benutzt. Die entsprechenden Entwicklungsarbeiten Felix Wankels hatten mithin einen Vorlauf über mehrere Jahrzehnte und schlossen die Exploration einer Vielzahl von Modellen zu Rotationskolbenmaschinen, technische Rückschläge und wirtschaftliche Verwerfungen mit ein. Unzweifelhaft hatte es Wankel vermocht, mit dem von ihm konzipierten und dann von NSU in den Markt eingeführten Motor die Vormachtstellung der konventionellen Hubkolbenmotoren in der Kraftfahrzeug-Industrie ernsthaft zur Disposition zu stellen. Fast alle bedeutenden deutschen und ausländischen Fahrzeug- und Motorenhersteller hatten, auch wenn sie in der Folge das Konzept des Motors mit den rotierenden Kolben nicht weiter verfolgen oder mit einer eigenen Fertigung realisieren sollten, die zugrunde liegenden Lizenzen erworben.

Mit der Ölkrise 1973 erfolgte hierzulande wie international der Niedergang des Wankel-Motors; die Einstellung des NSU-Modelles Ro 80 im Jahre 1977 stellte die Aufgabe einer Serienfertigung des Wankel-Motors in der deutschen Automobilindustrie dar. Derzeit wird er nur noch von der japanischen Mazda Corp., die zu den frühen Lizenznehmern gehörte und mit Kenichi Yamamoto einen versierten Techniker und entschiedenen Förderer der Kreiskolbentechnik hatte, in Serie als Autoantrieb produziert (RX-Modelle).

Dass es sich bei Felix Wankel um einen kreativen, zuweilen exzentrischen Erfinder und Motorenkonstrukteur handelte, der – obwohl ohne Ingenieursausbildung – einen wichtigen Beitrag zur Entwicklung und auch wissenschaftlichen Klassifikation von Rotationskolbenaggregaten leistete, ist unstrittig.[222] Manche Stimmen weisen darauf hin, dass er auf eine Stufe mit Technikern wie Nikolaus Otto oder Rudolf Diesel zu stellen sei und eine nachhaltige Etablierung des Wankel-Motors als Antriebsoption insbesondere durch eine Scheu vor erforderlichen Investitionen sowie durch eine vorurteilsbehaftete und ablehnende Haltung der Ingenieursmehrheit in der konventionell orientierten Maschinenbau- und Autoindustrie verhindert worden sei (industriepolitische Faktoren, mangelnde Lobby).[223]

Diese Frage hinsichtlich der Ursachen der ja in der Tat nicht bzw. kaum gegebenen Durchsetzung des Wankel-Motors als Kraftfahrzeugantrieb und für andere mögliche Anwendungen wurde seitens der technikgeschichtlichen Forschung bis-

---

222 Verwiesen sei hier beispielsweise auf seine 1963 erschienene „Einteilung der Rotationskolbenmaschinen", die weit über das Kreiskolbenaggregat („Wankel-Motor", System NSU, mit fixiertem Gehäuse und beweglichem Läufer) hinaus gehende Modelle und Konstruktionsmöglichkeiten aufzeigte.
223 Dass Wankel in seiner Konstrukteurslaufbahn immer wieder auf Unverständnis stieß und selbst hämische Ablehnung der von ihm favorisierten Rotationskolbentechnik erntete, ist ein Faktum. Fraglich ist allerdings, inwieweit derartige Reaktionen von Einzelpersonen für die institutionelle Verortung seiner Planungen maßgeblich wurden.

lang erst in wenigen Arbeiten eingehender behandelt. Zu nennen ist hier insbesondere die von Andreas Knie vom „Wissenschaftszentrum Berlin für Sozialforschung" 1994 publizierte Arbeit mit dem bezeichnenden Titel „Wankel-Mut in der Automobilindustrie: Anfang und Ende einer Antriebsalternative". Der Autor hob in seiner Analyse der Entwicklung und des Scheiterns des NSU-Wankel-Motors in den 1960er bis 1970er Jahren insbesondere darauf ab, dass der seinerzeitige Misserfolg zu wesentlichen Anteilen durch „Inzucht-Engineering" und eine Fixierung auf die „reine Lehre" des Hubkolbenmotors auf den leitenden technischen und administrativen Ebenen der deutschen wie internationalen Automobilindustrie zurückzuführen gewesen sei. Angenommen wurde von Knie – auf Basis einer primär institutionellen Perspektive – das Bestehen eines die Entwicklungsmöglichkeiten des Wankel-Motors gleichsam blockierenden bzw. dessen Marktchancen im Endeffekt mit Erfolg unterdrückenden Hubkolbenmotorenkartells.

Vor diesem Forschungshintergrund war in der vorliegenden Studie zu untersuchen, ob und inwiefern solch ein Kartell (quasi ein Netzwerk von konventionell ausgerichteten Ingenieuren und Entscheidungsträgern aus der Maschinen- und Kraftfahrzeugindustrie), das sich in seinen angestammten Pfründen durch den Wankel-Motor gefährdet sah, dessen Etablierung tatsächlich entgegen stand oder zumindest nicht in einer aufgrund der technischen Sachlage gerechtfertigten Weise förderlich darauf Einfluss nahm. Zu nennen ist in diesem Zusammenhang beispielsweise auch die Möglichkeit, dass (vermeintliche) Mängel des Wankel-Motors durch die konventionell orientierten Führungskräfte aus der deutschen und internationalen Automobil-/Motorenindustrie überzeichnet bzw. „aufgebauscht" wurden, um diesem Aggregat die „Existenzberechtigung" und Vermarktungsfähigkeit abzusprechen.

Neben der Klärung derartiger Fragen, die sich schwerpunktmäßig auf den „institutionellen" Kontext der Entwicklungsgeschichte des Wankel-Motors beziehen, sollte in der vorliegenden Arbeit aber auch reflektiert werden, welche Rolle die persönliche Eigenart Felix Wankels bei der organisatorischen Einbettung und Durchsetzung des von ihm konzipierten Motors einnahm bzw. ob sein Charakter und Verhaltensmuster möglicherweise sogar Widerstände gegen diese Durchsetzung herausforderten. Diese Fragestellung erstreckt sich also primär auf das Verhältnis des Erfinders zu seinem eigenen Produkt und dessen Fortentwicklung sowie auch auf die hierbei maßgeblichen psychodynamischen Prozesse.

Gewissermaßen als Gegenmodell zu den vorgenannten Hypothesen mussten natürlich auch die genuin technischen Aspekte des Wankel-Motors (möglicherweise systemimmanente Defizite und unüberwindliche Nachteile im Vergleich zum Hubkolbenmotor) und betriebswirtschaftliche Überlegungen in die Analyse mit einbezogen werden, wobei sich insbesondere die Frage stellte, ob eine weitergehende industrielle Realisierung des Wankel-Motors nicht letztlich doch unvertretbare Kosten-Nutzen-Risiken beinhaltet hätte. Abzustellen war hier also weniger auf institutionelle Blockaden als vielmehr auf eindeutig begründbare rationale

Managementprozesse und somit nachvollziehbares wirtschaftliches Entscheidungskalkül der involvierten Unternehmensentscheider. Verbunden mit dieser Fragestellung sollte schließlich noch untersucht werden, ob Möglichkeiten einer ‚Renaissance' des Wankel-Motors bestehen bzw. inwieweit auch in automobilexternen Anwendungsfeldern dessen Weiterentwicklung und industrielle Fertigung zukünftig Sinn machen könnte.

Zur Aufarbeitung der verschiedenartigen Fragestellungen wurde insbesondere auf das Technikgenesemodell von Johannes Weyer Bezug genommen, das – ausgehend von der ‚Vision' einer technischen Neuerung bis hin zu ihrer fachlichen und ggf. marktgerechten Etablierung – die Abfolge von Konstruktions- und Vermarktungsaktivitäten mit den daran beteiligten Einzelpersonen und sozialen Netzwerken, welche in ihren Interessenlagen wiederum durchaus divergieren können, nachvollziehbar macht. Wesentlich für dieses Modell ist die Aussage, dass sich die genannten Netzwerke mit der Generierung einer neuen Technik nicht etwa schließen, sondern vielmehr, dass sich im Verlauf der Durchsetzung und Ausbreitung einer technischen Innovation immer neue Akteurs- und Netzwerkkonfigurationen herausbilden.

Bei grober Betrachtung sind gemäß Weyer bei diesem Prozess die drei Phasen ‚Entstehung', ‚Stabilisierung' und ‚Durchsetzung' zu identifizieren. Selbst eine noch so ingeniöse Innovation dürfte nach den Maßgaben des Modells der Vergessenheit anheim fallen und zur Frustration des Erfinders gereichen, sollte es nicht gelingen, effiziente Stabilisierungs- und Durchsetzungsstrategien für die Innovation zu gestalten (d.h. institutionelle Einbettung der Fertigung, kaufmännische Angebots- und Vermarktungspläne etc.).

Das in Weyers Technikgenesemodell thematisierte Tüftlertum in soziokulturellen Nischen war hinsichtlich Felix Wankels technischer Frühversuche durchaus gegeben: Seine in den 1920er Jahren begonnene Ausbildung als Verlagskaufmann hatte letztlich eher eine Alibifunktion, sein eigentlicher und durch die Entlassung aus der geregelten Verlagstätigkeit später forcierter Tätigkeitsschwerpunkt galt der Technik. Ansatzweise lässt sich die technisch-instrumentelle Konfiguration für den späteren Wankel-Motor bereits um 1930 in der soziokulturellen Gemeinschaft in Wankels Heidelberger Versuchswerkstatt identifizieren; ein sozialer und teils freundschaftlicher Austausch Wankels mit manchen der dort ein und aus gehenden Technikinteressierten bzw. Tüftlern währte noch Jahrzehnte. Es ist kaum vorstellbar, dass der spätere Wankel-Motor ohne die Erfahrungen und auch das Überwinden technischer Fehlschläge in jenen 1920er und 1930er Jahren nach dem Zweiten Weltkrieg Gestalt angenommen hätte, zumal in diese beiden frühen Dekaden auch ganz entscheidende soziale Kernkontakte fielen.[224]

---

224 Genannt seien hier die Namen Wolf-Dieter Bensinger, späterer Entwickler bei Daimler-Benz, und Wilhelm Keppler, welcher – der NS-Führung angehörig – eine gewisse Protektion für Wankel bis 1945 erreichte und industrielle Kontakte anbahnte. Auch nach 1945 sollte sich Keppler für diese industriellen Kontakte einsetzen. Er spielte dabei für Wankel eine in der bisherigen Forschung eher weniger beachtete Berater- und Mittlerrolle.

Insgesamt beeindrucken die Ausdauer und die Fähigkeit zur Vision, mit der Wankel bis 1945 seine teils in Patentanmeldungen mündenden Entwicklungsarbeiten an Rotationskolbenmaschinen betrieb, wenngleich festzuhalten ist, dass die Gründung einer Forschungs- und Entwicklungsstätte wie etwa der Wankel-Versuchswerkstätten in Lindau ohne die Unterstützung durch den NS-Apparat schwerlich möglich gewesen wäre. Daraus den Schluss auf den ‚braunen' Wankel zu ziehen, wäre mithin nicht unproblematisch. Erinnert sei in diesem Zusammenhang auch an die Tatsache, dass er – offensichtlich immer schon mit Eigenwilligkeit und einer gewissen Neigung zum ‚Anecken' bei einer bestimmten Funktionärs- und Führungskaste behaftet – nach der NS-Machtergreifung massive Probleme mit dem badischen Gauleiter Wagner hatte und auf dessen Betreiben längere Zeit inhaftiert wurde.

Nicht zuletzt dank alter Netzwerke aus der Zeit vor 1945 schaffte es Wankel, trotz Beschlagnahme und Demontage der Wankel-Versuchswerkstätten in Lindau wieder zügig an die Entwicklung von Rotationskolbenmaschinen anzuknüpfen und diese Arbeiten voranzutreiben. Die erforderliche Zusammenarbeit mit der Industrie sollte sich in der Folge allerdings auf einen neuen Partner fokussieren, die Neckarsulmer NSU AG, welche unter der Leitung durch Dr. von Heydekampf zwar als kreativ und innovativ zu kennzeichnen war, jedoch hinsichtlich der wirtschaftlichen Möglichkeiten im Vergleich zu Kraftfahrzeug- und Maschinenbauunternehmen wie etwa Daimler-Benz, Volkswagen oder MAN eine deutlich schwächere Position inne hatte. Gleichwohl erwuchs aus der vor der Öffentlichkeit weitestgehend verborgen gehaltenen Kooperation Wankels mit den aufgeschlossenen Neckarsulmer Technikern das für den späteren Wankel-Motor so charakteristische Bauprinzip der Trochoide; 1954 erreichte man den Erstlauf eines Kreiskolbenmotors (Kreiskolbenmotor, beweglicher Innenläufer und statisches Gehäuse). Unter Zugrundelegung des Weyerschen Modells lässt sich zu diesem Zeitpunkt mit der Begründung eines funktionsfähigen Prototypen der Abschluss einer langwierigen, von mancherlei Problemen und Rückschlägen begleiteten „Entstehungsphase" und der Eintritt in die eigentliche „Stabilisierungsphase" identifizieren.

Offenkundig konnte sich aber der eigenwillige Wankel, der einer in Umsetzung befindlichen technischen Entwicklung mental und planerisch meist schon wieder ‚voraus' war, mit dem Kreiskolbenmotor nicht identifizieren, da er das technisch anspruchsvollere, aber auch deutlich kompliziertere Konzept von Drehkolbenmaschinen (Drehkolbenmotor, rotierender Innenläufer und bewegliches Gehäuse) favorisierte. Eine gewisse Frustration[225] dürfte beim Erfinder in dieser Phase eingesetzt haben, wobei jedoch die Schlussfolgerung, Wankel habe darauf-

---

225 Ob diese später mehr in gelassene Ironie überging oder nicht vielmehr in der Persönlichkeit des Erfinders latent weiterfraß, lässt sich nicht mit Bestimmtheit sagen. Auf jeden Fall dürfte die gesamte Psychodynamik Felix Wankels so geprägt gewesen sein, dass ihm, angetrieben von seiner enormen Kreativität und Fähigkeit zur Vision, oftmals nur mit Mühe der Zugang auch zur „pragmatischen" Ebene gewahrt blieb. Das Weiterentwickeln und Vermarkten einer Erfindung, die sich ja bereits als funktionsfähig „materialisiert" hatte, mag ihm nicht mehr wirklich herausfordernd und anspruchsvoll erschienen sein.

hin eine Verweigerungshaltung in Bezug auf die laufenden Entwicklungsarbeiten zum Kreiskolbenmotor bei NSU an den Tag gelegt, unangemessen wäre.

Fakt ist vielmehr, dass durch die von ihm geleitete TES Lindau eine kontinuierliche Zuarbeit an NSU in Form von Prüfläufen und speziellen Entwicklungsarbeiten erfolgte. Die Arbeiten in der TES entbehrten nach Lage der Dinge aber oftmals einer Konzentration auf den Kreiskolbenmotor; stattdessen wurden dort auf das Betreiben Wankels auch immer wieder neue technische Ideen aufgegriffen, ohne dass sich damit eine konkrete Anwendungsvorstellung geschweige denn kaufmännische Zielstellung verbunden hätte.

Insgesamt kann bei Zugrundelegung des Weyerschen Technikgenesemodells nur bedingt von einer effizienten Stabilisierungsphase hinsichtlich des von Wankel und NSU in den 1950er Jahren gemeinsam getragenen Vorhabens zur Einführung eines Kreiskolbenmotors für automobile Anwendungen ausgegangen werden. Das notwendige soziale Netzwerk und die industrielle Absicherung lagen vor und die Vision Wankels ließ sich in Form eines funktionstüchtigen Prototypen umsetzen. Ebenso ist für die Jahre nach 1954, als der erfolgreiche Erstlauf eines Kreiskolbenmotors stattgefunden hatte, von der nach Weyers Modell für die Stabilisierungsphase kennzeichnenden informationalen Geschlossenheit auszugehen (zielgerichtetes Arbeiten in homogener Formation, kein Verlust sensibler Informationen nach außen). Was die Zielvorstellungen auf Seiten von Wankel und der NSU AG anbelangt, taten sich hier allerdings schon gewichtige Diskrepanzen auf: NSU musste sich zwangsläufig in pragmatischer Weise an Praktikabilitätsüberlegungen orientieren – Wankel trieb dagegen auf Basis seiner Persönlichkeitsstruktur eine gegenteilige Orientierung um (aus seiner Sicht fuhr NSU mit dem Kreiskolbenmotor eine nur halbherzige Strategie, das hehre Ziel eines Drehkolbenmotors blieb ihm verwehrt).

Wankel in dieser Phase der Stabilisierung gleichsam in der Position eines unverstandenen Märtyrers zu sehen, wäre mithin eine deplatzierte Interpretation, denn immerhin verstand er es, sich unter Hinzuziehung kaufmännisch versierter Ratgeber über die Gründung der Wankel GmbH beträchtliche Anteile an möglichen Lizenzeinnahmen aus der Kreiskolbenmotor-Technik zu sichern. Die entsprechenden Gelder sollten später der wirtschaftlich ja nicht unbedingt potenten NSU in schmerzhafter Weise bei der notwendigen technischen Fortentwicklung des Kreiskolbenmotors fehlen. Überhaupt schien man bei NSU eine wirtschaftliche Strategie zu verfolgen, die aus der Retrospektive einige kritische Züge aufwies. Beispielsweise erbrachte der Abschluss des Lizenzvertrages mit dem US-Unternehmen Curtiss-Wright Ende der 1950er Jahre zwar eine hohe Eintrittsgebühr, genau dieses Unternehmen erwirkte mit fragwürdiger und den Lizenzgeber brüskierender PR jedoch, dass NSU in fast schon überstürzt wirkender Weise 1960 mit dem Kreiskolbenmotor an die Öffentlichkeit trat, um die eigene technische Führerschaft klarzustellen.

Festzuhalten bleibt zu den Entwicklungsarbeiten in den 1950er Jahren schließlich auch, dass die institutionelle Unterstützung für den Wankel-Motor im Vergleich etwa zur Geschichte des Diesel-Motors (Einbindung in die auch damals bestens positionierte Firma MAN !) oder des Käfers mit luftgekühltem Boxer-Motor (starkes wirtschaftlich-politisches Netzwerk für dessen Konstrukteur Ferdinand Porsche !) eingeschränkt war. Hieraus aber unter Außerachtlassung systemimmanenter technischer Attribute bzw. Defizite gleich eine Wurzel für den späteren Niedergang des Wankel-Motors abzuleiten, wäre verfehlt.

Begleitet von gespannter Erwartung bis hin zu einer gewissen Euphorie präsentierte NSU im Jahre 1963 der Öffentlichkeit mit dem Spider das erste Serienfahrzeug mit Wankel-Motor. In motorischer Hinsicht war dieses Ende 1964 auch zum Verkauf frei gegebene Modell aber kaum ausgereift. Unerwartete technische Probleme in Form von mechanischem Verschleiß (Rattermarken) und Mängel bei der Brennraumabdichtung stellten sich alsbald ein. Der frühere Chefentwickler von Toyo Kogyo (Mazda), Yamamoto, vertrat später den Standpunkt, dass die Markteinführung des NSU-Wankel-Spiders zu früh erfolgte und die Kreiskolbentechnik dadurch bereits stark diskreditierte. Dieser Wertung kann man nur beipflichten, wobei zu ergänzen ist, dass NSU – im Gegensatz zu Toyo Kogyo – unternehmerisch weitgehend auf den Wankel-Motor fixiert war und allein schon aus Gründen des Lizenzgebührenflusses die Serientauglichkeit von damit ausgerüsteten Fahrzeugen unter Beweis stellen *musste*.

Für das japanische Unternehmen, in dem man sich in effizienter Weise mit umfangreichen personellen Ressourcen auf den Innovationskern ‚Wankel-Motor als Autoantrieb' konzentrierte und dabei besonders auf die Schwachstellenanalyse und –beseitigung Wert legte, stellte dagegen der Wankel-Motor nicht mehr, aber auch nicht weniger als eine ‚gleichberechtigte' Option zum bekannten Hubkolbenmotor dar. Insofern lag hier bezüglich der ja ‚nur' übernommenen, nicht einmal selbst erfundenen Innovation Wankel-Motor eine zielgerichtetere und im Vergleich zu NSU erfolgsträchtiger eingebettete Stabilisierungsphase im Sinne des Weyerschen Technikgenesemodells vor. Obwohl NSU und auch Wankels TES in ein intensiv sich untereinander austauschendes Netzwerk aller Lizenznehmer eingebunden waren, in dem man sich über eigene Entwicklungsarbeiten und Fortschritte informierte[226], waren in infrastruktureller Hinsicht (Personal, Finanzen, Unternehmens-‚Background') die Bedingungen in Neckarsulm wohl doch nachteiliger als bei Toyo Kogyo.

Wie sich diese Bedingungen in Fernost im Einzelnen darstellten, konnte im Rahmen der vorliegenden Arbeit, auch aus forschungsökonomischen Gründen, nicht näher aufgeklärt werden. Eine Nachbefragung von Dipl.-Ing. Eiermann (TES) durch den Verfasser im Oktober 2005 erbrachte allerdings die Auskunft, dass in den 1960er Jahren die fast ausnahmslos in ihrem Heimatland ausgebil-

---

226 Auch Daimler-Benz widmete sich seit Mitte der 1960er Jahre über viele Jahre hinweg intensiv dem Wankel-Motor. Wenngleich diese Arbeiten nicht über das Niveau von Prototypen hinaus führten, zeigten sie doch, dass auch eine ‚konventionell' orientierte Ingenieursmehrheit in einem Großunternehmen keineswegs die Beschäftigung mit einer innovativen Antriebsoption vereiteln konnte.

deten Toyo Kogyo-Ingenieure „in großen Chargen" die NSU-Werke und die TES aufsuchten, um sich hier mit relevanten technischen Informationen zu „versorgen" und den jeweils aktuellen Entwicklungsstand des Wankel-Motors zu diskutieren. Diese Hinweise verfestigen die oben bereits umrissene Deutungsmöglichkeit, wonach die japanischen Ingenieure im Vergleich mit ihren deutschen Kollegen im Hinblick auf den Informationsstand und die technische Expertise kaum im Vorteil gewesen sein dürften, wohl aber in Bezug auf die fertigungstechnische Infrastruktur und dabei vermutlich besonders bei der pragmatischen Umsetzung einzelner Entwicklungs- und Produktionsschritte (z.B. Schwachstellenanalyse und -ausschaltung, Qualitätssicherung).

Wankel selbst ‚stichelte' seit Mitte der 1960er Jahre immer häufiger gegen NSU. Dort habe man sein „Rennpferd" DKM zum „Ackergaul" Kreiskolbenmotor mutieren lassen und überhaupt wäre Daimler-Benz für die Wankel-Motoren-Entwicklung und -Fertigung der ebenbürtigere Partner gewesen. Inwieweit ausgerechnet in einem Großkonzern wie Daimler-Benz, in dessen Abhängigkeit sich Wankel in den 1950er Jahren ja gerade nicht hatte hinein begeben wollen, die Technik der rotierenden Kolben im Autobereich eher als bei der kleinen und ‚familiäreren' aber innovativen NSU AG ihren Durchbruch gefunden und ihren Erfinder berühmt gemacht hätte, muss mehr als fraglich erscheinen.

Überdies schien sich Wankel, der ja dank der an die Wankel GmbH laufenden Lizenzeinnahmen finanziell bestens ausgestattet war, keine wirklichen Gedanken hinsichtlich der Vermarktung des Kreiskolbenmotors zu machen; ihn interessierte nach Erinnerung befragter Zeitzeugen sowohl in den 1960er Jahren als auch später eigentlich mehr das ‚Spielen', das Entwickeln neuer technischer Ideen oder das Anknüpfen an die durch NSU ‚frustrierten' Konzepte von Drehkolbenmotoren. Wie für die 1950er Jahre kann in Bezug auf die Person Wankels der Schluss nur lauten: Keine Opposition oder Verweigerungshaltung, aber auch keine gezielte Unterstützung von Stabilisierung und Durchsetzung der Innovation mit dem Endziel einer profitablen Vermarktung.

Wie in der Folge in den 1970er Jahren schien Wankel tatsächlich gemäß seiner Worte, um den „Rest" möge sich doch die Industrie kümmern, zu empfinden und zu handeln. Damit deckt sich auch die Tatsache, dass er 1971 dem Verkauf der Wankel GmbH an die britische Lonrho plc beipflichtete – ein wirtschaftlich gut ‚getimter' Schritt mit jedoch fragwürdiger Außenwirkung (Imageeffekte, Frage nach der Überzeugtheit des Erfinders von seinem eigenen Produkt).

Was sich bei NSU mit technischen Mängeln nach der Einführung des Spiders als Anbahnung der „Durchsetzungsphase" im Weyerschen Sinne wie ein böses Omen bereits angekündigt hatte, sollte sich nach der Marktplatzierung des ‚legendären' Ro 80 im Jahre 1967 wiederholen: Der eingebaute Wankel-Motor war offenkundig nicht ausgereift, er hatte – wie es der Automobilfachmann Korp ausdrückte – schlichtweg zu wenig Zeit im „Brutkasten der Entwicklung" verbracht. Selbst intensive Schwachstellenanalysen und permanante technische Optimierung konnten nichts daran ändern, dass die Gewährleistungskosten bis zur Produktionseinstellung deutlich über dem Vergleichsniveau konventioneller Hubkolbenmotoren lagen. Auch die Tatsache, dass die NSU-Werkstätten mit Wartung und Diagnose des Motors teils überfordert waren, kann nicht über dessen grundlegende Mängel hinweg täuschen.

Noch Anfang 1972, als die NSU bereits im VW-Konzern aufgegangen war[227], musste eine ganze Monatsproduktion von Ro 80-Wankel-Motoren wegen Mängeln nach Neckarsulm zurückgerufen werden; außerdem konzentrierte man sich zu dieser Zeit im dortigen Wankel-Zentrum offenbar nicht konsequent genug auf Arbeiten am Wankel-Automotor, sondern „verzettelte" sich mit andersartigen, insbesondere maritimen Anwendungen.

Nach der Ölkrise 1973 wurden seitens der meisten Automobilproduzenten, in Sonderheit VW und GM, die tatsächliche oder vermeintliche Kraftstoffverbrauchsproblematik des Wankel-Motors sowie die ökonomischen Risiken einer möglichen Umstellung von Hubkolben- auf Kreiskolben-Motoren-Produktion immer häufiger thematisiert. Einiges spricht dafür, dass hier auch die ‚Ungunst der Stunde' (Diskussionen um die Zukunft der Energieversorgung, Benzinpreissteigerungen) genutzt wurde, um bereits angebahnte Managemententscheidungen zur stärkeren Fokussierung der Hubkolbenmotorik ‚auf Kosten' des Wankel-Motors in der Öffentlichkeit zu begründen (wobei eine solche Entscheidung zugunsten der konventionellen Technik durchaus als kompatibel mit betriebswirtschaftlichen Rationalitätsforderungen und eben *nicht* als primär affektiv gesteuert ansehbar ist). Diese Vorgänge dahin gehend zu interpretieren, ein um die eigene technische Vormachtstellung fürchtendes Hubkolbenkartell habe gegen die ‚Wankel-Fraktion' in unbotmäßiger oder gar konspirativer Weise opponiert und die Zukunft dieser Motorenoption ‚abgeblockt', trifft gleichwohl nicht den Kern der Sache.

Der von Autoren wie etwa Knie verfolgten Argumentationslinie kann hier also nicht gefolgt werden. In diesem Zusammenhang muss man sich auch vergegenwärtigen, dass selbst Mazda in Japan – hier hatte ja das Wankelaggregat im Laufe der 1960er Jahre eine fundierte industriell-fertigungstechnische Basis sowie technische Ausreifung erlangt und war bei Anlegung der Weyerschen Modellterminologie in die Phase erfolgreicher Marktdurchsetzung eingetreten – nach 1973 von dieser Antriebsalternative abrückte. Dass dieses Abrücken auf kartellähnliche Beeinflussungs- oder Entscheidungsstrukturen zurückzuführen gewesen wäre, erscheint wenig plausibel. Vielmehr dürften rationale Kosten-Nutzen-Erwägungen

---

227 Die auf Betreiben der VW-Konzernzentrale zustande gekommene Verschmelzung von Audi und NSU und deren Integration in VW lässt sich aus pragmatischem Blickwinkel übrigens durchaus rechtfertigen. Dass ein Zusammengehen des zwar innovativen (nach anfänglicher Skepsis dem Wankel-Motor gegenüber sehr aufgeschlossenen), aber doch kleinen Unternehmens Citroen mit NSU der KKM-Technik für Automobile einen kreativen ‚Schub' hätte versetzen können, sei unbenommen. Fraglich erscheint allerdings, inwieweit sich ein solches Szenario mittel- und langfristig als erfolgreich erwiesen hätte.

auf der Führungsebene dieses bedeutenden japanischen Konzerns handlungsleitend gewesen sein.

Letztlich hatten sich in den 1970er Jahren auf der technischen Ebene mit der zunehmenden Etablierung des robusten und wirtschaftlichen Diesel-Motors für Automobile technische Alternativen wiederum zum Wankel-Motor ergeben (gerade im Hause VW !), welche in den Entwicklungsfokus rückten. Selbst versierte Kenner der technischen Attribute des Wankel-Motors bzw. dessen ‚Anhänger' müssen einräumen, dass die Entwicklungsschübe im Bereich der herkömmlichen Automotorik die frühere Euphorie um den andersartigen Antrieb dämpften und dessen Vorzüge zumindest teilweise ‚überholt' aussehen ließen. Einige ‚Wankelianer' kamen sich dem Vernehmen nach wohl vor wie der den Igel (Hubkolbenmotor) jagende Hase (Wankel-Motor) in der allseits bekannten Fabel. Möglicherweise hatte dabei der Wankel-Motor gerade wegen des Neides und der Missgunst, die er sich sicherlich von manch ‚eingefleischtem' Vertreter der Hubkolbensparte zuzog, genau dort wie ein Ansporn (‚Innovationstreiber') gewirkt.

Für automobilexterne Anwendungen stellen sich nach heutiger Auffassung insbesondere bei vergleichsweise last- und drehmomentstabilen Anforderungen durchaus Wankel-geeignete Anwendungsfelder, die jüngst gesteigertes Interesse finden; zu denken ist etwa an stationäre Generatoren, Turbinen, spezielle Fluggeräte, aber auch Pumpen, Rasenmäher etc. Mitnichten ist jedoch der Wankel-Motor als Antriebsalternative für den Automobilbereich ‚tot'[228], denn er hat ja – wenngleich in einem eng umgrenzten Modellbereich (RX-Reihe von Mazda, Sportfahrzeuge) – seine Durchsetzung als ambitioniertes und zuverlässiges Aggregat seit Jahren gefunden (wenngleich mit dem Manko des zwar nicht gravierend hohen, aber doch suboptimalen Benzinverbrauches behaftet).

Um einen häufiger bei Kraftfahrzeugen vorzufindenden Antrieb zu repräsentieren, müsste der Wankel-Motor gegenüber den herkömmlichen Motoren einen echten Zusatznutzen aufweisen (Verbrauch, Gewicht und Abmessungen, Haltbarkeit), allein der Vorteil der extremen Vibrationsarmut dürfte nicht ausreichen. Die in Bezug auf derartige Zielstellungen gegenwärtig auch in Cottbus laufenden Entwicklungsarbeiten sind hoch interessant. Möglicherweise kommt der in Bezug auf die Klopffestigkeit anspruchslose Wankel-Motor auch dann wieder verstärkt zur Geltung, wenn sich die Energiebasis von Automobilen ändert (Umstellung auf Wasserstoff oder Hybridantriebe). Bei alledem bleibt für jedwede Prognose in diesem Bereich ein beträchtlicher Unsicherheitsfaktor.

Selbst ausgewiesene Motorenfachleute sind nicht dagegen gefeit, längerfristige Umbrüche und Neuerungen nicht richtig abzuschätzen. Um ein Beispiel zu geben: Am 24.11.1964 äußerte sich Daimler-Benz-Entwickler Bensinger, eine technischen Innovationen gegenüber ja stets aufgeschlossene Persönlichkeit, in einem Fachvortrag zu „Entwicklungstendenzen im PKW-Motorenbau" wie folgt:

---

228 Der Titel der 1994 erschienenen Publikation Knies („...Anfang und Ende einer Antriebsalternative") könnte bei oberflächlicher Betrachtung diesen Exitus suggerieren.

„Zusammengefaßt läßt sich für die Hubkolbenmotoren sagen, daß sehr große Fortschritte wohl nicht mehr gemacht werden können, der mittlere Nutzdruck und die Enddrehzahlen werden noch etwas, aber nicht mehr allzuviel, steigen, 6-Zyl.-Motoren werden nach unten vordringen, 8-Zylinder-Motoren werden ebenfalls an Zahl zunehmen. Der Dieselmotor im PKW wird einen gewissen Abnehmerkreis behalten, jedoch voraussichtlich an Verbreitung, wenigstens prozentual, verlieren".[229]

Die Jahre nach 1964 zeigten eine von dieser Prognose doch massiv abweichende Entwicklung. Ein solches Beispiel kann all Jenen berechtigte Zuversicht und Tatkraft verleihen, die derzeit die zweifellos faszinierende Motorik Wankels auch gegen Widerstände und ‚Schwarzseher' weiter voran bringen wollen.

---

229 ‚Zitiert aus dem unveröff. Vortragsmanuskript im ‚Ordner Werksangehörige' (Wolf-Dieter Bensinger) im Daimler-Benz Konzernarchiv in Stuttgart-Untertürkheim, im März 2004 vom Verf. eingesehen.

10. Literaturverzeichnis

ADAC Presseservice: ADAC Pannenstatistik seit 1978 (Stand: Februar 2005). Standort: http://www.presse.adac.de/infogramme/Pannenhilfe/ 25JahreADAC_Pannenstatistik. asp, letzter Zugriff am 14.2.2005.
Audi NSU Auto Union AG (Hrsg.): Bibliographie über den Wankel-Motor. Neckarsulm: Audi NSU Auto Union AG, 1978 (Stand: April 1978).
Auerbach, J.: Arthur Westrup zum Geburtstag. Prinzen-Post (Mitteilungsblatt der NSU Prinz I.G. von 1980 e.V. und der NSU Zweirad I.G.), Nr. 95, Märzausgabe 2004, S. 30-31.
Battelle-Institut e.V.: Thermodynamischer Hochleistungsantrieb für Schwergewichtstorpedo – Eine Antriebsalternative. Frankfurt am Main: Battelle-Institut e.V., o.J.
Bayer, W.: Vortrag zu Arbeiten an Wankel-Motoren in der DDR auf dem „Wankelsymposium" zum 30. Jubiläum des NSU Ro 80. Neckarsulm: Verein für Kreiskolbentechnik (Vereinigung der Ro 80 Clubs der Schweiz und Deutschlands), 1997 (=Hand-out zum Symposium in Neckarsulm v. 11.–14. Sept. 1997).
Bayerl, G.: Automobil und Umwelt in den 1950er und 1960er Jahren. In: Teuteberg, H.J. (Hg.): Beiträge zur Geschichte der Binnenschiffahrt, des Luft- und Kraftfahrzeugverkehrs. Zweites Werkstattgespräch des Arbeitskreises Verkehrsgeschichte der Deutschen Verkehrswissenschaftlichen Gesellschaft e.V. Bergisch Gladbach: DVWG, 1994 (= Schriftenreihe der Deutschen Verkehrswissenschaftlichen Gesellschaft e.V. – DVWG –, Reihe B: Seminar, B 169), S. 323-348.
Bayerl, G.: Die Erfindung des Autofahrens: Technik als Repräsentation, Abenteuer und Sport. In: Bayerl, G., Weber, W. (Hg.): Sozialgeschichte der Technik. Ulrich Troitzsch zum 60. Geburtstag. Münster u.a.: Waxmann, 1998, S. 317-329.
BC (redakt. Autorenkürzel): Zum Hinschied von Felix Wankel. Ein Leben für den Rotationsmotor. Panorama Automobil Revue, Nr. 43 vom 20.10.1988, o.S. (Rubrik ‚Totentafel').
Beck, T.: Technik unter der Haube – die Kraft, die Räder antreibt (Teil 7): Wankelmütig – der Kreiskolbenmotor. Stuttgarter Zeitung, Nr. 88 vom 16.4.2004, S. 10.
Becker, S., Meysen, F., Möser, K., Popplow, M.: Felix Wankel. Leben und Werk in Bildern. Gudensberg-Gleichen: Wartberg-Verlag, 2002.
Bensinger, W.-D.: Entwicklungstendenzen im PKW-Motorenbau. Stuttgart-Untertürkheim: Daimler-Benz AG (unveröff. MS), 1964.
Bentele, M.: Engine Revolutions. Warrendale/Pennsylv.: Society of Automotive Engineers, 1991.
Bentele, M.: Vorstellung und Vortrag auf dem „Wankelsymposium" zum 30. Jubiläum des NSU Ro 80. Neckarsulm: Verein für Kreiskolbentechnik (Vereinigung der Ro 80 Clubs der Schweiz und Deutschlands), 1997 (=Hand-out der Pressekonferenz zum Symposium im Astron-Hotel Neckarsulm am 11. Sept. 1997).
Benz, C.: Lebensfahrt eines deutschen Erfinders, Erinnerungen eines Achtzigjährigen. Leipzig: Koehler & Amelang, 1925.
Benz, M.: Triebwerke für alle Zwecke: Die AERO bietet Einblick in fast alle Antriebsbereiche vom Ultraleichtflugzeug bis zum stahlgetriebenen Geschäftsreiseflugzeug. AERO Revue, Ausgabe 4, 1995, S. 14.
BGR (Bundesanstalt für Geowissenschaften und Rohstoffe): Energiestudie Erdöl, Referat B1.23. Hannover: BGR, 2003.
BMW (Bayerische Motorenwerke AG): BMW Isetta – eine Knutschkugel erobert Deutschland. München: „BMW aktuell", Ausgabe Juli 2004 (als digitalisierte Fassung unter: www.bmw.de/de/faszination/bmw_aktuell, letzter Zugriff am 20.10.2004).

Bruske, K.: Ein Zylinder hat seine Kinder-Krankheiten. Warum Wankels Erfindung die Welt des Automobils nicht revolutionierte. Schwäbische Zeitung, Ausgabe v. 25.4.2002, o.S. (=Sonderbeilage „Unser Land wird 50 – Baden-Württemberg").

Bryant, L.: Rudolf Diesel and His Rational Engine. Scientific American, Ausgabe 221, 1969, S. 108-117.

Bryant, L.: The Development of the Diesel Engine. In: Technology and Culture. The International Quarterly of the Society for the History of Technology, Nr. 17, 1976, S. 432-446.

Burgmaier, R.: Kritische Fragen an den Maschinenträumer. Lahr feiert den 100. Geburtstag seines Ehrenbürgers Felix Wankel und beschäftigt sich mit der Rolle des Erfinders im Nationalsozialismus. Badische Zeitung, Ausgabe vom 8.8.2002, S. 3.

Busse, A.: Zum 100. Geburtstag. Felix Wankel – ein genialer Erfinder. Beitrag vom 15.8.2002, Standort: www.n-tv.de/3057801.html, letzter Zugriff am 10.6.2003.

Callon, M., Law, J.: On the Construction of Sociotechnical Networks: Content and Context Revisited. In: Knowledge and Society. Studies in the Sociology of Science Past and Present 8 (1989), S. 57-83.

Canzler W.: Das Auto von morgen. Haben alternative Konzepte eine Chance? In: Wechselwirkung, Heft 15, 1993, S. 23-27.

Cassidy, D.C.: Uncertainty. The Life and Science of Werner Heisenberg. New York: Freeman & Co., 1992.

Damolin, M.: Das Eros der Motoren. Von der Erlösung der Welt durch die Maschinen, von deutschen Helden der Technik und dem stählernen Glauben an sich selbst: aus dem Leben des Ingenieurs und Erfinders Felix Wankel – ein Psychogramm. Die Zeit, Nr. 28 vom 7.7.1989, S. 40 (Zeitläufte).

Degele, N.: Einführung in die Techniksoziologie. München: UTB, 2002.

de Pay D.: Die Innovation des Wankelmotors. Fallstudie des Forschungsprojektes ‚Erfolgsbedingungen von technischen Innovationen in Industrieländern'. Berlin: Akademie der Wissenschaften zu Berlin, 1989.

Deutsch, M.: The Resolution of Conflict. New Haven: Yale University Press, 1973.

Dierkes, M.: Technikgenese als Gegenstand sozialwissenschaftlicher Forschung – erste Überlegungen. In: Verbund Sozialwissenschaftlicher Technikforschung, Mitteilungen 1 (1987), S. 154-170.

Dierkes, M.: Technikgenese in organisatorischen Kontexten. Neue Entwicklungslinien sozialwissenschaftlicher Technikforschung. Berlin: WZB-Papier (FS II), 1989, S. 89-104.

Dierkes, M.: Die Technisierung und ihre Folgen. Zur Biographie eines Forschungsfeldes. Berlin: edition sigma, 1993.

Eckermann E.: Kantiges Genie. Zum Tode von Felix Wankel. MARKT, Heft 12, 1988, S. 43-45 (digital. Version des Beitrags: www.wankel-spider.de/Wankel/felixw1.htm, Stand: Juli 1999).

Edelmann, H.: Heinz Nordhoff und Volkswagen. Ein deutscher Unternehmer im amerikanischen Jahrhundert. Göttingen: Vandenhoeck & Ruprecht, 2003.

Eiermann, D.: Vortrag ‚Zwanzig Jahre gemeinsame Arbeit mit Felix Wankel' am 25.9.2002 im Alten Rathaus in Lindau/Bodenseee (im Rahmen der Ausstellung ‚Der Wankelmotor – Faszination einer Erfindung', Lindau, 2.7.-6.10.2002) (unveröffentlicht, aus: Archiv von Dipl.-Ing. Eiermann, Weißensberg).

Eiermann, D.: Persönliche Mitteilungen an den Verfasser anlässlich eines Gespräches am 31.10. 2003 in Weißensberg b. Lindau.

Eiermann D., Bax J.G.: Informationsvortrag (November 1992) über den Stand der Kreiskolbenmotoren und die Komponenten-/System-Entwicklungen im Hause Wankel R&D GmbH. Lindau: Wankel R&D GmbH, 1992 (21seitiges unveröffentlichtes Manuskript, aus: Archiv von Dipl.-Ing. Eiermann, Weißensberg).

Erker, P.: Aufbruch zu neuen Paradigmen. Unternehmensgeschichte zwischen sozialgeschichtlicher und betriebswirtschaftlicher Erweiterung. Archiv für Sozialgeschichte Jg. 37 (1997), S. 321-365.
Faith, N.: Wankel. The Curious Story Behind the Revolutionary Rotary Engine. New York: Stein & Day, 1975.
Fischer, E.P.: Werner Heisenberg. Das selbstvergessene Genie. München und Zürich: Piper, 2002.
Froede, W.: Die Dichtungen gehören zu den NSU-Entwicklungen beim Drehkolbenmotor. SAE – Journal of the Society of Automobile Engineers of Japan Inc. (Yokohama), Nr. 4 (1961a), S. 50-56 (übers. Fassung).
Froede, W.: Kreiskolbenmotoren Bauart NSU-Wankel. Motortechnische Zeitschrift, Nr. 1 (1961b), S. 1-10.
Froede, W.: Vorwort und Teil I. In: NSU (Hrsg.): Chronik der Entwicklung des Kreiskolbenmotors in Neckarsulm. Neckarsulm: NSU, 1974a, S. 1-40.
Froede, W.: Teil II. In: NSU (Hrsg.): Chronik der Entwicklung des Kreiskolbenmotors in Neckarsulm. Neckarsulm: NSU, 1974b, S. 41-103.
Geiling, G.: Dankwart Eiermann über die Entwicklungsgeschichte des Wankelmotors. NSU Wankel Spider Journal, Ausgabe 58, Juli 2002, S. 12-15.
Gold, M.: Ein Leben im Schatten von Felix Wankel. Porträt Hans Portele. Lindauer Zeitung, Nr. 72 vom 26.3.2002, S. li2li03.
Groschupf, P.: Wieder ein neuer Dreh? Am totgesagten Wankelmotor wird weitergeforscht. STERN, Heft Nr. 10 vom 2.3.1989, S. 172-176.
Häberer, M.: Vorhabenbeschreibung der Wankel AG (Wankel Aktiengesellschaft). Kirchberg/Sachsen: Wankel AG, 2002.
Hagedorn, J.: Technisches Genie mit Schattenseiten. Der gebürtige Lahrer Erfinder Felix Wankel wäre am 13. August 100 Jahre alt geworden. Stadt und Archiv stellen ihn mit allen Facetten vor. In: Mittelbadische Presse, Ausgabe 10./11.8.2002, o.S. (Rubrik ‚Brennpunkt').
Hardach, G.: Aufschwung: War das Wirtschaftswunder wirklich ein Wunder? Interview in: GEO Epoche, Das Magazin für Geschichte, Nr. 9, 2002, S. 120-129.
Haupt, H.: 35 Jahre Mercedes „Strich-Acht" – Fahrende Burg. Standort: http://www.spiegel.de/auto/aktuell/0,1518,268649,00.html (Spiegel-Online Beitrag v. 7.10.2003), letzter Zugriff am 31.1.2005.
Heidling, E.: Strategische Netzwerke. Koordination und Kooperation in asymmetrisch strukturierten Unternehmensnetzwerken. In: Weyer, J. (Hrsg.): Soziale Netzwerke. Konzepte und Methoden der sozialwissenschaftlichen Netzwerkforschung. München: Oldenbourg, 2002, S. 63-85.
Henn, G.: Bemerkungen (Einlegeblatt, datiert: 17. Dezember 1974). In: Froede, W.: Vorwort und Teil I. In: NSU (Hrsg.): Chronik der Entwicklung des Kreiskolbenmotors in Neckarsulm. Neckarsulm: NSU, 1974a, S. 34.
Henn, G.: Bemerkungen (Einlegeblatt, datiert: 17. Dezember 1974). In: Froede, W.: Teil II. In: NSU (Hrsg.): Chronik der Entwicklung des Kreiskolbenmotors in Neckarsulm. Neckarsulm: NSU, 1974b, S. 54.
Henn, G.: Bemerkungen (Einlegeblatt, datiert: 17. Dezember 1974). In: Froede, W.: Teil II. In: NSU (Hrsg.): Chronik der Entwicklung des Kreiskolbenmotors in Neckarsulm. Neckarsulm: NSU, 1974c, S. 82.
Henn, G.: Bemerkungen (Einlegeblatt, datiert: 17. Dezember 1974). In: Froede, W.: Teil II. In: NSU (Hrsg.): Chronik der Entwicklung des Kreiskolbenmotors in Neckarsulm. Neckarsulm: NSU, 1974d, S. 67.
Hertweck, C.: Das Unheimliche am Wankelmotor. Das Motorrad, Märzausgabe 1960, S. 10-11.

v. Heydekampf, G.S.: Bemerkungen (Einlegeblatt, datiert: 2. November 1974). In: Froede, W.: Vorwort und Teil I. In: NSU (Hrsg.): Chronik der Entwicklung des Kreiskolbenmotors in Neckarsulm. Neckarsulm: NSU, 1974, S. 34.

Hoehne, G.: Die deutschen Aktiengesellschaften 1871 bis heute. Unna/Westf.: Dröge, 1962.

Hohensee, J.: Der erste Ölpreisschock 1973/74. Stuttgart: Verlag Franz Steiner, 1996.

Honolka, G., Elberth, C.-P.: Neue Ideen – neue Motoren: Felix Wankel glaubt an das Drehkolbenprinzip. „mot die Autozeitschrift", Nr. 6 v. 16.3.1983, S. 108-111.

Höppner, M.: Ende der Deutschland AG? In: Mitbestimmung [Organ der Hans-Böckler-Stiftung, Ausgabe 11 (2000)], Standort: http://www.boeckler.de/cps/ rde/xchg/SID-3D0AB75D-1191F70E/hbs/hs.xsl/ 163_19699.html, letzter Zugriff am 14.2.2005.

Huber, E.W.: Brief des Leiters des Münchener Entwicklungsinstituts für Motorenbau (EFMO), Dr. Eugen Wilhelm Huber, an Dr. Froede (NSU-Motorenwerke AG, Abt. Tx), vom 5.9.1962 [Abdruck in: Froede, W.: Teil II. In: NSU (Hrsg.): Chronik der Entwicklung des Kreiskolbenmotors in Neckarsulm. Neckarsulm: NSU, 1974b, S. 48].

Huf, E.: Der Wankelmotor und die Steuer. AGT-Anzeiger (Anzeiger der ‚Arbeitsgemeinschaft für Grifftechnik'), Nr. 1 vom Januar 1961, o.S..

Hutzenlaub, E.: Brief an den Vorstand von Curtiss-Wright vom 3. November 1960. Mannheim: Felix-Wankel-Archiv im Landesmuseum für Technik und Arbeit (Klassifikation 110, Signatur 00732).

IMH (Institut für Motorenbau Prof. Huber GmbH, München): Unternehmens-Präsentation. Digitalisierte Fassung: www.imh.de, letzter Zugriff am 20.10.2004.

IMK (Internationale Motor-Korrespondenz). Pressemitteilung v. 30.3.1976: „Wie es um den Kreiskolbenmotor steht". Stuttgart: IMK, 1976.

Jllg, F.-A.: Felix Wankel – Der richtige Dreh. Motorrad Unterwegs, Ausgabe 24 / 1998, S. 116-117.

Johnson, G.: Kommentar zur Preisverleihung des ‚International Engine of the Year Award' an den Mazda RX-8. In: Mazda Europe GmbH (Hrsg.): Mazda RX-8. Bielefeld: Verlag Delius, Klasing & Co. KG, 2003, o.S. (Einband).

Jungbluth, G.: Persönliche Mitteilungen an den Verfasser anlässlich eines telef. Gespräches am 01.12. 2004.

Jungermann, H.: The two Camps of Rationality. In: Scholz, R.W. (Hg.): Decision Making under Uncertainty. Amsterdam: Elsevier (North Holland), 1983, S. 63-86.

Kaufmann, D. (Hg.): Geschichte der Kaiser-Wilhelm-Gesellschaft im Nationalsozialismus. Bestandsaufnahme und Perspektiven der Forschung, 2 Bde. Göttingen: Wallstein, 2000.

Kempowski, W.: Kriegsgefangenschaft: Die Letzten kehren heim (Aussagen sowie Aufzeichnungen Kriegsgefangener aus dem „Archiv für europäische Tagebücher"). GEO Epoche, Das Magazin für Geschichte, Nr. 9, 2002, S. 154-163.

Klein, N.: Am Grab von Felix Wankel. In: Die Trochoide, Nr. 36 (1992), S. 11.

Klein, R.: „Im Archiv gestöbert" (Rekapitulation von Hintergrund- und Zeitzeugenberichten des Jahres 1976 zu Wankel). Wankel-Journal, Heft 9 vom Dezember 1998, S. 23-25.

Knie, A.: Das ‚Konservative' des technischen Fortschritts. Überlegungen zu einer sozialwissenschaftlichen Technikgeneseforschung. In: WZB Wissenschaftszentrum Berlin (Hrsg.), Bericht FS II. Berlin: WZB, 1989, S. 89-101.

Knie, A.: Der Fall des Wankel-Motors. In: WZB-Mitteilungen (1994a), Heft 66, S. 33-36.

Knie A.: Wankel-Mut in der Autoindustrie. Anfang und Ende einer Antriebsalternative. Berlin: Ed. Sigma, 1994b.

Knoblauch, J.: Sinn und Form. Berliner Zeitung, Ausgabe v. 23.8.2003, S. 3 (Ressort ‚Blickpunkt').

Koeßler, P.: Bemerkungen zu den Begriffen „Hubraum" und „Arbeitsraum" eines Motors. Automobiltechnische Zeitschrift ATZ, Nr. 11 (1964a), S. 329-330.
Koeßler, P.: Auftragsgutachten zu Besteuerungsgrundlagen für den Wankel-Motor. Bonn: Bundesministerium für Verkehr, 1964b.
Korp, D.: Vor einer technischen Revolution: Der Rotations-Kolben-Motor. Ersterscheinen in: Die Trochoide (1959), hier zit. nochmaliger Abdruck in: Auto Motor und Sport, Heft 25 (1959), S. 18-22.
Korp, D.: Protokoll einer Erfindung – Der Wankel-Motor. Stuttgart: Motorbuch-Verlag, 1975.
Korp, D.: Historie Felix Wankel – Das Rotationsprinzip. Auto Motor Sport Magazin, Ausgabe 1 /1989, S. 90-92.
Korp D.: NSU Ro 80 – Die Geschichte des Wankelmotors. Stuttgart: Motorbuch-Verlag, 1993.
Korp, D.: Beitrag zur Schlussdiskussion. Neckarsulm: Verein für Kreiskolbentechnik (Vereinigung der Ro 80 Clubs der Schweiz und Deutschlands), 1997 (=Hand-out zum Symposium in Neckarsulm v. 11.-14. Sept. 1997).
Kowol, U., Krohn, W.: Innovationsnetzwerke. Ein Modell der Technikgenese. In: Technik und Gesellschaft, Jg. 8 (1995), S. 77-105.
Krauss-Weysser, F.: NSU – Zum Überleben im VW-Konzern. Auto Motor und Sport, Heft 6 (1980), S. 196-211.
Latour, B.: Mixing Humans and Nonhumans together. The Sociology of a Door-Closer. Social Problems, Jg. 35 (1988), S. 298-310.
Lotz, K.: Lebenserfahrungen. Worüber man in Wirtschaft und Politik auch sprechen sollte. Düsseldorf und Wien: Econ, 1978.
Luthe, C.: Vortrag zur Entwicklung der NSU Ro 80-Karosserie auf dem „Wankelsymposium" zum 30. Jubiläum des NSU Ro 80. Neckarsulm: Verein für Kreiskolbentechnik (Vereinigung der Ro 80 Clubs der Schweiz und Deutschlands), 1997 (=Hand-out zum Symposium in Neckarsulm v. 11.-14. Sept. 1997).
Maier, H.: Aus der Verantwortung gestohlen? „Grundlagenforschung" als Persilschein für Rüstungsforschung am Kaiser-Wilhelm-Institut für Metallforschung vor und nach 1945. In: Lorenz, W., Meyer, T. (Hrsg.): Technik und Verantwortung im Nationalsozialismus (=Cottbuser Studien zur Geschichte von Technik, Arbeit und Umwelt, hrsg. v. Bayerl, G., Bd. 25). Münster: Waxmann, 2004, S. 47-77.
v. Manteuffel, P.: Vortrag zu Kontakten von NSU und DDR-Betrieben (V V B Automobilbau, VEB Sachsenring) im Bereich der Wankel-Motoren auf dem „Wankelsymposium" zum 30. Jubiläum des NSU Ro 80. Neckarsulm: Verein für Kreiskolbentechnik (Vereinigung der Ro 80 Clubs der Schweiz und Deutschlands), 1997 (=Hand-out zum Symposium in Neckarsulm v. 11.-14. Sept. 1997).
v. Manteuffel, P.: Persönliche Mitteilungen an den Verfasser anlässlich eines Gespräches in Kronberg (Taunus) am 29.11. 2004.
Marr A.: Der NSU Spider, das erste Auto der Welt mit dem NSU Wankel-Kreiskolbenmotor. Digital. Beitrag: www.monito.com/wankel/ggwankel.html, Stand: Januar 2000.
Martin, P.: Volkswagen-Aktie: Finger weg. Gastkommentar der VM Consulting GmbH. In: Rheinische Post, Jg. 60, Ausgabe v. 26.2.2005, S. C3 (Rubrik Wirtschaft).
Mayntz, R.: Policy-Netzwerke und die Logik von Verhandlungssystemen. In: Héritier, A. (Hrsg.): Policy-Analyse. Kritik und Neuorientierung. Opladen: Leske & Budrich, 1993, S. 39-56.
Mazda Corp. (Hrsg.): Rotary Engine. Hiroshima: Mazda Corp., 1986.
Mazda Europe GmbH (Hrsg.): Mazda RX-8. Bielefeld: Verlag Delius, Klasing & Co. KG, 2003.
Mazda Press Center: „100 Jahre Felix Wankel – Workshop Mazda RX-8". Meyrin (Schweiz): Dossier des Mazda Press Center der Mazda Suisse SA, 2002.

Mietzner, T.: Interviewbeitrag. In: Hagedorn, J.: Technisches Genie mit Schattenseiten. Der gebürtige Lahrer Erfinder Felix Wankel wäre am 13. August 100 Jahre alt geworden. Stadt und Archiv stellen ihn mit allen Facetten vor. In: Mittelbadische Presse, Ausgabe 10./11.8.2002, o.S. (Rubrik ‚Brennpunkt').

Missal, A.: Suche nach finanzstarkem Investor: Legendärer Wankelmotor wartet auf neue Chance. Badische Neueste Nachrichten (Pforzheimer Anzeiger), Nr. 196 v. 25.8.2000, S. 5.

Möser, K.: Geschichte des Autos. Frankfurt am Main: Campus-Verlag, 2002.

Nelson, H.: Another Emission Approach. Automotive Industries, Ausgabe v. 15.6.1970, S. 109-115.

Neufeld, M.J.: Die Rakete und das Reich. Wernher von Braun, Peenemünde und der Beginn des Raketenzeitalters. 2. Aufl. Berlin: Henschel, 1999 (Titel der amerik. Originalausgabe: The Rocket and the Reich. Peenemünde and the Coming of the Ballistic Missile Era. New York: The Free Press, 1995).

Norbye, J.P.: Wankel in Amerika. Automobil Revue (Bern), Nr. 20 (1966), S. 17-21.

Norbye, J.P.: The Wankel Engine: Design, Development, Applications. Radnor/Penns.: Chilton Book Comp., 1971.

Obländer, K.: Interviewaussagen zur Entwicklung des Wankel-Motors bei Mercedes, Mazda und NSU. In: Wüst, C.: 30 Jahre im Kreis gedreht? Vor 30 Jahren als Neuheit gefeiert – heute ein Außenseiter: der Wankelmotor. AutoBild, Ausgabe vom 29. Januar 1990, S. 31.

Okhawa, Y.: Kommentar zur Preisverleihung des ‚International Engine of the Year Award' an den Mazda RX-8. In: Mazda Europe GmbH (Hrsg.): Mazda RX-8. Bielefeld: Verlag Delius, Klasing & Co. KG, 2003, o.S. (Einband).

o.V.: 110 PS-Zweifach-NSU-Wankelmotor von Toyo Kogyo. Motortechnische Zeitschrift, Nr. 9 (1967), S. 368-369.

o.V.: Forschung und Entwicklung – Problemdiskussion: Kreiskolben- und Hubkolbenmotor. Kraftfahrzeugtechnik, Heft 7, 1971a, S. 202-204.

o.V.: Wankel-Mut. Kraftfahrzeugtechnik, Heft 1, 1971b, S. 2.

o.V.: Die Ruhe vor dem Sturm? Wankel-Motor auf der Überholspur. Auto, Motor und Zubehör, Ausgabe 5, 1976, S. 14-15.

o.V.: Volkswagen's Herr Fix-It. Standort www.time.com/time/archive/preview/0,10987,918971,00.html (Time-Magazine-Beitrag v. 16.5.1977), letzter Zugriff am 31.1.2005.

o.V.: Felix Wankel ist tot. Mit ihm ging eine Ära zu Ende. Krafthand, Heft 21 v. 5.11.1988, S. 1958-1962.

o.V.: Männer, Mächte und Motoren, Aufstieg und Fall des Wankelmotors. Mitbestimmung, Heft 10, 1995, S. 28-31.

o.V.: 70 Jahre V W. Rm Baden-Württemberg (Regionalmagazin für Wirtschaft und Unterhaltung, offizielles Magazin der Oskar-Stiftung), 12. Jg., Heft Nr. 1, 2004, S. 40-47.

Pfliegensdörfer, D.: Neue Wege in der historischen Unternehmensforschung. Ein Projektbericht. In: 1999. Zeitschrift für Sozialgeschichte des 20. und 21. Jahrhunderts Jg. 3 (1988), S. 56-78.

Pierenkemper, T.: Unternehmensgeschichte, Eine Einführung in ihre Methoden und Ergebnisse. Stuttgart: Franz Steiner Verlag, 2000.

Pinch, T., Bijker, W.E.: The Social Construction of Facts and Artefacts. Or how the Sociology of Science and the Sociology of Technology might Benefit each other. In: Bijker, W.E. et al. (Hrsg.): The Social Construction of Technological Systems. New Directions on the Sociology and History of Technology. Cambridge/Mass.: University Press, 1987, S. 17-50.

Popplow, M.: Motor ohne Lobby? Medienereignis Wankel-Motor 1959–1989. Ubstadt-Weiher: verlag regionalkultur, 2003 (=Schriften des Landesmuseums für Technik und Arbeit in Mannheim, Bd. 11).

Portele, H.: Persönliche Mitteilungen an den Verfasser im Rahmen eines in Lindau am 31.8.2004 geführten Gespräches.

Reuter, U.: Flat 4. Die luftgeboxte Käferseite. Standort: www.flat4.de/brems_ po.htm (Stand: 2004), letzter Zugriff am 23.1.2005.

Ristau, O.: Hintergrund – Ölschatz. Standort: http://www.fr-aktuell.de/ressorts/wirtschaft_und_boerse/wirtschaft/?cnt=442592 (Frankf. Rundschau online, Beitrag v. 25.5.2004), letzter Zugriff am 31.1.2005.

Rüßmann, K.-H.: Unternehmen: Felix Wankel-Institut – Der Turbo vom Bodensee; Beitrag aus dem „Manager-Magazin", 1986 (Fundstelle: Daimler-Benz AG, Stuttgart, Abt. Öffentlichkeitsarbeit, Wirtschafts- und Verkehrspolitik Ö W V, VP / TG 55293).

Schaier J.: Felix Wankel – Schattenriß eines Erfinders unserer Tage. Mannheim: Veröffentlichungsreihe des Landesmuseums für Technik und Arbeit, 1992.

Schneider, P.: NSU 1873–1984. Vom Hochrad zum Automobil. Stuttgart: Motorbuch-Verlag, 1985.

Schönbeck, A.: Persönliche Mitteilungen an den Verfasser anlässlich eines Gespräches am 02.12. 2004.

Schulz, H.: Hörensagen und Wirklichkeit. Tatsachen über den Wankelmotor. Manuskript für die Dauerausstellung „Autovision – Tradition und Forum". Altlußheim: Dauerausstellung Autovision, o.J.

Schulz, H.: Persönliche Mitteilungen an den Verfasser anlässlich eines Gespräches in Altlußheim am 9. Juli 2004.

Schuster, R.: Vortrag zu Arbeiten an Wankel-Motoren in der DDR („VEB MZ") auf dem „Wankelsymposium" zum 30. Jubiläum des NSU Ro 80. Neckarsulm: Verein für Kreiskolbentechnik (Vereinigung der Ro 80 Clubs der Schweiz und Deutschlands), 1997 (=Hand-out zum Symposium in Neckarsulm v. 11.–14. Sept. 1997).

Schweizer, K.: Umfangreiche Aktivitäten Felix Wankels für das Dritte Reich sprechen gegen Umbenennung einer Straße auf seinen Namen! Lindauer Zeitung vom 17. Dezember 1988, o.S. (Leserbrief).

Schwoch W.: Das Fachbuch vom Automobil: Automotor – Bauteile, Grundlagen, Arbeiten. Braunschweig: G. Westermann, 1965.

Seifert, E.: Motorenentwicklung: Felix Wankel – ein Joker in der Hinterhand. VDI Nachrichten, Nr. 34 vom 23.8.1985, S. 12.

Seiffert, R.: Wir fuhren den NSU Spider. Auto Motor und Sport, Heft 18 (1964), S. 26-28.

Seiffert, R.: 50000 km – Dauertest NSU Spider. Auto Motor und Sport, Heft 7 (1966), S. 40-45.

Speer, A.: Spandauer Tagebücher. Frankfurt am Main: Ullstein, 1975.

Speer, A.: Der Sklavenstaat: Meine Auseinandersetzungen mit der SS. Stuttgart: Deutsche Verlagsanstalt, 1981.

Stübner, M.-L.: Wankel-Jubiläum. ‚Zwiespältige Figur' mit vielen Facetten. Lindauer Zeitung, Nr. 225 vom 27.9.2002, S. li02st2.

VDA (Verband der deutschen Automobilindustrie): Tatsachen und Zahlen. Frankfurt am Main: VDA, 1992.

Völker, H.: Die Sonne von Le Mans. Die Story eines gefälligen Wochenendes im Juni 1991. In: Mazda Europe GmbH (Hrsg.): Mazda RX-8. Bielefeld: Verlag Delius, Klasing & Co. KG, 2003a, S. 121-140.

Völker, H.: Old Felix. Erinnerungen an Doktor Wankel als alten Herrn. In: Mazda Europe GmbH (Hrsg.): Mazda RX-8. Bielefeld: Verlag Delius, Klasing & Co. KG, 2003b, S. 141-153.

Wankel, F.: Technisches Tagebuch 1926-1931 (Eintrag vom 5.6.1926). Mannheim: Felix-Wankel-Archiv im Landesmuseum für Technik und Arbeit (Klassifikation 102.001, Signatur 00390).

Wankel, F.: Einteilung und Massengang der RKM nebst Manuskript (hand- und maschinenschriftliche Aufzeichnungen und Modelle, verfasst 1945). Mannheim: Felix-Wankel-Archiv im Landesmuseum für Technik und Arbeit (Klassifikation 202.013, Signatur 00354).

Wankel, F.: Persönliche Aufzeichnungen, Teil I („Politische Jugendeindrücke" und Folgeaufzeichnungen), verfasst 1949. Mannheim: Felix-Wankel-Archiv im Landesmuseum für Technik und Arbeit (Klassifikation 103, Signatur 01176).

Wankel, F.: „Denkschrift gegen Melasch" (persönliche Aufzeichnungen, Teil II, verfasst 1952). Mannheim: Felix-Wankel-Archiv im Landesmuseum für Technik und Arbeit (Klassifikation 103, Signatur 01176).

Wankel, F.: Eidesstattliche Erklärung für den Militärgerichtshof Nr. 4 in Nürnberg, hier auszugsweise wiedergegeben in einem Schreiben Wankels an Wilhelm Keppler vom 4. April 1955. Mannheim: Felix-Wankel-Archiv im Landesmuseum für Technik und Arbeit (Klassifikation 202.011, Signatur 01169).

Wankel, F.: Brief (3 Seiten) an Dr. Enders (Industrie- und Handelskammer Augsburg) vom 16. Mai 1961. Mannheim: Felix-Wankel-Archiv im Landesmuseum für Technik und Arbeit (Klassifikation 104, Signatur 00005).

Wankel, F.: Einteilung der Rotationskolbenmaschinen. Stuttgart: Deutsche Verlags-Anstalt, 1963.

Wankel, F.: Die Meere als Autobahn. Denkschrift. Lindau: Unveröff. MS., 1969.

Wankel, F.: Handschriftlicher Eintrag von Felix Wankel am 9.12.1975 in der Publikation „Protokoll einer Erfindung – der Wankel-Motor" des Automobil-Journalisten Dieter Korp, o.S. (Publikationsdeckblatt), dem Verfasser in Kopie überlassen von Dipl.-Ing. D. Eiermann, Weißensberg/Bodensee.

Wankel, F.: Schriftliche Auskunft auf eine Anfrage des Technischen Lehr-Institutes Stuttgart (staatl. anerkannte Technikerschule für Maschinenbau und Elektrotechnik) zur ‚Entwicklung des Wankelpatentes Kreiskolbenmotor' vom 8.3.1976. 5seitiges Schreiben, dem Verfasser in Kopie überlassen von Dipl.-Ing. D. Eiermann, Weißensberg/Bodensee.

Wankel, F.: Kreiskolbenmotor und großkapitalistische Aktionäre. Lindau: Unveröff. MS, 1980.

Wankel Rotary GmbH (WR): Wankel stellt neue Antriebseinheit für Elektrohybrid-Fahrzeuge vor. Korb/Württ.: WR (Pressenotiz v. 6.2.1998).

Wankel Rotary GmbH (WR): Wankel erzielt Diesel/Kerosin-Turbo-Weltrekord. Korb/Württ.: WR (Pressemitteilung v. 30.4.1999).

Westrup, K.: Das waren Zeiten. Report: 125 Jahre NSU. Neckarsulm: NSU Museum, 1998.

Weyer, J.: System und Akteur. Zum Nutzen zweier soziologischer Paradigmen bei der Erklärung erfolgreichen Scheiterns. In: Kölner Zeitschrift für Soziologie und Sozialpsychologie, Jg. 45 (1993), S. 1-22.

Weyer, J., Kirchner, U., Riedl, L.: Technik, die Gesellschaft schafft. Soziale Netzwerke als Ort der Technikgenese. Berlin: edition sigma, 1997.

Weyer, J.: Von Innovations-Netzwerken zu hybriden sozio-technischen Systemen: Neue Perspektiven in der Techniksoziologie. In: Bluma, L., Pichol, K., Weber, W. (Hrsg.): Technikvermittlung und Technikpopularisierung. Historische und didaktische Perspektiven. Münster u.a.: Waxmann, 2004, S. 9-31 (=Cottbuser Studien zur Geschichte von Technik, Arbeit und Umwelt, hrsg. von Bayerl, G., Bd. 23).

Wilmers, G., Riethmüller, M.: Teil III. In: NSU (Hrsg.): Chronik der Entwicklung des Kreiskolbenmotors in Neckarsulm, 2. Aufl.. Neckarsulm: NSU, 1978, S. 105-118.

Wistrich, R.: Wer war wer im Dritten Reich? Ein biographisches Lexikon. Anhänger, Mitläufer, Gegner aus Politik, Wirtschaft und Militär, Kunst und Wissenschaft. 2. Aufl. Frankfurt am Main: Fischer TB, 1993.

Wotschke, A.: Motivatorische, lebenslauf- und erziehungsbedingte Determinanten des beruflichen Erfolges von Führungskräften – ein diagnostischer Dreigruppenvergleich von Managern aus dem Profit- und Nonprofitsektor sowie dem Selbständigenbereich. Hamburg: Diss., Univ. der Bundeswehr, 1995.

Wottawa, H., Gluminski, I.: Psychologische Theorien für Unternehmen. Göttingen: Hogrefe VAP, 1995.

Wüst, C.: 30 Jahre im Kreis gedreht? Vor 30 Jahren als Neuheit gefeiert – heute ein Außenseiter: der Wankelmotor. AutoBild, Ausgabe vom 29. Januar 1990, S. 28-31.

Yamamoto, K.: Der Stand der Entwicklung von Kreiskolbenmotoren bei der Firma Toyo Kogyo, Hiroshima. ATZ Automobiltechnische Zeitschrift, Nr. 8 (1967), S. 273.

Yamamoto, K.: Rotary Engine. Hongo (Japan): Sankaido Corp. Ltd., 1981.

Yamamoto, K.: The Rotary Engine: Two Decades of Innovation. Detroit: World Automotive Congress, August 1982 (Vortragspapier) (unveröffentlicht, aus: Archiv von Dipl.-Ing. Eiermann, Weißensberg).

Yamamoto, K.: Interviewaussagen zur Entwicklung des Wankel-Motors bei Mazda und NSU. In: Wüst, C.: 30 Jahre im Kreis gedreht? Vor 30 Jahren als Neuheit gefeiert – heute ein Außenseiter: der Wankelmotor. AutoBild, Ausgabe vom 29. Januar 1990, S. 31.

Zentner, K.: Illustrierte Geschichte des Dritten Reiches, Bd. II. Köln: Lingen-Verlag, 1979.

Ziegler, J.: Betriebswirtschaftliche Aspekte der Entstehung und der Entwicklung der Audi NSU Auto Union AG. Heilbronn: Fachhochschule Heilbronn (Fachbereich Fertigungsbetriebswirtschaft), 1983.

11. Abkürzungsverzeichnis

BGR	Bundesanstalt für Geowissenschaften und Rohstoffe
CW	Fa. Curtiss Wright (USA)
DKM	Drehkolbenmotor
DVL	Deutsche Versuchsanstalt für Luftfahrt
EFMO	Entwicklungsinstitut für Motorenbau Dr. Huber, München
FAG	„Kugelfischer" AG (Kugellagerproduzent, Schweinfurt)
IAA	Internationale Automobil-Ausstellung (Frankfurt am Main)
IMH	Institut für Motorenbau Prof. Huber GmbH, München (s. auch EFMO)
IMK	Internationale Motor-Korrespondenz, Stuttgart
IWKA	Industriewerke Karlsruhe AG
KHD	Klöckner-Humboldt-Deutz AG, Köln
KKK	Fa. Kühnle, Kopp & Kausch AG
KKM	Kreiskolbenmotor
LTA	Landesmuseum für Technik und Arbeit, Mannheim
o.J.	ohne Jahresangabe
o.S.	ohne Seitenangabe
o.V.	ohne Verfasserangabe
plc	public limited company (Äquivalent zur deutschen Aktiengesellschaft)
R&D	Research und Development
RLM	Reichsluftfahrtministerium
RM	Reichsmark
ROZ	Klopffestigkeitsangabe (Oktanzahl)
RX	Mazda-interne Bezeichnung für Wankel-Motor-Modelle
TDI	Turbo-Diesel
TES	Technische Entwicklungsstelle
U/Min.	Umdrehungen pro Minute
USD	US-Dollar
VDA	Verband der Deutschen Automobilindustrie
VDI	Verein Deutscher Ingenieure
W V W	Wankel-Versuchs-Werkstatt

12. Abbildungsverzeichnis

Abb. 1:	Prinzip des Wankel-Motors	10
Abb. 2:	Kenichi Yamamoto	13
Abb. 3:	Karikatur zum Wankel-Motor	14
Abb. 4:	Wankels Unfall-Mercedes S	34
Abb. 5:	Wankel mit seinem Neufundländer	34
Abb. 6:	Grabmal Wankels in Heidelberg	35
Abb. 7:	„Teufelskäfer" auf Hubkolbenmotorbasis	36
Abb. 8:	Wankel in der Heidelberger Versuchswerkstatt	38
Abb. 9:	Deckblatt der Patentschrift zur „Rollkurbel"	40
Abb. 10:	Drehkolbenmaschine DKM32	41
Abb. 11:	Dipl.-Ing. Wolf-Dieter Bensinger	44
Abb. 12:	Dr.-Ing. Gerd Stieler von Heydekampf	57
Abb. 13:	Dr.-Ing. Walter Froede	58
Abb. 14:	Trochoidenkonzepte Wankels aus den 1950er Jahren	61
Abb. 15:	Modellzeichnung („Osterhas") zur DKM54	64
Abb. 16:	Dr.-Ing. Eugen Wilhelm Huber	69
Abb. 17:	Deckblatt der ersten NSU-Pressemappe zum Wankel-Motor	83
Abb. 18:	Wankel beim Vortrag (VDI-Tagung)	85
Abb. 19:	Erstvorstellung des NSU-Spider mit Wankel-Antrieb	91
Abb. 20:	Modell des NSU-Typs 80 im Maßstab 1:5	98
Abb. 21:	Verkäufe des NSU Ro 80 zwischen 1968 und 1972	109
Abb. 22:	Mercedes-Benz C111 (Versuchsfahrzeug)	114
Abb. 23:	Wankel mit Vierscheiben-Mercedes SL	118

13. Danksagung

Für die Überlassung des Themas und die engagierte Betreuung möchte ich an dieser Stelle Herrn Prof. Günter Bayerl herzlich danken.

Meinen Dank möchte ich ferner den folgenden Herren aussprechen, die sich als fachlich kompetente Gesprächspartner und Zeitzeugen für eine ausführliche Diskussion der themenbezogenen Fragen zur Verfügung stellten: Wankels langjährigem Wegbegleiter und Chefkonstrukteur Dankwart Eiermann, ferner Prof. Georg Jungbluth, Robert Kühn, Peter von Manteuffel, Hans Portele, Peter Roser, Arnold Schönbeck, Horst Schulz.

Dankend hervorheben möchte ich aber auch meinen Vater Albrecht Knapp, der leider kurz vor dem Abschluss dieser Arbeit verstarb. Er war ein engagierter und kritischer Gesprächspartner, der mich – auch wenn die fachliche Diskussion nicht immer einfach war – bei dem Vorhaben immer wieder motivieren konnte und wichtige Anregungen gab.

Bei den Herren Dr. Marcus Popplow, Prof. Ernst Sigmund und Prof. Johannes Weyer bedanke ich mich für die konstruktiven inhaltlichen Anregungen. Schließlich sei an dieser Stelle auch den Mitarbeitern des Daimler-Chrysler-Konzernarchivs in Stuttgart-Untertürkheim, des Landesmuseums für Arbeit und Technik (LTA Mannheim) sowie der Deutschen Verkehrswissenschaftlichen Gesellschaft (Sektion Berlin-Brandenburg) für die hilfreichen Hinweise zur Materialsuche gedankt.

Ulrich Christoph Knapp
Im Dezember 2005

14. Anhang: Transkription maßgeblicher Passagen aus den mehrstündigen Interviews mit Dipl.-Ing. Dankwart Eiermann und Dipl.-Ing. Peter Zoege von Manteuffel

Interview mit Dipl.-Ing. Eiermann im Oktober 2003
(K: Ulrich Knapp, E: Dankwart Eiermann):

K: Schildern Sie bitte, wie Sie mit dem Wankelmotor in Berührung kamen und beruflich in die Wankelmotorenforschung einstiegen.

E: Zur Zeit meines Studiums wurden die ersten Informationen über den Wankelmotor publik. Das war ja vorher eine ziemlich geheim gehaltene Entwicklung zwischen Wankel und NSU, man hatte sich darauf verständigt, dass man nicht an die Öffentlichkeit geht. Durch die ersten Lizenznehmer Curtiss Wright in den USA hat sich das Bild gewandelt, weil Curtiss Wright sofort an die Öffentlichkeit drüben gegangen ist – als Lizenznehmer, entgegen den Absprachen – und damit mussten NSU und Wankel nachziehen. Und so wurde ein Meeting in München vereinbart, das war 1960, und dort hat man zum ersten Mal einen laufenden Wankel der Öffentlichkeit vorgestellt. Das war auf dem VDI-Kongress, und dann wurde das natürlich in allen Illustrierten und Zeitungen publik und so haben auch wir davon Kenntnis erlangt, und einer unserer Professoren – ich war noch bei meinem Maschinenbaustudium – hatte Kontakt zu Wankel. Ich war damals in Konstanz und von dort ist es ja nicht weit nach Lindau und so kam es, dass wir einen Besuch bei Wankel gemacht haben, da gab's noch nicht die KKM, sondern erst die ursprüngliche DKM (Drehkolbenmaschine), den allerersten Motortypen. Das war natürlich eine interessante Geschichte. Jeder der Studenten hatte versucht, nach dem Studium einen interessanten Job zu bekommen, und ich hatte mir damals überlegt – ich hatte ein Angebot von Daimler-Benz – Hubkolben macht ja jeder, „mach was Neues", „mach was Anderes"! Das war viel interessanter und nachdem es schon so ausgesehen hatte, dass daraus was werden könnte, habe ich mich 1960/61 bei Wankel beworben und im Oktober 1961 bei Felix Wankel angefangen, das war also noch während der Entwicklungszeit.

Und damals war die ganze Entwicklung hier – Wankel hatte ja einen Vertrag mit NSU gemacht. Mit der Wankel GmbH hatte er durch Lizenzeinnahmen viel von NSU bekommen. NSU war der Federführer bei den Lizenzverhandlungen.

Die Entwicklungsstelle war in dem Wohnhaus von Felix; also relativ bescheiden untergebracht. Im Erdgeschoss war das Konstruktionsbüro, in der Küche haben die Versuchsgeräte gestanden und nebenan in dem Anbau waren Werkzeugmaschinen untergebracht (Drehbank, Fräsmaschine usw.), dort wurden Teile gefertigt. Und oben unter'm Dach hat Felix gewohnt, also ganz bescheiden.

Und das war der Anfang. Und man hat gesehen, dass die Geschichte sich ausweitet und hat dann ein neues Institut gebaut, das wesentlich mehr Platz bot und genau nach den Bedürfnissen – allerdings mit den Ideen von Felix Wankel – ausgerichtet wurde. Dieses Institut besitzt heute Volkswagen.

Damals sind wir 1962 als die Ersten dort hingezogen und dann ging es los mit den Kreiskolbenmotorentwicklungen, es wurden entsprechende Prüfstande aufgebaut usw.

Wir haben damals im Wesentlichen Grundsatzversuche gemacht, also welche Materialkombinationen fährt man am Besten bei einem solchen Motor, um den Verschleiß in den Griff zu kriegen. Das war ja alles noch nicht gelöst. Das erste Fahrzeug mit dem Motor erschien 1964/1965 – das war der Spider mit dem Einläufermotor – und da hatte man noch Materialkombinationen in abenteuerlicher Art mit Kohle – mit Sinterkohle – gegenüber Chrom, bis man dann später auf die Materialien kam, die heute extreme Laufzeiten ermöglichen.

Das musste ja alles mal gelöst werden, von Grund auf. Es wurden auch Versuchsmaschinen gebaut, an denen man sehen konnte und auch messen konnte, wie solche Teile sich verhalten.

Das war an sich eine recht interessante Entwicklung, die man anderswo nicht hätte machen können.

Das lief so weiter bis zum Jahr 1971 und ab Mitte der 60er Jahre habe ich die technische Leitung übernommen und habe die meisten Versuche gemacht für Daimler-Benz, da hatten wir Aufträge für einen eventuellen Serienmotor von 2 bis 4 Scheiben, ein Einläufer war uninteressant für Daimler-Benz. Der C 111 ist ja bekannt, das war ein Fahrzeug, welches serienreif war. Mit diesen Aufträgen habe ich damals ca. 40 - 45 Prozent des Institutshaushaltes finanziert. Das war übrigens der erste Motor mit Keramikdichtteil, und die waren so dermaßen gut, dass man fast keinen Verschleiß mehr hatte. Man hätte also gute 500.000 km mit dem Motor fahren können. Nur waren diese Dichtteile relativ teuer, pro Stück ca. 100-150 DM. Drei Stück brauchte man pro Läufer. Das hätte bei einem solchen Motor gar keine Rolle gespielt, aber selbst der Bensinger sagte, das Material sei viel zu gut, das brauchen wir nicht.

Die Haupttätigkeiten waren eigentlich Verschleißuntersuchungen, ich habe also Dauerläufe gefahren mit Daimlermotoren mit äußerst guten Ergebnissen.

Das zweite Kriterium war, das man die Öldichtungen und somit den Ölverbrauch in den Griff bekommen musste. Da gab es sehr viele Entwicklungen.

Und dann eine Optimierung des Dichtsystems, um überhaupt den Wirkungsgrad hochzubringen. Und damals fuhren wir schon mit dem Direkteinspritzermotor, d.h. also nicht über den Vergaser, sondern über eine Direkteinspritzung in die Kammer – das waren aber alles Benziner. Daimler-Benz hatte sich zumindest zunächst nicht für einen Diesel interessiert, hat aber dann später auch solche Geräte gebaut. Aufgeladene Motoren wurden dort untersucht für militärische Anwendungen, z.B. Torpedoantriebe – alles auf Wankelbasis mit recht guten Ergebnissen.

K: Und diese Entwicklungen haben Sie auch hier in der Gegend durchgeführt?

E: Auch diese Entwicklungen wurden hier im Institut in Lindau durchgeführt.

Eigentlich waren das alles Details. Wir haben immer die Grundmotorik bekommen von Daimler und dann Änderungen selbst vorgenommen, was notwendig war, und haben auch eigene Messtechniken eingebracht. Zum Beispiel wurde untersucht, wie sich ein Ölfilm im Läufer verteilt zur Kühlung. Es wurde ein gläserner Motor gebaut mit Plexiglasläufer mit gefärbtem Öl und Hochgeschwindigkeitskamera – 10.000 Bilder pro Sekunde – womit man dann sehen konnte, was im Motor überhaupt passiert; also richtige Grundsatzuntersuchungen, die dann sehr viel Erkenntnis gebracht haben für die Konstruktion des Motors. Und diese ganzen Dinge sind eingeflossen in die damaligen Daimlermotoren, also C 111. Aber auch in die anderen Entwicklungen, es gab damals noch einen regen Informationsaustausch zwischen den ganzen Lizenznehmern, die weltweit verteilt waren. Das größte und auch erfolgreichste Meeting war 1968 in Hiroshima in Japan. Da war alles da, was Rang und Namen hatte, von Rolls-Royce bis Daimler-Benz, Mazda, Nissan, Toyota – alles, was dazugehört.

Und das war eine Zeit des Aufbruchs, wo man eigentlich gemeint hatte, in Zukunft gibt es nur noch Wankel – so sah es ungefähr aus.

Und es gab ja die erste Serienfertigung bereits dort in Japan, d.h. eine richtige Serienfertigung, die bei uns noch nirgendwo entstanden ist. Bei Mazda.

Und das ist wohl auch der Grund, warum Mazda das durchziehen konnte. Die hatten komplettierte Fertigungseinrichtungen dort stehen, mit modernsten Einrichtungen. Das war damals schon, 1968, ein voll computerisierter Prüfstand, zehn Stück standen da. Nur für Rotaries, wie es dort heißt: rotary engine. Dort wurde natürlich alles gemacht, um Serienreife zu bieten; und die hat man ja gehabt. Ich glaube die Japaner fingen 1967 mit dem Zweischeiber vor NSU an.

K: Also vor dem Ro 80?

E: Der Ro 80 kam ja erst 1967, 1968.
Und war noch nicht auf dem Stand, wie die Japaner ihn hatten.
Die Japaner haben Anfang der 70er pro Monat über 30.000 Stück gebaut und hatten einen Motorpreis – das weiß ich noch von damals wegen der Lizenzvergabe – von ungefähr 800 - 900 DM pro Stück. Das war der Rumpfmotor natürlich, also durchaus konkurrenzfähig.

Man hat dann durch die Verhandlung erreicht, dass die Japaner nicht vor dem Lizenzgeber auf den Markt gekommen sind, das wäre schlecht gewesen.

Interessanterweise hat NSU den Japanern nicht den Import erlaubt. Die haben also anfangs nicht die japanischen Fahrzeuge hier vertrieben, sondern nur die eigenen. Das hat sich später dann geändert.

Aber zurück zur Entwicklung. Das waren die Dinge, die wir am Motor gemacht haben; es gab da noch andere Dinge, die mehr zum Hobbybereich von Wankel gehörten, wie der Zisch, Schnellboote und solche Dinge.

Es wurden auch viele andere Dinge entwickelt, die Andere interessiert haben, wie Hochdruckhydraulik und so etwas. Aber das war nur am Rande. Für uns war das Interessanteste ganz klar der Motor. Und für Wankel war es eigentlich nicht so, dass ihn eine Vermarktung interessiert hatte, ihn hat nur das Spielen interessiert – an der Technik. Er hatte ja genügend Geld bekommen, denn er hatte einmal die Lizenzeinnahmen und man muss sagen, dass Anfang der 70er Jahre alle Lizenzen hatten und die Einnahmen lagen grob – wenn ich mich recht erinnere – zwischen 8 und 15 Millionen Dollar; also so schlecht war das nicht. Und insgesamt hat NSU an Lizenzgebühren zwischen 250 und 300 Millionen eingenommen. Reine Lizenzgebühren. Davon hat das meiste Mazda bezahlt, das waren über 40 Millionen, und ausgegeben hat man für die Entwicklung bei NSU ca. 150 Millionen, d.h. das wäre ein super Geschäft gewesen.

Wurde es aber nicht, erst mal hat die Wankel GmbH 40 % eingestrichen, ohne Entwicklung zu betreiben für die Weiterführung der Ro80 – und für andere Serien. Man hat eigentlich mehr seine Hobbys finanziert und sein Partner Hutzenlaub hat natürlich auch abkassiert: 50 %. Und dann hat man noch den Fehler gemacht, dass der Erstlizenznehmer Curtiss Wright war – er hat das Recht der Lizenzvergabe in den USA gehabt und hat für alle Lizenzen 10 % eingestrichen. Und das hat natürlich den Gewinn vermindert bei NSU. Insofern hatten die natürlich weniger zur Entwicklung zur Verfügung, als an Lizenzgebühren eingegangen ist.

Das Schlimme war, dass damals die Firma NSU eben finanziell relativ schwach war. Das Geschäft ging runter mit den kleinen Autos, die anderen sind besser geworden. Und dann hat man eine Fusion mit Audi gemacht und man hat gedacht – so war es ja geplant – dass die Führung bei NSU bleibt, weil die die neue Technik hatten. Nur war die Führungsmannschaft bei NSU nicht in der Lage, das zu managen, während die Audileute da besser waren; die haben alles an sich gezogen. Dann ging sehr bald die ganze Entscheidung nach Ingolstadt zu Audi. Und da war ein bestimmter Techniker mit Schuld; und der hieß Piëch. Und der wusste, wie es geht – offensichtlich. War auch finanziell unabhängig – nebenbei.

Interessant ist zum Beispiel, dass nach Auflösung dieser Wankelentwicklung – das ging ja dann so, dass die Kombination Audi/NSU von Volkswagen in einem Beherrschungsvertrag übernommen wurde...

Und damals, das war zu einem Zeitpunkt, als VW eigentlich fast pleite war durch die Misere mit dem Käfer, dass der dann eingestellt wurde in der gesamten Fertigung. Und der damalige VW-Chef Schmücker hatte kein Interesse an Entwicklungen, die Geld kosten. Er musste ja sanieren, daher hatte er alles gestrichen, was nicht schwarze Zahlen brachte.

Man hatte damals so argumentiert – dazu kamen natürlich noch zwei Unglücksfälle; das waren die Energiekrisen 1973 und 1976. 1973 war es so: Ich war da bei Daimler in einer Besprechung und da waren die Experten, die vorgetragen haben; die waren der Meinung, in zehn Jahren gäbe es keinen Kraftstoff mehr, dann müsse man auf andere Energien umsteigen.

Hat aber anders ausgesehen, denn zehn Jahre später gab es mehr denn je und die Leistungen der Motoren wurden immer größer.

Im Jahr 73 hat man beschlossen, mit der Leistung runter zu gehen und kleinere Motoren zu bauen – Babybenz hieß das Ding. Der 190er kam dann. Damals war ja auch die Meinung vorherrschend: der Daimler-Kunde hat immer das beste – also wir mussten auf dem Prüfstand immer Superbenzin fahren, wir durften nicht Normalbenzin fahren, weil ein Daimler-Kunde nicht mit Normalbenzin fährt. Und so haben wir den Motor mit Super betrieben, obwohl er mit Normalbenzin auskommt, weil er klopffest ist.

Zweiter Punkt war noch dabei; wir haben Untersuchungen gemacht mit bleifreiem Benzin, das ging auch problemlos. Das ging damals, weil der Wankel ja keine Ventile und damit hier keine Probleme hatte. Die Hubkolben konnten das nicht, die brauchten das Blei, damit die Ventilsitze nicht durchgingen. Das hat man dann später gelöst, aber damals war es nicht so. Also man hätte schon frühzeitig hier umsteigen können auf andere Techniken. Man hatte diese Tests gefahren, aber die wurden nicht veröffentlicht. Das war Mitte der 70er Jahre, als die Entscheidung gegen die Serienfertigung des neuen Motors fiel – es gab ja dann nach dem Ro 80 inzwischen einen neuen Motor, den man entwickelt hatte; der hieß 871, hat mit unsere Techniken verwendet, z.B. den Öllaufkolben und solche Dinge. Dieser Motor war serienreif, hatte die Tests alle hinter sich und sollte den Ro 80 ablösen. Aber da hatte man schon entschieden bei VW, dass keine neue Kreiskolben-Serie kommt. So sah halt die Managemententscheidung bei Audi-VW nun einmal aus in den 70ern.

Die Japaner haben eigentlich genau zu der Zeit ihren RX7 gebracht und ich habe selbst miterlebt, wie der Yamamoto sauer war, dass man hier gesagt hat, das ist nichts mit dem Wankel. Und der Lizenznehmer, der die meiste Kohle bezahlt hat, musste schauen, wie er über den Berg kommt mit seinem neuen Wankelprodukt, und der Lizenzgeber hat gesagt, das war nichts mit dem Wankel, wir haben es lediglich verschoben bis jetzt; inzwischen liefen ja auch die Verträge aus, weil die Patente ausgelaufen sind, und die Japaner haben eigentlich bewiesen, dass es doch geht, und haben verkauft. Die haben bis heute etwa 2 Millionen Stück verkauft, haben gut Geld gemacht damit, haben Geld verdient mit einer ursprünglich deutschen Erfindung und haben das Ganze eigentlich auf einen hohen technischen Stand gebracht. Es waren die ersten, die über 100.000 Meilen Garantie gegeben haben auf den Motor und in den USA im „Consumerreport" als bester Importmotor mit dem Wankel abgeschnitten hatten.

K: Immer noch war der Spritverbrauch ein Thema?

E: In den USA weniger, einmal weil die Spritpreise niedrig sind, zum anderen, weil man auf den Highways nicht so schnell fahren darf, nicht so wie bei uns „volles Rohr".

Mir hatte zu der Zeit schon immer vorgeschwebt, dass wir eine Direkteinspritzermaschine machen, die auch Diesel verbrennen kann. Das war eigentlich das Thema. Das ist aber erst später in der R & D gelungen, denn Wankel hat ja 1971 – da ging es los, 1972 war es beendet – seine ganze GmbH mit „Mann und Maus" an Lonrho verkauft, eine britische Firma. Und zwar gerade noch zu dem Zeitpunkt vor der ersten Ölkrise. Das war an sich recht günstig, denn da boomte alles und damals ging es um 100 Millionen Verkaufspreis. Damit war Wankel natürlich dann gesund, denn er konnte jetzt seinen Hobbys nachgehen und war finanziell unabhängig. Dieser Verkauf hat dann dazu geführt, dass die ganze Mannschaft und die ganze Einrichtung an Lonrho überging. Zunächst dachten wir, damit gibt es einen riesengroßen Aufschwung und das war leider nicht der Fall, denn Tyni Roland, der Chef von Lonrho, hat sich mit dem Schmücker geeinigt; Schmücker hatte ja die Wankel-Entwicklung abgebrochen und Lonrho wollte ja nun Geld verdienen; also das hatte nicht gepasst. Lonrho tat nichts mehr für die Wankel-Motoren-Entwicklung in der Autoindustrie, wohl in Abstimmung mit VW. Gut, ob das der direkte Zusammenhang ist, ist schwierig, aber man kann schon daraus schließen, dass es so war, denn Lonrho hat für zehn Jahre Exklusivimport von Volkswagen bekommen. Also, man hat da einen Deal gemacht. Sämtliche VW-Fahrzeuge, Audi-Fahrzeuge, die nach England gingen, gingen über Lonrho. Und das ist natürlich ein Riesengeschäft – und zwar auf zehn Jahre, das war 1982. 1992 ist dieser Vertrag ausgelaufen und da wurde dieses Exklusivrecht zurückverkauft an Volkswagen für über 100 Millionen Pfund. Dazu kam noch, dass die ganzen Karosseriebleche für Audi von einer Lonrhoschmiede kamen, die vorher fast pleite gewesen ist, und damit haben sie diese wieder aufgebessert – haben also ein riesiges Geschäft gemacht. Das war eigentlich ein Milliardengeschäft. Und das ist natürlich viel interessanter als die Wankelentwicklung, die Geld kostet. Und unser Institut, das hat man leben lassen. Was hat das gekostet im Jahr? Vielleicht eine Million – wahrscheinlich weniger.

Wir waren in der R & D so weit, dass wir über Aufträge und Entwicklungen schwarze Zahlen gemacht haben, wir konnten uns finanzieren. Aber an Automotoren war einfach kein richtiges Interesse da, denn auf uns wurde über die GmbH von Lonrho Druck ausgeübt, keine Motoren zu entwickeln. Die hatten sich mit VW geeinigt und VW konnte ja nun nicht zulassen, dass einer einen Motor macht, der besser ist als das, was man vorher in der Zeitung propagiert hatte. Dass nämlich die moderneren Wankel-Motoren zwar möglicherweise den Stand von Hubkolben erreicht haben, so hat man das offiziell dargestellt, dass aber aufgrund des gesunkenen Interesses an solchen Fahrzeugen der wirtschaftliche Erfolg nicht gegeben sei, dass es keinen Sinn macht, Fahrzeuge mit dem Motor auszurüsten, weil die Stückzahlen, die Gewinn bringen, nicht mehr verkaufbar wären. So etwa in dem Stil. Also Kosten-Nutzen orientiert, pragmatisch. Das gibt es noch im Originaltext. Insofern war also Lonrho von Volkswagen beeinflusst – sagte der: „Also die Motorentwicklung scheint uninteressant, was könnt ihr denn noch?"

Wir haben dann die Kompressoren entwickelt, z.B. Klimakompressoren für Automobilklimaanlagen und Aufladegeräte. Und ich habe eine komplette Fertigung in Japan mit eingerichtet für 250.000 Stück pro Jahr. Die lief und wurde auch vertrieben. Das war bei Ogura in Japan in den 80er Jahren. Ganz interessante Sache: Nebenbei hat die gleiche Firma dann später die Laderentwicklung übernommen und die Fertigung groß in Japan aufgezogen, die heute noch serien-

mäßig läuft bei Volvo und bei anderen; und in Motoren eingebaut wird. Also so was Ähnliches, wie es Mercedes mit dem Kompressor macht. Auch die Kompressorentwicklung lief zum Teil bei uns hier für Mercedes-Benz. Das ist also hier mit entwickelt worden, vor allem die Geräuschdämpfung und was sonst alles notwendig war. Das sind so die Hauptstufen gewesen, die hier abgelaufen sind. Nebenher gab es auch, das habe ich dann ohne Wissen von Lonrho aufgezogen, eine Motorentwicklung, so an die 400er Serien, LCR, LOCR. Und als der erste Motor im Prüfstand lief, habe ich das den Lonrholeuten mitgeteilt, dass wir einen Motor haben, der soundso aussieht. Und schon stand auch wieder ein Lizenznehmer vor der Tür, das waren nämlich damals die Continental-Repräsentanten, also die Flugmotoren-Vertreter, die wollten den Motor haben. Und dann hat mir natürlich der Dunlop gratuliert, kam rüber und hat sich das angeguckt und sofort haben die das übernommen und Prospekte gedruckt. Also immer wenn man sieht, da ist vielleicht doch was, muss man reagieren. Das ist typisch für die Entwicklung. Wenn einer von vornherein dahinter gestanden wäre, der das Machtwort gesprochen hätte und gesagt hätte: „Das ziehen wir durch!", dann wäre es gelaufen. So wie es eben in Japan gewesen ist, wo nun ein Mann die Motorenentwicklung unterstützt hat, von vornherein – der Yamamoto – oder wie bei Daimler Benz, das lief, solang der Bensinger der Chef war bei der Technik, der dann ausgestiegen und später gestorben ist. Dann war es halt vorbei.
Und der Wankel selbst, das muss man dazu sagen, hatte kein Interesse an irgendeiner Mitarbeit für Serienreifmacherei oder für ein Geschäft, das daraus entstehen sollte.

K: Hat sich also rein als Entwickler oder Erfinder bezeichnet?

E: Er hat sich als einen Maschinenspielratz bezeichnet. (Gelächter). Das sind seine Worte. Ihn hat das interessiert, was man da machen kann; er hat auch viele Ideen gehabt, die man nicht verwirklichen kann. Die hat er auch untersucht, ist aber ein ganz anderes Thema.

K: Fraglich ist ja, ob der Wankelmotor in Deutschland an mehr oder minder emotional gearteten Widerständen in der Automobilindustrie scheiterte; oder aber ob für die Nichtverbreitung des Motors hauptsächlich reale technische Aspekte relevant waren?....

E: Also, meiner Meinung nach ist es weniger ein technischer Grund, es gibt heute Nachweise, dass die Technik, was Abgas und Verbrauch angeht, absolut gleichwertig und beherrschbar ist. Es gibt Direkteinspritzer, die mit diesen Verbräuchen gelaufen sind. Versuchsweise, nicht in Serie – aber das ist ja ein anderes Thema. Die andere Frage, ob der Motor durch Widerstände in der Automobilindustrie oder emotional bedingte Widerstände scheiterte, das ist schwierig zu beantworten. Sicherlich sind Emotionen mit im Spiel – sogar verständliche; wenn mit einem Vorstand eine Entscheidung gefällt werden soll, da sitzen natürlich verschiedene

Sparten am Tisch. Das sind die Kaufleute, das sind die Techniker, das sind die Juristen und und und. Und selbst wenn ein Techniker überzeugt von der Technik ist, kann er nicht die Garantie über Verkaufsdinge usw. übernehmen. Das Marketing, das sind andere Leute, die dann fragen: „Garantierst Du uns ...?" und und und.

Es geht ja um die Bilanz in einem solchen Fall, dann wird meistens nach Mehrheitsbeschluss eine solche Geschichte gekippt. So war es bei Daimler-Benz, so war es bei Audi. Bei Audi gab es viele interessierte Wankelleute, die gibt es heute noch, die würden sofort wieder einen machen – bei Daimler auch –, aber die haben keine Chance, weil diese Entscheidung, die da gefällt wird, die hat mit dem Geschäftsergebnis zu tun, mit den Verkaufschancen, mit dem Marketing usw.; und da ist es sehr schwierig, ich glaub', auch der faszinierteste Techniker, den es da gibt, auch wenn er noch so gut ist, hat da wenig Chancen gegen die anderen. Die Vorstände sitzen eben doch am längeren Hebel. Insofern ist das vielleicht ein Teil einer Antwort. Emotionen hat es früher gegeben – jede Menge. Wenn man sich z.B. die Aussagen anhört, von Obländer und solchen Leuten, Daimler-Benz-Chef nach dem Bensinger, der kam nie ans Ruder, solang der Bensinger da war, weil er ihm das Wasser nicht reichen konnte als Techniker.

Der Bensinger ist heute auch nicht mehr da, lebt nicht mehr. Und nach dem Bensinger gab es noch jemand anderen, das war der Dr. Derndinger, das war sein Mitarbeiter. Aber der Derndinger ist ein hochgeistiger Techniker, der hatte nicht das Durchsetzungsvermögen – sondern er hat selber gesagt: „Ich bin leider nicht Bensinger, ich kann das nicht durchbringen, obwohl der Wankel interessant genug wäre."

Das sind dann schon Dinge, die mit dem Mann, der an der Spitze sitzt, zu tun haben. Ein Techniker, der weiß, wie er sich ausdrücken muss; wenn der das durchdrücken kann, der macht das auch. Aber einer, der halt lieber Vorträge an der Uni hält und der diesen Job ... ich sag mal, so quasi von der Theorie her betreibt, der schafft das nicht.

K: Dazu passt sehr gut diese Frage hier: In der bisherigen Wankelforschung wird öfter die Hypothese vertreten, dass der mangelnde Erfolg des Wankelmotors in der deutschen Automobilbranche, vor allem der Akzeptanzeinbruch ab Mitte der 70er Jahre, auf eine Art von Komplott, ein so genanntes Hubkolbenmotorkartell, das sich eigene Pfründe sichern wollte, zurückzuführen sei. Ist solch eine Hypothese irgendwie haltbar – also Richtung „Inzuchtengineeringhubkolbenwesen"?

E: Jetzt geht es schon ins Philosophische. Also, das ist schwierig. Ich bin der Meinung, dass natürlich hier kaufmännisches Interesse eine Rolle spielt, das ist ganz klar, das muss ja so sein. Wie würde es einem selbst gehen, wenn man in einer solchen Firma an leitender Position ist? Man muss zusehen, dass der Laden überlebt. Dann fallen solche Entscheidungen schwer; ich weiß nicht, ob ich mich trauen würde, irgendeine neue Technik, die noch nicht im eigenen Haus erprobt ist, aufzunehmen. Das ist nicht einfach. Ich sehe es einfach so, dass die Hubkolbenleute Oberwasser bekamen, und zwar durch neue Auflagen, durch neue Bestimmungen, Abgas, Verbrauch usw.; deshalb hat man unheimlich viel investiert in die Hubkolbenentwicklung. Wenn man heute Motoren anschaut, wie den TDI und solche Dinge, das sind Fortschritte, an die hätte man nie geglaubt. Ich habe vor einiger Zeit noch gesagt, ich würde mir nie einen Diesel zulegen, der kommt mir nicht ins Haus, so ein Stinker, hinter dem ich mit schwarzen Wolken herfahren muss, eine lahme Ente zudem noch, die an jedem Berg stehen bleibt. Und heute fahre ich einen TDI modernster Bauart, und das Ding geht wie die Hölle. Das läuft, das hat überhaupt nichts mehr von einem alten Diesel in sich. Das ist ein Techniksprung, der ist ganz enorm. Das ist ein solcher Innovationssprung, dass manch einer fragt, wozu man noch den Wankel braucht. Leider Gottes ist es so geworden, denn die Automobile, die man heute kaufen kann, werden ja nicht nach dem Motor gekauft, in erster Linie, sondern nach anderen Gesichtspunkten. Dass Verbrauch und Leistung stimmen muss, ist eigentlich klar. Man kann heute vom Dreizylinder bis zum Sechzehnzylinder alles kaufen, was es nur gibt. Und die Aufhängungen und alles, und die Schallisolierung sind so gut geworden, dass man eigentlich vom Motor nicht mehr so viel merkt. Selbst ein moderner Diesel, der hohe Leistungen hat, läuft eigentlich super. Dann kommt die Commonrailtechnik dazu, die das durch Voreinspritzung usw. ermöglicht hat, dass die Motoren recht angenehm laufen. Und wenn man diese Technik jetzt mit dem Wankel erreichen will, da ist viel viel viel Entwicklung notwendig, und wer sich das aufladen will, der muss erst mal über Jahre hinweg entwickeln, um was Vergleichbares darzustellen – so sehe ich das. Deshalb ist er auch nicht in erster Linie für die Automobilindustrie interessant, wenn man nicht schon die Fertigung wie Mazda hat. Und Mazda baut ja bisher nur Benziner, die Diesel sind alles Hubkolben, weil sie eigentlich diese Technik nicht entwickelt haben. Und ich denke, wenn man einen neuen Wankel macht, dann muss der besser sein als alles andere. Wenn er das kann, dann hat er gewonnen. Und das ist unser Ziel; wir wollen also nachweisen, dass das geht. Und das geht auch, er muss also Verbrauch und Abgas beherrschen. Das ist das Erste. Und dann muss er noch wirtschaftlich zu fertigen sein. Das ist eine schwierige Aufgabe. Insofern ist da viel viel Entwicklung notwendig. Also, wenn jetzt eine Firma, wenn man die angehen würde, wenn es nicht ein Neuer ist, der auf der grünen Wiese frisch anfängt, dann wird man kaum jemanden finden, der da mitmacht, es sei denn, man bringt ihm einen Prototyp und weist das nach, und sagt: Bitte – probier das aus. Und nur damit kann man heute noch, glaub' ich, reinkommen in das Geschäft. Nur durch Papier und der Wankel wäre schön usw., das kann man vergessen. Das sind die, die dem nachträumen, das ist keine Technik, keine ernsthafte.

Man musste Mitte-Ende der 70er auch die Sache kaufmännisch sehen, Stichwort Investitionen. Und man hätte der eigenen Hubkolbenentwicklung Konkurrenz gemacht, d.h. dem Fünfzylinder Audi und was da alles so war. Der Audi sollte ja mit diesem Motor kommen. Und jetzt kam die Entscheidung: Machen wir das Ding [Anm. des Verf.: gemeint ist der Kreiskolbenmotor]; das kostet uns Geld; oder machen wir es nicht und verdienen in der Serie. Also ein Investitionsproblem. Und das Geld war zu der Zeit nicht da oder hätte irgendwoher geholt werden müssen. Und da fiel halt die Entscheidung, dass man gesagt hat, Fahrzeuge mit dieser Leistung in entsprechender Stückzahl, die sich lohnt, sind nicht marktinteressant. Denn 76 war die zweite Ölkrise. [Anm. des Verf.: gemeint ist hier der zu diesem Zeitpunkt neu entwickelte Kreiskolbenmotor].

K: Na ja, bei einer anderen Vermarktung hätte man sich wahrscheinlich...

E: Das ist richtig, wenn man hätte wollen, natürlich wäre der Motor gegangen. Es gab genügend Fahrzeuge, die das nachweisen konnten. Es fahren heute noch 871er – die Besitzer sind happy. Es gibt den Ro 80-Club in Deutschland, in der Schweiz, die haben gepflegte Fahrzeuge, wie aus dem Schaufenster, und sind Begeisterte – keiner gibt seinen Ro 80 her. Gut, die Verbräuche sind noch höher mit dem Vergaser, als man heute gewohnt ist, aber das ist kein Thema für die.
Es ist auch so, es kommt vielleicht dazu, wer nie einen Wankel gefahren hatte, kennt das gar nicht, den interessiert das auch nicht. Das kann nur der, der so ein Auto längere Zeit gefahren hat und dann umsteigt auf ein anderes. Der sagt: Um Gottes Willen, ich bleib' bei dem. Weil das Fahrgefühl, das man in so einem Wankelauto hatte, ist ein ganz anderes.

K: Wieso ist in Japan der Wankelmotor so gut angenommen worden, viel besser als hierzulande? Herrschte dort möglicherweise ein anderes Innovationsklima oder lag es nur an dieser einen Persönlichkeit, Yamamoto?

E: Es ist so. Einmal ist es in Japan mit Sicherheit so, dass die Kunden mehr innovations- oder neuheitsorientiert sind. D.h. neue Spielzeuge werden dort gerne angenommen. Das gilt für die Elektronik, für alles, die Kameras .... Das ist einfach dort mehr drin und man ist bereit, sich mit so Neuheiten schnell vertraut zu machen. Mehr als bei uns. Dann kommt dazu, dass Mazda entsprechend natürlich Erfolg hatte, die haben Sporterfolge noch und noch, die haben alle GT-Klassen in den USA gewonnen mit Rotary; in Japan natürlich auch mit Mazda. Da gibt es den Mazda Speed, das ist die Rennabteilung von Mazda. Dann kam der Le Mans Erfolg dazu usw. Das hat man drüben ganz groß vermarktet. Überall. Da gab es die entsprechenden Plakate zu. Bei uns nicht; kein Mensch hat das hier überhaupt gewusst, Wankel hat mal in Le Mans gewonnen, das weiß doch niemand. In Japan ist das anders. Da identifiziert man sich mehr mit dem, was man hat – vielleicht. Und da ist einer, der natürlich so ein Auto hat, besser als der andere, der das nicht hat. Genauso fährt man dort Mercedes, und zwar Linkslenker, keine Rechtslenker. Mazda ist ja ein Rechtslenker. Aber einer, der was auf sich hält, fährt einen deutschen Mercedes mit Linkssteuer.

K: Weil es das Original ist.

E: So ist es. Und so ähnlich ist es auch hier. Und das ist ein Unterschied für den Deutschen. Gewohnheiten sag' ich mal.

K: Andere Atmosphäre!

E: Gut, es kommt noch dazu, dass die Preise drüben anders sind. Also ein Fahrzeug, das hier – was hat er damals gekostet? – um die 30, 40 Tausend, der RX7. Der kostet dort dann vielleicht die Hälfte. Das ist mit allen Fahrzeugen so. Also, da langt man schon eher zu. Dann kommt noch etwas hinzu. Die Verkehrsverhältnisse sind drüben so, dass man auf der Autobahn eine Beschränkung von 100 hat, maximal. Trotzdem fährt man überwiegend gern Porsche oder Mercedes oder ein Fahrzeug, das man nie ausfahren könnte. Das fährt ja immer nur im Teillastbetrieb. Da sind 200 oder 300 Tausend Kilometer mechanisch überhaupt kein Thema.

K: Inwieweit könnte man jetzt Innovationsscheuheit möglicherweise mit Deutschland verbinden? Der Motor war ja bei NSU fertig. Er wurde ja nur nicht umgesetzt. Aus welchen Gründen? Mazda bzw. andere waren ja deutlich weiter. Haben die denn den Zug verpasst?

E: Nein. Ich möchte sagen, dass Ende oder Mitte der 70er Jahre NSU weiter war. NSU hatte den besseren Motor. Das war der 871. Der war in seinen Werten, in seinen Messwerten besser als der Mazda. Verbrauch war besser. Und die Leistung war besser. Gut, der NSU war 2 mal 750 Kubik, also entsprechend einem Dreiliter vielleicht. Er hatte an die 200 PS, ohne dass man ihn jetzt getrimmt hatte. Wir haben den mit Turbolader über 300 PS gehabt, den Motor.

K: War der denn bei der falschen Firma?

E: Falsche Firma? Der Entschluss war gefallen bei VW, dass die Wankelentwicklung beendet wird. Bei VW war der Strich nun mal gezogen. Der 871 war der Nachfolger vom Ro 80. Der Ro 80 war 2 mal 500 Kubik, und da gab es eine neuere Version, die bei Citroen rein sollte, die war etwas verbessert. Die hat auch schon eine bessere Standfestigkeit gehabt. Das war übrigens ab 73 gelöst, das Thema. Vorher gab es ja noch Ausfälle. Mechanische Ausfälle. Und dann gab es eine Weiterentwicklung, das war der Ro 80, der neue – und zwar in Dreischeibenversion mit mehr Leistung. Und gegen den war der 871 entwickelt worden; man hat das beides verglichen und hat gesagt: Der Zweischeiber, der größere, ist billiger als der Dreischeiber. Logisch. Also hat man den weiterentwickelt und das war an sich dann das Produkt, das man bringen wollte, und der war in all seinen Werten eigentlich Spitze. Der wäre heute noch gut. Aber es war die Entscheidung gefallen, und da hatten die Techniker bei Audi keine Chance mehr. Die wurden alle auf neue Projekte weggezogen; und zwar hat man die Entwicklungsabteilung von NSU, die diesen Motor entwickelt hat...; die wurde umgepolt auf den Dieselmotor und die hat den TDI entwickelt. D.h. die Wankelleute haben den TDI gemacht. Man sieht also, dass das keine schlechten Techniker waren. Und diese TDI-Entwicklung war ja in Neckarsulm und nicht in Wolfsburg. In Wolfsburg gab es die Dieselmotoren-Entwicklung. Die haben den Vorkammerdiesel gemacht, der wurde ja lange Zeit in Serie gebaut. Und in Neckarsulm hat man den Direkteinspritzer gemacht. Das war ein harter Fight gegeneinander. Die hatten sich in den Haaren, da gab es also Krach. Und diese Entwicklung – das muss man dem Piech zubilligen; der hat gesagt, in der Zukunft gibt es das, was besser ist, und das ist der Direkteinspritzer. Da hat er Recht gehabt, er ist ein guter Techniker. Und der hat die Geschichte unterstützt, insgeheim gegen die VW-Entscheider. Er war ja damals nur Cheftechniker bei Audi. Der hat die Geschichte forciert. Und später dann hat er, wie er dann rüber kam und Chef wurde, hat er das natürlich nachgezogen und war der Große, weil... alle anderen haben ihn nachgemacht.

K: Im Endeffekt ist ja in Deutschland die Wankeleuphorie gestorben, als es eigentlich soweit gewesen wäre, dass das Konzept zumindest im Grundsatz technisch tragbar ist.

E: Der Lizenzgeber, das war NSU, das war ja die innovative Firma, die gab es ja nicht mehr, die ist aufgelöst worden und die daraus entstandene Firma Audi-NSU-VW –VAG ist es dann –, die hat das Ding fallen lassen, aus kaufmännischem Kalkül. Man hat damals gesagt, wenn mal Wasserstoff kommt, ist es was anderes, aber der kommt ja noch lange nicht, der kommt ja irgendwann...

K: Da redet man ja schon Jahrzehnte drüber..

E: Das ist vielleicht in 50 Jahren soweit, da kann man ruhig propagieren: Der Wankel ist ideal für Wasserstoff. Insofern war das an sich eine logische und gute Entscheidung, wenn man so will.

K: Aber eine primär unternehmenspolitische...

E: Eine primär unternehmenspolitische Entscheidung, eine Managemententscheidung, das ist richtig.

K: Kommen wir gleich zur nächsten Frage. Wo sehen Sie oder sehen Sie derzeit oder für die Zukunft eine wirklich realistische Chance für den Wankelmotor: im Autobereich oder eher im Bereich außerhalb des Autos? Kann man da bestimmte Einsatzbereiche festmachen?

E: Ich glaube, im Moment ist es so, dass... wenn man auf das Automobil geht und auf diese Entwicklung...... da gibt es zwei Gründe. Einmal müsste man einen Konkurrenten haben, der es besser macht, z.B. Mazda. Wenn der Mazda ein Erfolg wird, ein Verkaufserfolg, meine ich jetzt, dass er technisch das kann [Anm.

des Verf.: gemeint ist der neue Mazda RX-8], das kann man ja hier ausprobieren an jedem neuen Modell, dann wird man sich überlegen, ob man nicht doch andere Modelle auch ausrüsten wird mit einem solchen Motor. Ich könnte mir vorstellen, dass Ford, wenn diese Geschichte sich lohnt im Verkauf und im Marketing, sagt: Ok, jetzt machen wir einen anderen auch noch. Zum Beispiel so ein neues Cabrio oder den X5 oder weiß der Teufel was. Und wegen der sportlichen Seite unseres Programms, dann nimmt das Ganze zu. Und wenn das zunimmt und es ist eine Firma drin wie Ford, dann werden die anderen plötzlich hellhörig. Dann wird man sagen, was die machen, könnte uns den Markt wegnehmen. Da müssen wir auch was dagegen tun. Dann bringen sie entweder einen neuen Hubkolben, der es besser kann; wenn er es kann – und wenn er es nicht kann, müssen sie einen Wankel machen. Und dann ist die Frage, wer gibt denen das Know-how. Also, insofern wird es sicher lange dauern. Ich könnte mir vorstellen, wenn der Nachweis erbracht ist, dass dann mancher es sich überlegen wird. Aber der erste Markt, der wahrscheinlich schneller anzugehen ist, sind mehr die anderen Nischenprodukte. Ich könnte mir vorstellen, dass überall dort, wo es darauf ankommt, auf leichtes Gewicht, auf Laufruhe, auf transportierbare Geräte und so was – da hat er eine riesengroße Chance, weil einfach vom Grundprinzip solche Dinge schon vorgezeichnet sind. Ich kann einfach leichter bauen. Die Laufruhe, die ist da, die ist einfach prinzipbedingt. Also, von daher kann es interessant sein. Ich kann mir vorstellen, dass bei Billigmotoren der Wankel eine riesengroße Chance hat, und zwar dann, wenn die Zweitakter verbannt werden, was durch Abgasgesetze irgendwann geschehen wird. Ab 2005 etwa. Vor allem in den USA wird es zuerst anfangen. Und alle, die heute solche Motoren produzieren in Serie, die richten sich schon darauf ein und sind an Neuentwicklungen dran.

K: Und sehen Sie Möglichkeiten für den Wankelmotor im militärischen Bereich vielleicht?

E: Im militärischem Bereich, ja, das ist wieder ein anderer Bereich. Weil das, was bisher angesprochen wurde, das sind alles Benziner. Die ganzen Billigmotoren aus den USA sind Benzinmotoren, keine Diesel. Aber wenn es dann auf den militärischen Bereich geht, dann geht es auf die Vielstofffähigkeit. Und das Thema ist von bisherigen Zweitaktern nicht gelöst; es wird auch nicht gelöst. Das kann nur ein Viertakter oder ein Wankel. Und darum ist der Wankel da ein riesengroßer Vorteil, weil im Gewicht, in der Laufruhe ist natürlich der Einzylinder Diesel ein fürchterliches Gerät im Vergleich zu einem ruhig laufenden Kreiskolbenmotor – abgesehen vom Gewicht. Wenn wir heute bei unserem Einläufer mit etwa 60 bis 70 PS oder 45 kW mit einem Gewicht von 45 kg rechnen, dann wäre das ein Kilo pro kW. Und ich kenne keinen Diesel, der das kann. Ein Einzylinder ist sowieso nicht vergleichbar. Ein Zweizylinder, der springt aus der Kabine raus. Wird der Wankel nicht, der baut erst mal kompakter, den krieg' ich überall rein; und dann ist das Ding auch noch leichter zu bewegen. Und da ist die Anwendung, d.h. das sind Gebiete auf die man sich zunächst konzentrieren sollte. Abgesehen jetzt mal von Flugmotoren und so, die ohnehin kein Thema sind. Denn dort ist alles, was leistungsmäßig unterhalb der Turbine ist, nichts; da gibt es bisher noch nichts wirklich Gescheites. Da gibt es die alten Motoren, die Vier- und Sechszylinder Boxer mit und ohne Auflader und mit entsprechenden Problemen. Das sind alles Uraltkonstruktionen. Aber eben zugelassen.

K: Kommen wir zu einem anderen wichtigen Komplex: Die Persönlichkeit von Felix Wankel. Viele sind da wohl auch mit persönlicher Skepsis entgegengetreten?

E: Dem Wankel selbst?

K: Persönlich. Er hatte keinen Hochschulabschluss. War über viele Jahre hinweg nicht unmittelbar in einen Konzern eingebettet, galt als etwas exzentrisch. Stimmt das?

E: Er war exzentrisch, er hatte keinen Hochschulabschluss, er konnte nicht Auto fahren, er hat keinen Führerschein gehabt, er konnte nicht schwimmen, aber er hat immer so getan, als ob er es könnte. Ist also immer dort, wo es seicht war, auf einem Bein gestanden. Das sind alles Dinge; er hat mir mal erklärt, warum das so ist. Er sagte, er sei anatomisch nicht dazu in der Lage, er sei so gebaut, sein Gehirn sei zu groß, er habe zu viel Volumen. Daher würde er vorne wegkippen. Deswegen kann er nicht schwimmen. Ist kein Witz, hat er mir erzählt. Aber nicht aus Spaß, das war schon ernst.

K: Meinen Sie, dass seine Persönlichkeit irgendwie..

E: Ja, es ist so, ... er war ja, wenn man zurück geht...; seine Jugend war nicht einfach. Er war, glaub' ich, kein einfaches Kind. Er war schwierig, hat mit seiner Mutter Probleme gehabt. Die hat ihn ziemlich verzogen und er hat sich alles erlauben können, was er wollte, und hat dann später solche Jugendgruppen gegründet. Also ich sag' mal, wie die Hitlerjugend im Kleinen. Und er war ein eigenwilliger Typ, wenn man das so sagen kann, und hat gleich Krach bekommen im eigenen Lager und er wurde ja dann eingesperrt. Da war irgendein Gauführer, damals ein bekannter Mensch – gegen den ging er natürlich los, weil dessen Methoden ihm nicht gepasst haben, er war ja eigensinnig genug und hat gesagt: Das machen wir so und so. Und da haben die sich gestritten und er wurde eingesperrt. Das ging ja damals schnell. Und dann hat ihn ein Gönner und Förderer wieder rausgeholt, der mit der Familie gut verbunden war. Der hieß Keppler. Das war der spätere Staatssekretär vom Adolf Hitler. Das war so ein Gönner. Und der hat ihn rausgeholt und hat ihn auch weiter gefördert und hat ihm die Möglichkeit verschafft, da im Luftfahrtministerium mitzumischen. Und da war er anerkannt als „Dichtungspapst", weil er Dichtteile entwickelt hat für Drehschiebermotoren und solches Zeug. Und er hat auch damals schon eine Rotationskolbenmaschine entwickelt, allerdings ein anderes System. Das hat auch nicht richtig funktioniert, aber er hat immerhin seine Dichtungen daran untersuchen können. Das hat ja später viel gebracht. Denn die Maschine selbst, das Prinzip wäre nie gelaufen ohne vernünftige Dichtgrenze. Das war ja sein Verdienst damals. Und da hat er schon den Kontakt gehabt zum Bensinger, dem späteren Daimler Entwicklungschef. Die waren beide mit an der deutschen Luftfahrtforschung tätig. Und da hat er Motoren laufen gehabt von BMW und von Daimler mit Drehschiebern drauf und Aufladung. Und die liefen mit seinen Dichtteilen. Also, diese Entwicklung wurde vom Reich finanziert. Das Institut stand ja auch hier in Lindau-Zech draußen... unter anderem hat er auch die Schnellbootentwicklung gemacht, solche Dinge entstanden dort, nicht so weit gediehen, wie der moderne Zisch, sondern das waren noch so Vorstufen. Und die haben alle nicht funktioniert. Weil dieses Querflächenprinzip, das er hatte, das hat er untersucht. Auch hier im Strömungskanal; das geht zwar, die sind aber dermaßen kritisch im Schlagen, wenn es also einen Wellengang hat, das sollte ja die Welle abschneiden und dadurch weich laufen, und das war eben nicht der Fall. Die waren so hart, dass es wirklich zu Bandscheibenschäden führte.

K: Was heißt Querflächenprinzip und inwiefern war dies für die Entwicklung des Bootes Zisch bedeutsam?

E: Das sind Gleitflächen. Der hatte vorne Quergleitflächen und hinten eine. Und dieses Gerät haben wir gebaut. Wir haben das hier getestet am See. Ich bin mal mit dem Ding gefahren, ich habe gedacht, mir schlägt es das Kreuz weg. Das war so brutal hart. Weil die Fläche, immer wenn die wieder aufgeknallt ist, die hat zwar ein Stück abgeschnitten, aber das war knallhart.

Und eines Tages, da sind wir mit dem damaligen Ro 80-Motoren-Modell gefahren, hat es uns die Vorderfläche durch die Belastung einfach abgeschlagen, die war weg. Und dann ging er baden. Untergetaucht. Aber er war ja dicht. Also es war nicht schlimm, er kam ja wieder hoch.

Ich habe mir dann überlegt; ich habe zum Wankel gesagt: Ich fahr' nicht mehr mit, weil ich beauftragt war mit dem Ding, da hat man ja die Mechanik drin gehabt neben anderen Dingen, da hab' ich gesagt: Ich kann da nicht mehr einsitzen, das kann ich meinem Kreuz nicht zumuten. Da war er stocksauer, weil er sich nie dort reingesetzt hat. Das ist fast typisch. Das ließ er immer die anderen machen. Er hat die Idee gehabt, gesagt: das geht. Und wehe, einer hat gesagt, das geht nicht. Und es ging wirklich nicht, das war brutal. Und dann habe ich mir überlegt, was machen? Er war so sauer, dass er abgehauen ist in seine Wohnung nach Heidelberg. Da ging er immer hin, wenn er genug hatte. Aber da hatte er es nie lange ausgehalten, er wollte ja wieder mitspielen. In der Zeit habe ich mir überlegt: Was machst du dann? Ich bin hier zu dem Skihersteller gegangen, der damals noch selber produziert hatte, und habe mir Skier geholt. Das waren ganz schmale, in der Längsrichtung eingebaut. Die federn, irgendwie kriegen wir das schon hin. Und dann, siehe da, das ging plötzlich federweich mit dem Längsgebauten drunter. Die sind dann natürlich abgeknallt, weil die haben die Belastung nicht ausgehalten im Wasser. Aber ich hab' schon gemerkt, das ist der Weg, so könnte es gehen. Dann haben wir eine extra Form gemacht, wir haben uns einen speziellen Flügel bauen lassen, der also die entsprechende Versteifung drin hatte und stabil genug war, breiter und dann entsprechende Füße dran. Und mit dem Ding konnte man echt volles Rohr fahren. Das ging so weich durch, wie durch Butter. Das zeigt schon ungefähr, wie Wankel war. In diesem Fall war es sogar so, er hat ja dann immer von Heidelberg aus telefoniert, um zu wissen was läuft und so. Wir haben dann gesagt: „Wir glauben, wir haben es im Griff. Jetzt wissen wir, wie es geht."

„Ja, was habt Ihr denn gemacht?" Wir haben dann erklärt, wir haben die Quergleitfläche rumgedreht, längs drunter. Da war er sauer und hat den Hörer aufgelegt. Er hat wirklich geschimpft. Wir haben gedacht: Oha, jetzt haben wir sein Prinzip verlassen. Jetzt gibt es Krach. Denn es konnte ja sein, dass er rein kommt und einen raus schmeißt. So war der. Das ging, ich weiß nicht mehr wie lang, vielleicht 1-2 Stunden. Dann hat er angerufen und hat mir erklärt, warum es geht [Anm. des Verf.: Wankel legte also gleichsam eine rechtfertigende Begründung nach]. Er meinte, das sei so und so, und er hatte sich eine Theorie zurecht gelegt, und siehe da, er hat genau gewusst, wenn wir das gemacht haben, dann ist was dran, dann hat es funktioniert, aber er war sauer, dass es nicht von ihm kam. Und dann hat er zurückgerufen und mir gesagt, warum es geht, und dann hat er es angemeldet. (Gelächter)

Das war so die Person Wankel. Z.B. was das angeht, es konnte sein, er kam in die Werkstatt runter, hat einem zugeschaut an der Fräsmaschine – das habe ich selber miterlebt – und hat gesagt: „Was machen Sie denn da?" „Ich mache das Teil fertig". „Holen Sie sich Ihre Papiere". Der Mitarbeiter ging rauf zur Sekretärin, er war natürlich bleich, und da hat sie gesagt: „Was ist denn los"? „Chef hat mir gesagt, ich soll meine Papiere holen gehen". Sie sagte: „Hör mal, das gibt es doch gar nicht". „Doch, gerade eben war er unten". Und dann ist die Sekretärin zum Wankel hin und hat gesagt: „Ist das ernst?" Und da hat er gesagt: „Ach, die Leute, die verstehen auch gar keinen Spaß". (Gelächter)

Das war schon hart bei uns. Das ist schon Stress für so einen Mechaniker, der da unten gewesen ist.

K: Er war an einer Serienreife für seinen Wankelmotor im Prinzip gar nicht so interessiert, oder?

E: Doch, interessiert war er schon. Er wollte sehen, dass alle Wankel bauen. Ich habe ja Interviews von ihm, spätere auch, wo wir schon nicht mehr zusammen waren, und da schimpft er drüber, dass die Japaner, die haben es gezeigt, die machen es, und bei uns rührt sich keine Hand, sagte er, und kein Mensch versteht es, das hier richtig zu machen. Da war er schon sauer. Aber er hat nichts dazu beigetragen. Er hätte ja können. Ich habe ihm z.B. mal den Vorschlag gemacht, nachdem er seine gesamte Technik dort verkauft hatte, vorher schon, wie viel

Geld er braucht, nur um von der Rendite her das Institut zu finanzieren. Ich habe gewusst, was das monatlich kostet. Das hätte man locker mit ein paar Millionen finanziert. Da hat er gesagt: Was interessiert mich das denn, soll die Industrie das machen. Da habe ich gesagt: Wir hätten unseren eigenen Motor machen können, wenn wir dies und jenes machen. Das hat ihn nicht interessiert. Das wollte er gar nicht. Es ist ja so, man muss es aus seiner Sicht vielleicht sehen, er hatte ohnehin mehr Geld, als er gebraucht hat; also warum sollte er da noch was reinstecken? Er ist seinen Hobbys nachgegangen.

K: Das war also mehr die Idee, mit der er sich identifizierte?

E: Er hat gesagt, die Idee hat er und wenn man ihn gefragt hat, was ist..., gerade so auf der Höhe, wenn es so richtig rund geht, was ist das denn für ein Gefühl, so was erfunden zu haben? Dann hat er gesagt: Ach, die Frage hat schon vor mir der Daimler beantwortet. Er hat gesagt, Erfinden ist viel schöner, als erfunden zu haben. Also lieber wieder was Neues machen und das Alte vergessen. Genauso ist es ja mit dem Verkauf seiner Firma, mit der GmbH an Lonrho. Er hat dann hinterher gesagt, ich habe an dem Wankel und dem eigentlichen Motor gar kein Interesse mehr, das ist eine Sache der Industrie. Und das hat nicht gestimmt, weil... jedes Mal, wenn er irgendwo eine negative Schlagzeile gelesen hat, war er stocksauer. Das hat ihn schon persönlich betroffen. Aber er wollte es eigentlich nicht wahrhaben, hat gesagt, ich mache wieder was Neues. Ich werde mal sehen. Er hat viele Ideen gehabt und ich habe versucht, sie in die Praxis umzusetzen. Ich war mehr praxisorientiert und habe mir gesagt, das muss Hand und Fuß haben, sonst kann man es vergessen.

Zum Beispiel, wir hatten eine abgasgetriebene Drehkolbenmaschine entwickelt, die man also an den Motor dranhängt und die über das Abgas angetrieben wird und den Motor auflädt. Und das lief am Vierzylinder Daimler Diesel. Das war mit Daimler abgesprochen und die hat das sehr interessiert, weil die gesagt haben: Unser Turbolader damals, der reagiert zu lasch. Bis der kommt, vergeht eine Zeit, das so genannte Turboloch. Wie kann man das ändern? Da haben wir gesagt, oder der Wankel hat eben gesprochen: Das machen wir mit einem mechanischem Lader, der reagiert auf jede Änderung. Das ist genauso wie ein größerer Motor. Wenn man draufdrückt, ist der schlagartig da. Und das haben wir nachgewiesen mit diesem Abgaslader, der war wassergekühlt, das war so eine Drehkolbenmaschine auf der Abgasseite, eine wassergekühlte. Und das Ding, hat schöne Drehmomente gefahren, das war besser als jeder Turbo. Aber: Das wog halt. Der Turbolader hat vielleicht zwei drei Kilo gehabt und unserer 13 Kilo. Und war natürlich viel aufwändiger. Der hätte, weiß nicht, Faktor 5 gekostet. Heute kostet der Turbolader 200 Euro, wenn es viel ist. Den kaufen die in Serie, also vielleicht einen für 150 Euro. Und so ein Ding hätte vielleicht so viel gekostet, wie ein halber Motor. Ich bin sicher, dass das nicht unter 2000 Mark gewesen wäre oder 1500. Und damit ist es eigentlich gestorben. Der Lader war 300-400 Mark, aber das Abgasteil mit der Kühlung drin, also bestimmt das Dreifache von so einem

Turbolader. Und das sind Dinge, das war ihm egal. Er hat gesagt, das Ding bauen wir. Das ist die einzige Lösung; und dann hat man da nach Lösungen gesucht, obwohl ich eigentlich gesagt habe, das macht keinen Sinn. Ich habe dann gesagt, das hat keinen Wert. Wir machen nur die kalte Seite, die ist viel einfacher. Und der geht, der ist konkurrenzfähig zum Turbolader und bei kleinen Motoren macht das Sinn. Aber er wollte alles. Und ihm war es völlig egal, ob das Ding teuer ist oder nicht. Ich habe oben auch den Entwurf einer Drehkolbenmaschine, die er sich nachher noch ausgedacht hat. Da haben wir früher schon mal dran rumgemacht. Er hat gesagt: Ich möchte einen kleinen Motor haben, der mehr Leistung hat als alles Bisherige und höher dreht, z.B. 30-40 Tausend Umdrehungen. Das muss man sich mal überlegen, was das heißt, so ein Feuerkreisel mit 30-40 Tausend Umdrehungen. Ich habe mal ausgerechnet, was das für Fliehkraftbelastungen für das Material gibt. Und wie kann man das Ding abdichten gegeneinander, das läuft ja dauernd frei. Dann hat er eine Zugstangengeschichte entwickelt, wo man die Dichtteile feststellt, dass die nicht rausfliegen. Also komplizierter geht es nicht. Dann habe ich mir das Ding mal angeguckt, habe die Dichtteile mal gezählt. Da waren 140 Dichtteile drin. Da habe ich gesagt: Theoretisch kriegt man das hin, das bekommt man sogar zum Laufen, aber das kann man nicht bauen, das kann kein Mensch bezahlen. Das war ihm völlig wurscht. Der hat gesagt, das wird die Zukunft. Dann haben wir mal überschlagen, wenn man die Strömungsgegebenheiten rechnet, da drin irgendwo ist die Grenze, wo dann die Querschnitte und die Strömungen nicht mehr zusammen passen, dann kriegt man nämlich solche Verluste, dass das Ganze uninteressant wird. Was anderes bei einer Strömungsmaschine, wie einer Turbine, aber das ist ja ein Motor, der mit Takten, mit Verbrennungstakten arbeitet. Und das sind Dinge, die hat er verfolgt. Es war ihm völlig wurscht, ob so was später mal realisierbar ist in einer Fertigung. Der sagte: Ich will nur sehen, ob man so was machen kann. Und den Rest soll die Industrie machen. Das war seine Aussage, genauso bei seinem Motor.

K: Wie stand er denn, nachdem er die Firma Wankel verkauft hatte an Lonrho, im Prinzip zum Produkt oder zu seinem Namen, den ja jetzt der Lonrho praktisch weitergeführt hat?

E: Den hat er mit verkauft.

K: War ihm das wurscht?

E: Das war ihm wurscht.

K: Danach hatte Wankel von NSU vielleicht eine schwächere Meinung als von Daimler?

E: Also, ich war gerne bei NSU, hab' gesehen, was die machen – und habe auch angeboten, da mitzumachen – soweit ich konnte natürlich. Er war ja der Chef.

Und ich muss sagen: NSU war technisch gut, vielleicht war ich voreingenommen durch die Stellung oder Meinung von Wankel, aber ich fuhr meistens zu NSU und rückzu's bei Daimler vorbei. Die Daimlerconnection war viel besser. Er hat Daimler-Benz höher eingeschätzt. Daimler war eine Superfirma, NSU war für Wankel eine Klitsche, Fahrradfirma. Und der Wankel und der Bensinger verstanden sich ganz gut, weil der Bensinger wusste, wie man ihn nehmen muss. Also hat man mit dem lieber Entwicklung gemacht. Und ich muss sagen, die Mannschaft bei Daimler war, auch technisch, sehr gut drauf. Die war damals eigentlich fast überlegen. Insofern war mir es Recht, dass wir mit denen viel mehr Entwicklung betrieben haben, und mit denen konnte man viel besser. Hat auch der Wankel mitgemacht. Bei NSU war immer ein gespanntes Verhältnis, weil die NSU-Leute eigene Ideen hatten, ich hab Ihnen erzählt, von Froede, das war ja der Entwicklungschef. Der hat gesagt, der Wankel macht nichts für uns. Er bekommt zwar Geld, aber er gibt es nicht für uns aus. Für unsere Entwicklung. Und der Wankel hat gesagt: Das sind Seeräuber, die klauen mir alles. So war immer ein etwas gespanntes Verhältnis da. Auf der einen Seite war er froh, dass die ein Auto gemacht haben mit dem Wankel drin, auf der anderen Seite wollte er es nicht wahr haben, dass die es richtig machen.
K: Sie haben vorhin den Namen fallen lassen im Hinblick auf Mercedes, den Bensinger...

E: ...Der Bensinger hat es verstanden. Der kam zum Wankel und, wenn der Wankel irgendwas gemotzt hat, ging er. Er hat gewusst, wie er den nehmen muss und hat gesagt: Wir machen das schon richtig. Und der Wankel hat sich z.B. einen BMW gekauft. Das war damals die Weißwurst, so hieß der bei uns, so einen Achtzylinder gab es da. Schönes Auto, mit so schönen Kotflügeln. Und dann gab es auch das Aluminiumcoupé. Und dann kam der Bensinger: Herr Wankel, wie können Sie einen BMW kaufen? Sie müssen Daimler fahren. Sie kriegen von mir das schönste Coupé, was wir haben. Und der Wankel hatte ja die Kohle, hat sich ein Coupé gekauft und der BMW ging wieder zurück. So hat der den ganz gut im Griff gehabt. Und dann gesagt: Ach, wissen Sie, wir machen da hinten an den Prüfständen dies und jenes.

Dann kam die Zweischeibenmaschine, dann kamen die Vierscheiber. Er war natürlich happy. Hat gesagt: Das ist die Technik. Daimler war natürlich die große Sache. Dann durfte er im C 111 mitfahren. Dann haben sie ihn herumgefahren durch die Steilwand. Da war er happy, der Felix.

...es ist so: Er fand eigentlich, die Technik, die der Bensinger gemacht hat, das ist die richtige, und die anderen, das sind so Krauter [Anm. des Verf.: Krauter oder Krampen, schwer verständlich ungefähr „Kleine Bastler"]. Das hat ihm nicht so gepasst. Und dazu kam, solange der Bensinger gelebt hat, hat er ja gemeint, er kriegt noch ein Fahrzeug von dem. Aber die haben natürlich keins raus gegeben. Die haben ja nie eins raus gegeben. Da hat ihm der Benzinger doch dazu verholfen und der Scherenberg auch, der hat es genehmigt, dass er einen Motor bekommt, einen Vierscheiber – aber nur für das Boot. Also für den Zisch. Er hat gesagt: Ich möchte den für ein Boot. Und da hat er gesagt: Ja gut, also da können wir drüber reden. Und dann habe ich den Motor ja geholt und die Teile, einen ganzen Lastwagen voller Zeug. Und dann haben wir also genug Teile gehabt für ein paar Motoren und dann haben wir überlegt, was wir jetzt machen. Dann hat der Felix gesagt, wenn ich keinen C 111 kriege, dann müssen wir etwas anderes machen. Da habe ich ihm vorgeschlagen, ich war vielleicht damals noch etwas zu voreilig, wir bauen einen SL um. Da hat er gesagt, gut, machen wir. Dann habe ich ein Auto abgeholt, das war das damalige SL Coupé, wo man das Dach abnehmen konnte. An sich ein schickes Coupé für damals. Mit einem Achtzylinder drinnen. Ich weiß noch, was der gehabt hat, so 200 PS.

K: Also nicht der Flügeltürer.

E: Nein. Und dann haben wir den geholt, runter gefahren und der Motor hat bloß die eine Fahrt gemacht. Dann haben wir den Motor ausgebaut und einen Vierscheiber reingebaut. Wir hatten ja den Motor für das Boot, der war nicht für das Auto gedacht. Dann haben wir den umgebaut, einen entsprechenden Flansch gemacht, dass er an das Getriebe passt. Dann haben wir den Motor auf dem Prüfstand getrimmt, haben entsprechende Saugrohre hinein gemacht und so Filter und das ganze Zeug, was dran gehört. Dann haben wir die 6,3 Liter Anlage drangemacht. Auspuffmäßig, damit er mehr Gas raus bringt. Und dann haben wir ihn auf dem Prüfstand getrimmt. Dort lief er mit der Anlage um die 320 PS. Das war mehr als genug. Und das erste, was draufging, war die Kupplung. Dann haben wir die Kupplung neu gemacht, dann wurde er tiefer gelegt und dann war das Auto straßenfertig. Das sah toll aus. Und das Auto ging bei 200 erst richtig los. Da konnten wir an den anderen SL vorbeifahren. Das Auto war nur kritisch, wenn es nass war und man gibt Gas, haben gleich die Räder durchgedreht. Dann hat man gleich das Sperrdifferenzial durchgedreht, weil das die Drehmomente nicht ausgehalten hat. Der hat damals 40-45 Newtonmeter gehabt. Das war für die damalige Zeit eine ganze Menge. Ich habe dann eine Begrenzung rein gemacht bei 7½ [Anm. des Verf.: gemeint sind 7.500 Umdrehungen], weil es sonst Wellenbiegungen gibt und so. Wir wollten ihn ja nicht kaputt machen. Und wie der Daimler das erfahren hatte, dass wir den Motor umgebaut haben, gab es einen Riesenkrach. Dann kam sofort ein hässlicher Brief und Schriftwechsel: Sie würden alles einstellen und so. Und wenn sie noch einmal so etwas erleben, dann würden sie den Kontakt zu uns abbrechen. Die Briefe habe ich noch. Aber da war es sowieso schon entschieden, dass die nicht weitermachen. Insofern war es mir egal. Ich hatte einen guten Draht gehabt zu den Versuchsleuten dort. Und dann haben die gesagt, wir müssen alles einstampfen. Dann sind wir runter gefahren mit dem Lastwagen und haben alles geholt, was noch da war. Ich habe mindestens Teile gehabt für fünf Motoren oder noch mehr. Und einige liegen noch in der Kiste, nicht ausgepackt, nagelneu.

Das sind so Stories aus der Vergangenheit. Das Auto steht übrigens im Museum in Mannheim [Anm. des Verf.: Landesmuseum für Technik und Arbeit].

Das ist kaum gefahren, das hat nicht viele Kilometer drauf. Aber die kriegen den gar nicht zum Laufen. Ein Superauto. Das ginge heute noch jedem anderen davon. Gut, das Fahrwerk vielleicht nicht, das kann man heute besser. Aber für damals war er recht gut. Mit dem ist er gern gefahren natürlich.

K: Ja gut, aber der Wankel selber konnte ja nicht fahren.

E: Nein, der war Beifahrer und hat dann nur gesagt: Überholen Sie doch diesen Idioten mal, obwohl es zu war oder es geregnet hat. Aber das ist eine andere Geschichte. Wenn wir damals heim gefahren sind, da gab es die Autobahn noch nicht. Da ist man über die Landstraße gefahren. Da musste man sich schon mit so manchem Verkehr abquälen. Und dann hat der Bensinger ihm gesagt, fahr doch über Biberach. Das ist günstiger. Ich bin dann mit ihm zurückgefahren, das war auch ein Daimler, und dann kam es wieder: Wieso lassen Sie sich da von so einem Idioten bremsen? Überholen Sie den doch einfach. Da war Gegenverkehr. (Gelächter) Das hat er ja nicht gesehen. Und mit der Zeit nervt einen das ja, wenn man selber fahren muss. Ich hab dann Gas gegeben. Und dann hat es ihn immer in den Sitz reingehauen. Das Ding ist ja gut gegangen. (Gelächter) Und dann kommt die Dämmerung; er hat ja schlecht gesehen, er hat ja Augenprobleme gehabt. Und dann fing er an, er ist ja der große Tierschützer gewesen: Fahren Sie doch etwas langsamer. Dann habe ich gesagt: Wieso, Sie wollen doch, dass wir die alle packen. Ich denk' nicht dran.

Und er sagte: Es könnte doch sein, dass mal ein Reh über die Straße kommt. (Gelächter) Da hat er Angst bekommen. So habe ich ihn dann gekriegt. Da hat er nichts mehr gesagt.

Also, er war schon sehr sehr eigenwillig. Wir haben doch den ersten Diesel gemacht. Der ging eigentlich ganz gut. Dennoch war das ein kompliziertes Gerät. Das war eigentlich mit der Grund, dass dann die Allison-Diesel mit eingestiegen sind, also General Motors. Die waren bei uns. Und dieses Ding ist also irgendwie in der Zeitung gewesen. Und eines schönen Tages hat er mich in sein Büro gerufen und hat gesagt: Solche Dinge, wie Sie hier verbreiten. Das noch einmal, dann sind Sie weg.

Ich hab dann gesagt, was das soll. Ja, er hätte gehört, ich hätte gesagt, es sei nicht die Erfindung vom Wankel.

Er war ja furchtbar eifersüchtig. Da habe ich gesagt: Herr Wankel, stellen wir mal Eines klar. Ich möchte wissen, wer diesen Mist erzählt hat, weil da nichts dran ist, und bringen Sie ihn her. Dann sitzen wir uns gegenüber. Dann möchte ich das geklärt haben. Dann hat er seinen damaligen Arzt, der war Anästhesist in der Klinik, hierhin zitiert und hat gesagt, der sei es gewesen. Der hätte ihm das erzählt. Ich würde das rumerzählen. Als ob ich da ein Interesse dran hätte.

Und dann kam der [Anm. des Verf.: gemeint ist der Arzt] und ich habe gesagt: Was ist da dran? Sie haben Wankel das erzählt und das stimmt nicht. Irgendwas ist da schief gelaufen; und er hat gemeint, man würde ihm [Anm. des Verf.: Wankel] da an seinem Image kratzen. Vollkommener Quatsch. Das haben Sie doch gar nicht nötig, so ein Schwachsinn. Da sind wir schon aneinander geraten. So Dinge gab es auch.

K: War Wankel eher ein Choleriker?

E: Er konnte richtig ausrasten. Er war eigentlich so, ich sag' mal, wenn ihn jemand nicht gekannt hat, war er spitze; er konnte sich bestens unterhalten, er war ein unheimlich belesener Mann, er hat viel gelesen und viel d'rauf gehabt, gute Sprüche auch. Er war für einen, der ihn nicht kannte, ein super Typ. Wenn man ihn nur ab und zu gesehen hat – ideal. Er ist natürlich schön ausgegangen mit allen Besuchern, aber wenn man ihn tagtäglich hatte, war das ein ganz anderer Fall. Und da konnte er ganz böse ausrasten. Ein ganz kleines Beispiel: Wir haben so ein Flachdach gehabt. Und auf dem Flachdach waren so Windhutzen, die hat er entwickelt. Er hat gesagt, wir machen diese Windhutze, die steht in Windrichtung, der kommt bei uns immer von Westen, glaub' ich. Und dann werden die so ausgerichtet, dass immer der Wind da hineingeht und Frischluft bringt. Jetzt mussten wir ein Modell bauen von einer solchen Hutze nach seinen Vorstellungen. Das Dach war ja Windgitterwerk. Da sind oben so Glasdinger drauf. Und da haben wir einen extra Wagen gebaut, damit wir die Scheiben überhaupt dort sauber machen können. Jedenfalls hat er da die Windhutzen gebaut und wir mussten ein Modell machen, so ein Kunststoffmodell. Und eines schönen Tages kam er und dann hat er sich das angeschaut und hat gesagt: Das ist ganz falsch. Er habe sich das ganz anders gedacht. Und dann hat er in seinem Zorn mit dem Fuß darauf getreten und dann hing ihm das am Bein fest. Dann hat er da rumgezappelt. (Gelächter) Das konnte sein; da hat man ihm mit viel Mühe so ein Ding gebaut, und wenn es ihm nicht gepasst hat, hat er es zusammengetreten. Z.B. bei diesem Gebläse, bei solchen Modellen haben wir Gebläse gemacht, da war auch einer, den er nicht so mochte, damals noch sein sog. Stellvertreter. Der ist auch nicht lange da gewesen. Er konnte es nicht mit allen. Der hat auch so eine Idee gehabt, wie man das anders macht, das hatte er nicht gesehen gehabt vorher, mal hat er es genommen, hat es an die Wand geschmissen ... Und ich habe ja drei Kollegen gehabt, die mit mir hingekommen sind, Jungingenieure. Die sind alle gegangen. Das haben sie nicht vertragen.

K: Sie deuteten bereits an, Wankel sei manchmal sprunghaft gewesen. Oder hat man ihn auch einschätzen können?

E: Wenn man ihn gut gekannt hat, konnte man ihn einschätzen. Dann hat man gewusst, wie er reagiert. Also ich habe es mir zumindest eingebildet. Aber ich glaube, dass er ziemliche Komplexe gehabt hat. Weil, er hat auf der einen Seite immer gewusst, dass ihm einiges fehlt. Z.B. hat sein Chefkonstrukteur, der Höppner, der hat mir einmal gesagt, wenn man mit ihm über eine Konstruktion oder so diskutiert hat, merkt man immer wieder, dass der nie Physik gelernt hat. Da sind halt grundlegende Dinge drin gewesen, die nicht gestimmt haben. Und so was; das hat ihn schon geplagt. Er hat gemerkt, dass er Grundlagenfehler hat; aber er hatte eine gute Auffassungsgabe. Er hat gewusst, allein vom Gefühl her, was gehen könnte oder nicht. Ich meine, er hat immer so Skizzen gemacht, so krakelige, die Schrift war auch entsprechend, das hat er dann als Grundlage gehabt. Und dann hat man eine Konstruktion daraus gemacht. Er brauchte dann seine Leute dazu, die das richtig auf Papier gebracht haben. Und die hat er ja gehabt. Von daher war das nicht schlecht. Da waren manchmal ganz verrückte Dinge dabei. Z.B. kam er und wollte eine Lichtschleuder haben. Da hat er gesagt: Sehen Sie, das ist ganz einfach. Wenn Sie eine Taschenlampe nehmen und an die Wand leuchten, haben Sie einen Lichtfleck. Dann haben Sie aber auch nur diesen Fleck und das andere ist dunkel. Wenn man jetzt eine vernünftige Kinematik entwickelt, um dieses Licht so zu bewegen, dass es die ganze Fläche bestreicht, dann hat man die ganze Fläche erleuchtet, braucht aber bloß eine Taschenlampe mit wenig Energie, um den ganzen Raum hell zu machen.

Das klingt ja nicht schlecht, zunächst. Zunächst mal war es eine faszinierende Idee. Wenn ich die so schnell bewege, dann habe ich einen hellen Raum und habe bloß dieses Lämpchen. Ich brauch' gar keine große Energie. Da ist natürlich ein prinzipieller Fehler drin, den man kennen muss, aus der Physik. Das ist der Lichtstrom und was es da gibt.

Dann musste ein Ingenieur, der Iwan, ihm eine Maschine bauen. Dem hat er gesagt: Jetzt machen Sie mal; machen wir es ganz einfach. Wir nehmen ein Licht und lassen das rotieren und schauen, was das so macht. Beleuchtet einen Raum rundum mit einem Lichtstreifen.

Dann habe ich gesagt: Iwan, lass Dich auf das nicht ein. Wenn Du das machst, dann fliegt Dir der Glühfaden von der Lampe, das geht ja gar nicht.

Wir nehmen einen Spiegel, der in 45 Grad steht, leuchten den an und lassen den drehen. Dann ist die Lampe in Ruhe und der Spiegel macht das. Dann haben wir das dem Wankel vorgeschlagen und der hat gesagt: gut, macht das. Jetzt musste der Iwan so ein Ding konstruieren. Und irgendwann abends haben wir das Ding laufen lassen. Das fand er ganz toll. Und dann hat man gesehen: wenn man jetzt mit der Lampe ruhig leuchtet gibt es einen hellen Fleck, wenn man es hat rotieren lassen – war es dunkel. Logisch. Dann hat er gesagt: Da stimmt was nicht. Das passt nicht. Jetzt musste der Iwan einen Kegel bauen, der rundum ein perfekter Kegel ist. Und dann hat er gesagt, wenn man jetzt darauf leuchtet, muss man sehen, ob das das Gleiche ist oder ob der Streifen heller ist. Und siehe da, da war eigentlich gar kein Unterschied. Und solches Zeug musste er bauen, obwohl er gewusst hat, dass es im Grunde völliger Quatsch ist, was er da macht. Solche Dinge hat es einfach gegeben. Das ist ein kleines Beispiel. Davon gab es aber noch viele andere.

K: Von wo hat er eigentlich seine Visionen hergenommen, aus der Umgebung oder hat er –

E: – Er hat diese Ideen schon früher gehabt. In seiner Jugend hat er doch Jugendgruppen geleitet. Und da haben sie mit Lichtgewehren hantiert. D.h. die eine Gruppe bekam solche Lampen, und wenn dann einer, wenn man den im Licht gesehen hat, dann war der getroffen und der ist dann ausgeschieden. So wie die Geländespiele oder wie man das nannte. So was hat er gemacht und hat dabei auch Lampen entwickelt, die eigentlich über solche Kohlestifte eine sehr große Helligkeit erlangten. Und die Idee hat ihn immer weiterverfolgt. Er hat gesagt: Ich muss oben in meinem Turm, er hat ja so einen Turm gehabt in seiner Bude da, da möchte er gerne einen Scheinwerfer haben, wo er bis hinüber in die Schweiz leuchten kann. Und dann habe ich endlich einen aufgetrieben, der solche Scheinwerfer herstellt, und habe ihm einen der stärksten Scheinwerfer kaufen müssen, den es gibt. Und der ist dann rauf gekommen und hat geschaut, wie das Ding dort oben leuchtet. Das hat ihm gefallen. Und dann hat er es ein paar Mal gesehen und danach nicht mehr beäugt. Nur wenn er Besuch bekam, hat er den Scheinwerfer vorgeführt. Das war alles wichtig. So hat er halt seine Hobbys gehabt, nebenher. Und da gab es viele andere Dinge auch. Ich erinnere mich jetzt nicht an alles.

K: Aber im Prinzip verfolgte er nicht nachhaltig seine Kernerfindung?

E: Nein, da waren immer andere Dinge, die ihm eingefallen sind. Und dann hat er gesagt, jetzt machen wir mal was ganz anderes. Wenn wir an einer wichtigen Aufgabe dran waren, hat er gesagt: Legen Sie das weg.
Ist dann natürlich das Problem, bei Lonrho musste ich ja dem Programm nachgehen. Man musste ja Geld verdienen. Die wollten ja auch ein Ergebnis sehen und das ging ja über den Daimler eine Zeit lang, bis die dann aufgehört haben. Und da konnte man natürlich nicht so in der Gegend 'rum springen. Und später, nachdem die Motorengeschichte aufgehört hat, haben wir ja Kompressoren gemacht und da kam eigentlich auch wieder Lizenzgeld und anderes rein. Und da hat er mir auch noch ein Problem verursacht, indem ich bei dieser Kompressorenentwicklung... – Da war es so: da hatten wir von Ogura gesagt bekommen, wenn Ihr mir einen Kompressor machen könnt in den Maßen, die wurden genau angegeben, dann möchte ich den haben. Nach dem Wankelprinzip. Der muss ruhig laufen, der muss besser sein als die anderen. Schöne Aufgabe, aber schwierig. Und diese Maße, die er angegeben hatte, waren genau die Einbaumaße von den Serienkompressoren, nämlich die, die überall drin waren. Und da hat er gesagt: wenn wir das so hinbekommen, dann können wir die überall ersetzen. Dann geht der überall hinein, wo die anderen hineingehen. Also habe ich den Entwurf gemacht für den Kompressor, habe mir überlegt, wie wir das am besten machen. Das Ding, was Sie kennen, das ist bei uns entstanden. Und dann hat der Ogura gesagt, o.k., wir machen einen Vertrag; da war der Hutzenlaub noch dabei, der ist ja dann später ausgeschieden. Und da hat er gesagt: Den Vertrag unterschreibe ich und der wird gültig, sobald Ihr mir einen Prototypen mit rüber bringt und uns nachweist, dass der geht. Zwei Größen waren das. Und ich habe dann zwei Stück mit im Koffer gehabt, zwei so Aludinger, und die haben die nach Japan gebracht und am

Zoll haben die gesagt: Was ist da drin? Koffer auf. Und da habe ich ihn gefragt, ob er Mazda-Wankel kennt. Und da hat er sich gefreut und hat uns sogar die Koffer nachgetragen. (Gelächter). So gut ging das dort drüben. Und dann haben die das untersucht, die hatten alles da, was es in Japan gab an Kompressoren, haben das verglichen auf ihrem Prüfstand und haben gesagt: das ist OK, gut. Gut gelaufen. Und da ist folgendes passiert; dieser Kompressor, diese komplette Neuentwicklung – das haben wir auch patentiert und damit war er geschützt – das hat der Wankel gesehen; und das ist eine Story, die ich heute noch nicht verstehe. Und das hat ihn geärgert. Er hat gesagt: Diese Idee, die ist von mir gewesen.

Und dann hat er sich das genauer angeguckt, wie das Ding aussieht, und hat eine Patentanmeldung auf seinen Namen gemacht in der Schweiz. Nur hat er das Grundprinzip nicht gewusst, worauf ich hinaus will. Das Dumme war, meine Anmeldung war halt zwei bis drei Monate früher. Bei seinem Patentanwalt. Und der war stocksauer und hat gesagt: Das kann doch nicht sein, dass der Wankel so was macht.

Ich habe es auch nicht verstanden. Das hat der doch nicht nötig, er ist berühmt, er hat Ideen, einen Namen. Was muss er so was machen.

Er ist ja abends immer da gewesen, bis um 10, 11 Uhr, weil es ihm zu Hause langweilig war. Und dann ist er halt in der Werkstatt herum gelaufen oder ist zu mir gekommen und hat mich von der Arbeit abgehalten. Da habe ich mit ihm diskutiert, was ganz interessant war, oft. Wenn man es nicht zu oft gemacht hat, und dann hat er doch wahrhaftig solche Dinge [Anm. des Verf.: siehe genannte Patentanmeldung] gemacht. Das fand ich ziemlich schäbig. Und damit wollte er mir nur eins reindrücken, hat gedacht, jetzt macht der da mein Zeug und er möchte dabei sein. Und da hat er halt geguckt, wie er da wieder kassieren kann. Ideenmäßig. Dieses Patent, das er angemeldet hat, das hat dann der Stiftungsjurist durchdrücken wollen. Der kam dann eines schönen Tages und hat gesagt: Wir kriegen von jeder Maschine, die gebaut wird, so und so viel Prozent. Da habe ich gesagt: Wieso? Ja, der Wankel hat da ein Patent, und sonst würde der eure Entwicklung angreifen. Und das ist dann so gewesen, dass er darüber gefightet hat. Das ist dann letztlich im Sand verlaufen. Trotzdem, so Dinge sind vorgekommen. Das ist imageschädigend, finde ich, und völlig unnötig. Das kratzt an seiner Persönlichkeit. Das hat Felix Wankel gar nicht nötig gehabt. Ich habe es auch nie verstanden.

Interview mit Dipl.-Ing. Peter Zoege v. Manteuffel im November 2004
(K: Ulrich Knapp, MT: Peter Zoege v. Manteuffel):

K: Wie kamen Sie zum Wankelmotor, wie war diese Entwicklung in Ihren Berufsweg eingebettet?

MT: Nach meinem Examen 1962 arbeitete ich zunächst als Ingenieur an einem Institut für Motorenforschung in München. Es ging hauptsächlich um Rattermarken. Das war damals in einem messtechnisch spezialisierten Institut. Wir haben im laufenden Motor gemessen, wie die Dichtleiste sich beim Umlauf des Rotors relativ dazu bewegt.
Das war meine Arbeit.
Eines Tages hatten wir an der Tafel zu zweit eine Theorie aufgestellt, da ging es um die Berührungslinie und die Elastizität der Dichtleiste. Und dann kamen wir darauf, dass eigentlich der E-Modul (Elastizitätsmodul) des Dichtleistenwerkstoffes eine Rolle bei der Rattermarkenbildung spielen müsste. Da habe ich damals das Ingenieurtaschenbuch genommen und in der E-Modulliste nachgeschaut und da hatte ich den schönsten und niedrigsten E-Modul für uns: Der hatte Kohle. Und so kamen wir auf die Kohledichtleiste und kontaktierten dann mit NSU zusammen Schunk und Ebe und eine andere Firma, Ringsdorff. Und dann kamen die ersten Kohledichtleisten auf einer hartverchromten Laufbahn zum Laufen. Das war das erste Mal, wo wir dann 50 Stunden laufen konnten, ohne dass wir eine verratterte Laufbahn hatten. Und später wurde dann daraus die Nikasil-beschichtete Laufbahn, usw. Aber das mit der Kohle war die Spiderlösung. Der NSU Spider hatte eine Kohledichtleiste. Und nach vier Jahren suchte Hr. Dr. Froede einen Verbindungsingenieur für die Verbindung zu allen Lizenznehmern, der fließend Englisch sprach und sich mit dem Motor auskannte. Da ich in England zur Schule gegangen war und in Amerika ein Jahr studiert habe, war ich sein Mann. Ich habe alles an den Nagel gehängt in München und kam als Verbindungsingenieur nach Neckarsulm, wurde dann drei Jahre später Froedes Stellvertreter.

K: Wann war das?

MT: Das ganze war, ... ich ging zu NSU 1966, im Januar 1966. Ich war dann sieben Jahre bei NSU und habe also insgesamt elf Jahre – vier in München, sieben in Neckarsulm – „gewankelt".
Ich war an dieser hoch interessanten Schnittstelle zu allen Lizenznehmern, mit denen der Erfahrungsaustausch vereinbart war. In jedem Lizenzvertrag stand das ja drin. Die kamen zu uns, ließen „ihre Hosen runter". Wir fuhren zu ihnen, überreichten unsere neuesten Ergebnisse.
Der Grundgedanke war ja „zusammen kommt man schneller voran, wenn man sich austauscht". Der war auch richtig. Dann haben wir auch große Konferenzen organisiert und so gesehen war ich immer an der vordersten Front der Erkennt-

nisse weltweit. Ich wusste, was Toyo Kogyo, was Yanmar Diesel, was Rolls Royce gerade macht. VVB Automobilbau kam später, zusammen waren es 18 Lizenznehmer, die sich damit befassten.
Es war eine fruchtbare Zeit, weil die Sachen in keinem Lehrbuch standen, weil wir uns alles selber erarbeiten mussten. Das war das Schöne an dieser Zeit. Auch und gerade für einen Ingenieur. Und für mich war es sowieso toll, weil ich nebenher diese herrliche Reisetätigkeit hatte. Als ich dann Stellvertreter wurde, kriegte ich für die Verbindungstätigkeit sogar Mitarbeiter.

K: Warum sind Sie letztendlich dann doch gegangen und wie ging es mit dem Wankel-Engagement zu Ende?

MT: Ich bin aber dann gegangen, weil ich – jetzt nehme ich das Ende vorweg – weil ich letztlich nicht mehr an die Zukunft des Wankels glaubte. Weil ich sah, dass wir tolle Fortschritte machten, aber weil ich die ganze Zeit merkte, dass wir auf ein bewegtes Ziel schossen. Es war wie in der Geschichte von Hase und Igel. Immer wenn wir Fortschritte machten, war auch der Hubkolbenmotor wieder ein bisschen weiter.
Bildlich gesprochen: Wir hatten eine Hürde vor uns, die haben wir genommen, großer Anlauf, und als wir drüber springen wollten, da hat der Hubkolbenmotor die Hürde beim Sprung in der letzten Sekunde höher gestellt. Mit anderen Worten, es gab ein paar Bereiche, da wurde der Abstand der Entwicklung, die Differenz des Entwicklungsstandes zwischen dem Wankelmotor und dem Massenfabrikat Hubkolbenmotor, der ja unser leuchtendes Vorbild war und an dem wir uns messen mussten, nicht mehr kleiner oder nicht mehr so schnell kleiner wie er werden musste, damit man absehen konnte, dass in vernünftiger Zeit der Wankel ein wirkliches Großserienprojekt werden konnte.

K: Beschreiben Sie dann doch mal Ihren Abschied von der Firma NSU und Ihren Neuanfang bei Mercedes.

MT: Ja, dann bin ich zu Mercedes gegangen. Ich war in Untertürkheim von 1972 bis 1981, zehn Jahre. Erst bei Prof. Dr. Scherenberg und dann bei Prof. Breitschwerdt im Vorstandssekretariat für besondere Aufgaben. Ich habe sehr darauf geachtet, dass ich dort nicht mit dem Wankel in Berührung kam. Die Arbeiten liefen ja dort noch. Bei Obländer, Herrn Dahm. Herr Dahm machte die Mechanik, der Obländer Verbrennung, und der Bensinger war Konstruktion.
Beim Daimler geriet ich in die technische Politik. Dort habe ich Vorschriftenbeeinflussung, Lobby gemacht. Für Daimler weltweit, Nutzfahrzeuge, PKW, Omnibusse, überall hingefahren, in die ganze Welt und versucht, die Gesetzgeber bei der Abfassung neuer Vorschriften zu beeinflussen. So, dass die vernünftig waren.
Von dort bin ich, weil hier in Frankfurt der Geschäftsführerplatz frei wurde, der Stuhl des technischen Geschäftsführers im Verband der Automobilindustrie, weggegangen und habe dann zehn Jahre den Geschäftsführer gemacht.

Es war eine Nebenaufgabe, die bei mir dranhing, alle zwei Jahre die IAA zu veranstalten, also zu organisieren.
Sonst haben wir Technik gemacht: Forschung, aber eben für die ganze Autoindustrie, die ganze Nutzfahrzeugindustrie, Anhänger, Aufbauten, Bosch, alle Zubehör- und Teilefirmen. Auch eine tolle Zeit.
Dort kam eine Präsidentin, mit ihr wollte ich nicht, sie wollte mit mir auch nicht, und so bin ich dann gegangen. Vorher waren aber zwei tolle Präsidenten da, Backsmann und Schönbeck.
Das ganze war von 1982 bis 1991. Wieder zehn Jahre. Und dann habe ich mit 58, als meine alten Freunde in Untertürkheim schon in den Ruhestand geschickt wurden, mit 59-er und dann 58-er Regelung, einen neuen Job gesucht und gefunden. Ich ging dann für GM Europe nach Brüssel. Gleicher Job, also Vorschriftenbeeinflussung, als Cheflobbyist für GM Europe, und habe die Marken Opel, Vauxhall und Saab in Brüssel vertreten.
Es haben ja alle großen Autofirmen in Brüssel ein Büro, auch einen Mr. VW gibt es in Brüssel. Ich war Mr. GM Europe oder Mr. Opel aus deutscher Sicht in Brüssel. Mr. Mercedes gibt es auch.

K: Das war dann 1992?

MT: Das war von 1992 bis 1999. Im Jahr 1999 war ich 65 Jahre alt, durfte also bis 65 arbeiten. Welch ein seltener Glücksfall, denn die letzten Jahre sind die schönsten im Beruf, man kann effektiver arbeiten, weil man weiß, wie es geht. Das machen Sie auch, Sie kennen schon ganz automatisch die Prioritäten. Die angesammelte Erfahrung beschert eine derartige Leichtigkeit der Arbeit, und diese Jahre von 59 bis 65, die möchte ich überhaupt nicht mehr missen. Und dann auch noch Brüssel. Schön gewohnt und so weiter.
Also, das war das und jetzt rentnere ich nur noch rum. Habe meine ganzen Wankelsachen in zwei Kisten gepackt und an einen Holländer überreicht, der eines Tages mit einem Ro 80 kam und in Brüssel dies bei mir für sein Archiv abholte. Lauter alte Unterlagen. Ich habe noch ein paar eigene Veröffentlichungen. Das habe ich behalten, Vorträge und so. Aber sonst bin ich alles los.

K: Jetzt können wir uns auf die Sache stürzen. Also bei Wankel in Lindau. Wo wollen wir anfangen – mit der Person Wankel? Bitte beschreiben Sie Ihre persönlichen Eindrücke von Wankel.

MT: Ich denke, Herr Eiermann weiß über Wankel eigentlich mehr als ich. Aber ich habe ihn natürlich auch jedes Jahr mindestens vier, fünf Mal gesehen. Erst war er öfter in Neckarsulm; zum Schluss war er fast gar nicht mehr dort. Aber wir waren immer in Lindau. Da waren immer Herr Eiermann und Herr Wankel und manchmal noch ein Dritter dabei. Dann gingen wir schön essen.

Wankel war ein sehr eitler Mensch, sehr pingelig in allem, gut angezogen, sehr gepflegt. Wenn ich ihn als Mensch beurteilen muss, war er eigentlich sehr arrogant, von sich unheimlich überzeugt.

Er hat ja mit den Dichtungen bereits im Krieg angefangen und kam dann mit seinem DKM – Vorschlag zu NSU. Und erst NSU sagte, das machen wir nicht. Wir halten das Gehäuse still außen, sonst haben wir zu viel Ärger und machen aus dem Drehkolben DKM einen Kreiskolben KKM. Und das hat er NSU sein Leben lang übel genommen, weil das eigentlich nicht mehr sein Motor war, nur noch die Geometrie war identisch.

Im Nachhinein muss man sagen, dass seine Haupterfindung – er hat ja zwei wesentliche Bereiche gemacht.... Die erste Frage war „Wie dichte ich einen bizarr geformten Brennraum ab?" Da gab es Dichtungen, Gasdichtungen. Das war dann diese Dichtleiste, der Dichtbolzen, die Seitenstreifen und so. Da kann man ja jede auch bizarre Form zusammensetzen und abdichten. Und das Zweite, was er machte, war die Systematik der Dreh- und Kreiskolbenmotoren, worüber er ja ein Buch schrieb. Das sind seine beiden großen Errungenschaften.

Er hatte, als die Lizenzen zu ihm geflossen waren und der Herr Hutzenlaub seinen fetten Teil kassiert hatte, dann nur noch nach seinen Freuden gelebt. Es waren keine lasziven Sünden, die er beging. Er war durch und durch Ingenieur. Er hatte einen präzisen Kopf und seine Freuden lagen darin, technisch etwas zu machen. Das ging dann bis zu seinem Zisch, das er ernsthaft „Volksboot" nannte, ein rundherum geschlossenes Boot, und diesen sonstigen Sachen, die er gemacht hat. Das war ja alles auf Deutsch gesagt „Furz und Feuerstein", pardon, ich war schon immer für meine klare Sprache bekannt. Da konnte nichts daraus werden. Er war aber wirklich davon überzeugt, es gibt ein Volksboot, weil das durch die Wellen durchschneiden können muss.

Es war im übrigen vertraglich vereinbart, dass Wankel seine Gelder wieder in die weitere Entwicklung und Forschung des Motors reinsteckt. Und mein Eindruck ist der, dass er seinen Part auf diesem Sektor nicht gut gespielt hat. Wie gesagt, er hat sein Geld hauptsächlich für Hobby-Projekte ausgegeben. Aber meistens hat er geschmollt, weil NSU noch nicht in Serie war. Und danach ging ihm Alles zu langsam.

Wie soll ich ihn noch beschreiben? Er lächelte viel, was sehr süffisant wirkte, was er, denke ich, aber wusste. Er war im Grunde ein „Self-made-Man". Er ist ja aus dem Nichts gekommen, hatte noch nicht mal etwas Gescheites gelernt. Ich weiß nicht, was er gelernt hatte, aber man merkte an allen Ecken und Enden, dass er theoretisch nicht gut drauf war. Er war nie auf der Hochschule, und da lernt man noch etwas Theorie.

Die Ingenieure von der Fachhochschule lernen ein bisschen mehr Praxis und weniger Theorie. Bei Wankel war die Theorie nicht so gut. Aber er hatte ein unheimliches Vorstellungsvermögen und wenn er sich etwas in den Kopf gesetzt hatte, dann hatte er es auch zu verwirklichen versucht. Er war ganz hartnäckig. Er war bestimmt insistent. Nachhaltig. Er war konsequent. Auf seine Weise hatte er seine Sachen zu Ende verfolgt.

Vielmehr kann ich zur Person Wankel nicht sagen. Was mir aber immer wieder einfällt: er hat uns die ersten Erdbeeren im Februar in Lindau serviert. Frisch eingeflogen aus Israel. Das machte er natürlich gerne. Er hatte Geld und er war in Lindau eine Persönlichkeit. Und er soll mit technischen Zeichnungen es nicht so genau genommen haben. Alles, was er hatte, war maximal eine Skizze. Manchmal sogar irgendwo auf einem Butterbrotpapier… Das war bei Froede aber ähnlich. Er hatte aber einen riesigen Apparat. Wir waren über 100 Personen.

K: Sie sagten vorher das mit dem Hutzenlaub, dass der seinen Teil hatte. Was war damals eigentlich die Abmachung?

MT: Das weiß ich nicht genau. Hutzenlaub war ja ein Erfinderförderer, und dafür kassierte er.
Ich habe zwar den technischen Erfahrungsaustausch gemacht, aber ich habe keinen einzigen Lizenzvertrag je in meinen Händen gehabt. Zuständig war seinerzeit unser Jurist, der Dr. Heck. Der Dr. Heck hat Lizenznehmer gesammelt, wie Briefmarkensammler Briefmarken sammeln. Er ist raus gefahren, teilweise mit Hutzenlaub zusammen. Sie haben Firmen besucht, auch wenn sie kein Interesse hatten. Um ihr Interesse zu erwecken und anschließend einen Lizenzvertrag zu unterzeichnen. Manchmal war bei den Lizenznehmern die Überraschung sehr groß. Dann hatten sie den Lizenzvertrag abgeschlossen. Und haben dann den ersten Versuchsmotor in Neckarsulm bekommen und dieser hielt dann nicht, was ihnen vom Juristen versprochen worden war.
Also gut, bei der ersten Testfahrt hielt der natürlich. Wir sind mit den Motoren ja auch vorher Testläufe gefahren. Aber wenn man sie nach zwei, drei, nach hundert Stunden zerlegt, dann muss man sie sich anschauen. Dann sieht man, was los ist. Ein Motor muss ja ein paar tausend Stunden halten. Da gab es Lizenznehmer, die hatten Tränen in den Augen gehabt, als sie die Wahrheit gesehen hatten. Später sind wir dazu übergegangen, dass ich auch zu den Interessenten fuhr. Da hat auch Dr. Froede darauf geachtet. Nicht zusammen, sondern wir haben separat auf der technischen Ebene vor Abschluss des Lizenzvertrages Gespräche geführt, damit sie eben auf jede ihrer technischen Fragen eine Antwort bekommen konnten. Wie der derzeitige Stand der Technik, Stand der Entwicklung ist, wie es so schön heißt. Damit es hinterher keine Überraschungen mehr geben konnte. Dann haben sie es nämlich gewusst.

K: Und mit wem wurden die Lizenzverträge geschlossen? Mit der NSU, mit Wankel oder dann später mit Hutzenlaub?

MT: Ich glaube, Wankel war immer dabei. Wankel, Hutzenlaub war immer mit dabei. Ich glaube, die Verträge wurden geschlossen zwischen Lizenzgeber NSU und Lizenznehmer.. Freilich war NSU der Lizenzgeber und Wankel war über seinen Vertrag mit NSU finanziell beteiligt.

Und später ist ja die ganze Geschichte an Lonrho gegangen. Lonrho hatte im Prinzip die Verträge von Wankel mit NSU gekauft.

NSU wurde dann – 1969 – Audi einverleibt. Da war ich noch dabei. Es war die längste Hauptversammlung in der Geschichte des deutschen Aktienrechts in der Heilbronner Stadthalle. Sie dauerte fast zwei Tage. Bis Dr. Prinz, damals verantwortlich für Beteiligungen bei VW, dann nachts die Kleinaktionäre beruhigte. Das war die Idee, neben den Aktien Genussscheine zu schaffen. Der Wankelbereich wurde abgespalten und man sagte, der Genussschein darf sich selber entwickeln – sein Wert wird kontinuierlich an der Börse festgestellt, was die kleinen Aktionäre beruhigte. Die dachten ja, mit ihrem Wankel-Genussschein ein Juwel zu besitzen. Und das war es natürlich nicht. Es war ein viel versprechendes Papier, aber Risiko behaftet.

K: Hatten Sie mal direkten Kontakt zu Curtiss Wright?

MT: Ja, sicher. Mit Dr. Max Bentele. Er war ein deutscher Erfinder, der es bei Curtiss Wright machte. Da war ich öfter.

... Es gab eigentlich keinen, den ich nicht besucht habe. Oft sogar in der DDR, weil die keine Ersatzteile hatten. Mussten wir ihnen aus dem Lager mitbringen. Versuchsteile, Lagerschalen, ganze Motorteile, Zündkerzen, meistens von BERU, weil der schneller war als Bosch. Privat hatte man immer Nylonhemden und Orangen im Gepäck.

K: Beschreiben Sie doch einmal den technischen Stand der Wankelmotoren aus Ihrer Sicht?

Zuerst war der Spider, dann kam der Ro 80. Der Felix Wankel hat natürlich auch einen Ro 80 gefahren.

Was er dazu sagte, weiß ich jetzt nicht. Es waren die blöden Ingenieure bei NSU, die dafür gesorgt haben, dass die Motoren dauernd kaputt gehen.

Der Motor war eigentlich gar nicht schlecht. Wir hatten nur den hohen Kaltverschleiß bei den Dichtleisten. Und wir haben die Entscheidung raus gegeben: „Alle Motoren, die beim Kunden einen Schaden haben, zurück ins Werk, diese werden zerlegt." Das war dann die so genannte „Leichenschau".

Wir gingen ein Mal die Woche dahin und dort waren alle Motoren, Dichtleisten vermessen, überall waren Zettel dran mit allen Maßen, Verschleiß etc. Und wir gingen dann von Motor zu Motor, der zerlegt war, und diskutierten alles. Daraus wurden dann die Konsequenzen gezogen. Das führte dazu, dass die Händler, was zunächst in unserem Sinne war, alles, was eine kleine Macke hatte, ausbauten und einsandten. Das war tödlich. Man hätte eigentlich eine Truppe haben müssen, die vor Ort viel von den Motoren versteht und dann anfängt, zu reparieren. Es gab eben einige Problembereiche, zu denen wir noch näher kommen können.

Das Tragische ist eigentlich, dass Wankels Werk – nämlich die Hälfte seiner Lebensarbeit mit dem Titel „Wie dichte ich einen bizarr geformten Brennraum gasdicht ab?" nicht richtig gelöst werden konnte. Da lag einer der Schwachpunkte des Motors. Ein systemimmanenter Schwachpunkt bis zum Schluss. Auch heute noch im Prinzip. Es macht ja nur noch Toyo Kogyo einen Wankelmotor im Auto. Man kann natürlich mit sehr viel Aufwand etwas dagegen tun. Aber der Aufwand... Der Hubkolben braucht nun mal weit weniger Aufwand.

K: Ob Wankel wohl sehr darunter gelitten hat, dass sich sein Motor nicht recht durchsetzen konnte?

MT: Da war er selber schuld. Er hätte viel mehr Einfluss nehmen können. Er hätte vieles selber machen können. Die Verbindungen selber halten können.
Es war selbst gewähltes Leid, meiner Meinung nach. Zum Beispiel hat er keinen ernsthaften Versuch gemacht, auf die Probleme eines Serienanlaufs einzugehen. Aber was will Wankel auch in einem Serienanlauf? – Das ist nicht sein Métier. Aber dann darf er Personen, die mehr verstehen als er, keine Vorwürfe machen. Wobei es nicht so ist, dass es mit Wankel dauernd Missstimmungen gegeben hätte. Er hat keine Mördergrube aus seinem Herzen gemacht, sondern alles ausgesprochen, was er dachte. Er war eigentlich rücksichtsvoll. Wir wussten ihn zu nehmen; haben uns aber unseren Teil dabei gedacht. Es war nie so, dass man ihm „in die Fresse hauen wollte". ... Als Mensch war er sehr gönnerhaft, nie geizig. Ich erinnere mich an ein Katzenheim, das er in Lindau gestiftet hatte. Um die 100.000 DM. Das war damals ein Vermögen. Aber das finde ich ganz gut. Wenn einer viel Geld und so eine Marotte hat, dann finde ich es ok.... Er hat halt technisch immer durchblicken lassen, dass alles seiner Ansicht nach nicht schnell genug geht.

K: Wankel und Diesel, geht das zusammen? Da wurde ja wohl ebenfalls viel geforscht und untersucht?

MT: Diesel ist sowieso eine doppelt so schwere Aufgabe wie ein Ottomotor.. Wenn man einen üblichen Ottomotor nicht oder nur mit Problemen schaffen kann, dann kann man einen Diesel erst recht nicht.
Die Probleme sind da viel schwieriger. Sie müssen die Wärme [Anm. des Verf.: schwer verständlich, evtl. Wärmung] raus bringen, das muss durch den Kolben hindurch, das Öl, vom Brennraum raus ins Wasser. Aber je kompakter und verdichteter der Motor, desto schwieriger wird es, die Wärme weg zu bringen. Bei hohem Druck steigt die Wärme an. Ein normaler Verbrennungsmotor, wenn er klingelt oder klopft, dann geht er nicht an dem Geräusch zu Grunde. Und auch nicht an den Schlägen von der Verbrennung, die man hört als Klingeln. Sondern, die Wärme, die Wärmedurchgangswerte, steigen durch das Klingeln. Und er überhitzt sofort. In diesem Zustand bringt er die Wärme nicht mehr weg. Und genau da muss man um den Diesel Angst haben. Deshalb hat Rolls Royce einen zweistufigen Diesel gemacht. Wenn Sie bei der Wankel-Brennraumform in einer Stufe eins zu zwanzig verdichten wollen, da bleibt überhaupt kein Brennraum mehr

über. Die Form wird immer ungünstiger. Deshalb haben sie vorverdichtet. Dann haben sie die Luft nach oben in die zweite Einheit geschoben. Dann fand dort die Verbrennung statt. Sehr komplexe Technik.

Was hat Rolls Royce reingesteckt in seinen Zwei-Stufen-Diesel. Das sind ja riesige Teile, die zusammengebaut wurden, dieses zwei-stufige Teil. Da kostete jeder Versuchsmotor ein Vermögen. Das Ganze war aber ein technischer Fehlschlag, und dann haben die auch noch die Rattermarken produziert. Das muss man mit Technologie machen, die existiert. Nachdem die Rattermarkengeschichte behoben ist. ...

K: Ist für Sie, sozusagen von der Ferne aus betrachtet, bei NSU und verbunden mit Audi und VW, die Wankelentwicklung sukzessiv eingeschlafen? Oder hatte das noch Bestandskraft, solange der Froede da war? Und mit dem Weggang von Froede ist es dann voll eingeschlafen?

MT: Nein, es war natürlich letztlich eine Managemententscheidung bei VW, dass das Ding aufgegeben wird. Und die Hintergründe dafür kenne ich nicht. Irgendwann hat man sich entschlossen, kein neues Auto mit einem Wankelmotor zu bauen. Das heißt zunächst, keinen neuen Motor zu entwickeln. Ich habe später – in meiner VDA-Zeit – die ganzen Vorstände kennen gelernt. Das waren die, die die Entscheidung gefällt haben. Nach Details habe ich sie nie gefragt. Das sind ihre eigenen Unternehmensgeheimnisse. Fiala, und wie sie alle heißen. Fiala war bei mir im Verband in Frankfurt mein Forschungschef, Chef meiner Forschungstochter. Wir waren ein Herz und eine Seele. Aber meine Wankelvergangenheit habe ich, nachdem ich da raus bin, beerdigt und habe da nicht mehr nachgefragt. ...

K: Ro 80 Frontantrieb und dann der Ro 70, später K 70, so kam eigentlich der VW zum Frontantrieb. Kann man das so sagen?

MT: Ich sage mal, der Frontantrieb lag Ende sechzig bei VW ohnehin in der Luft. Wenn es nicht der K 70 gewesen wäre, dieses Kuckucksei, was ihnen NSU ins Nest gelegt hatte, welches sie dann in Kassel gebaut haben, glaube ich, was zum ersten Mal ein anständiges Auto war, welches einen Kofferraum und Platz innen hatte, dann hätten sie auf einem anderen Wege auch zum Frontantrieb kommen müssen. Allein schon wegen des Käfers.

Wenn sie den Käfer mit dem NSU 1200er ersetzt hätten, hätten sie einen vernünftigen Kofferraum erstmals in ihrem Leben in einem Volksauto gehabt. Der NSU 1200er hatte zwar auch Heckantrieb. Aber das war ein schickes Auto. Hinten ein sehr übersichtlicher Motor. Da war lauter Luft drum herum. Man konnte da durchsehen. Nicht so zugebaut wie heute. Und vorne einen schönen Kofferraum. Da lief der Käfer noch, und lief. Das war wirklich ziemlich trostlos, dass die in Wolfsburg wegen des Erfolges des Käfers so lange nichts gemacht haben. Oder dann fast schon zu spät etwas gemacht haben.

K: Gab es im Zusammenhang mit dem Ro 80 und dem Vertrieb bzw. den Werkstätten nicht auch Defizite, die dann dazu führten, dass das Image des Fahrzeuges ins Straucheln geriet?

MT: Der Ro 80 war vom Verkauf her schon schwierig, denn die Ro 80 Kunden waren Selbständige, Architekten. Und sie sollten dann in die Werkstätten gehen, wo die Leute in Hosenträgern kleine NSU Prinz und NSU 1000er kaufen. Das ist natürlich Quatsch. Aber es gibt eine bestimmte Kundschaft, die bestimmte Autos kauft. Und dann kommt eine andere Klasse, die das doppelte Geld kostet, und die Leute wollen sie nicht. Man hätte den Vertrieb trennen müssen. Man hätte einen edlen Showroom daneben machen müssen. Wenigstens einen Rezeptionsbereich, wo sich diese Kunden wohl fühlen.
Wo sie sozusagen mit ihresgleichen gemeinsam Autos kaufen.

K: Es gibt eine Hypothese, dass es ein Kartell gegeben hat. Quasi ein Verhinderungskartell der Automobilindustrie gegen den Wankelmotor. Hubkolbenmotorkartell. Also primär politische, institutionelle Gründe für das Scheitern des Wankelmotors verantwortlich waren? Wie sehen Sie die Sache mit dem Hubkolbenmotorkartell?

MT: Also, das habe ich Ihnen schon am Telefon gesagt, dass das an einen groben Unfug grenzt. Ich weiß, nachdem ich zu Daimler gegangen bin, welche riesigen Anstrengungen Daimler noch in Sachen Wankel gemacht hatte. In den Jahren, in denen ich dann schon in Untertürkheim war. Der Herr Bensinger saß im fünften Stock und ich oben beim Vorstand. Und wir sahen uns ja immer noch in den Sitzungen. Ich wurde zu allen großen Sitzungen mitgenommen, damit ich rein in das Geschäft kam. Die haben riesige Anstrengungen gemacht.
  Wenn sie bei Daimler gekonnt hätten, dann hätten sie. Es war nur die gleiche Erkenntnis, die sich auch bei mir festsetzte: ‚Nein, das ist es halt nicht'. Das Geld ist besser investiert in den Hubkolbenmotor. Das ist vernünftiger und führt schneller zum Ziel. Und man kann daraus Geld machen.
  Allerdings: Von der Performance her; wenn Sie im Ro 80 nachts vier Stunden über die Autobahn gedüst sind, das war traumhaft. Er fuhr damals 180. Es war eine Traumgeschwindigkeit. Und das fuhr er mit so einer Leichtigkeit und diese Vibrationsarmut... sie stiegen aus wie halbtrunken. Es war regelrecht ein Glücksgefühl. ...
  Beim Wankelmotor kam quasi alles gleichzeitig. Ölverbrauch, Benzinverbrauch, Emissionen, Lebensdauer – es kam alles gleichzeitig.
  Der Motor hat einfach systemimmanente Nachteile. Ein Nachteil, der gerne übersehen wird, ist: das hier außen, ist der Brennraum. (Schilderung wird am Modell illustriert). Und das hier ist der so genannte Triebwerksraum. Der sitzt beim Hubkolbenmotor unten. Das ist die Exzenterwelle. Das ist bei meinem Hubkolbenmotor die Kurbelwelle hier unten. Hier die Exzenterwelle planscht auch im Öl. Denn der Kolben ist innen mit Öl gekühlt. Der Brennraum ist drum herum

gewickelt. Wenn Sie das Auto hinstellen, den Motor abstellen, dann läuft Ihnen das Öl dort irgendwo runter, und schon ist es im Brennraum, wenn Sie nichts dagegen unternehmen.

Die Öldichtung im Ro 80 war ein ganz teurer, aufwändig geformter Ring mit Viton, auch auf der anderen Seite. Die hatten vier von den Dingern.

Da kostete die Öldichtung für den Ro 80 (vorher war ja Vorentwicklung im Spider) ein Vielfaches vom Sechszylinder.

Das Ergebnis ist, wenn Sie montags morgens, wenn Sie nach dem Wochenende den Motor wieder anlassen, der am Wochenende nicht gelaufen ist, und ein Tropfen Öl in den Brennraum gelaufen ist, dann haben Sie einen Rauchpilz. Das nannten wir das „Montag-Morgen-Problem".

Dann hat er diesen thermisch sehr hoch belasteten Kolben, von allen Seiten ist er wärmebeaufschlagt und die Wärme muss man doch nach innen abführen. Der andere, der Hubkolben hat unten einen Topf, in den das Öl reinspritzt, und dann pantscht das heiße Öl wieder runter. Je mehr Dampf Sie geben, desto mehr spritzt das Öl. Den Motor müssen Sie durchpumpen. Richtig in die Ecken rein.

Dann hat der Wankel diesen ungünstigen, eigentlich blöden Brennraum. Das ist diese Brennraumsichel, das Gemisch muss durch die Mulde hindurch. Voreilende Mulde, nacheilende Mulde. Sie haben eine verzögerte Verbrennung, denn es ist wahrlich kein kompakter Brennraum.

Dichtleistenverschleiß war natürlich auch ein Thema. Dann ist hier das Thema der Seitenscheibe, die eine ziemlich große Fläche ist, auf welcher jetzt die Gasdichtungen seitlich rumeiern, wie auch die Öldichtungen, die etwas weiter innen sitzen. Und wir mussten die Dinger induktiv härten. Die ganze große Fläche. Machen Sie mal zunächst so ein Bauteil, welches ja absolut eben sein soll. Jetzt härten Sie es. Dann müssen Sie es noch mal schleifen, im gehärteten Zustand. Und dann geht es in den Motor, wo es ein paar Jahre bleibt. Auf der einen Seite wird es immer heiß. Auf der anderen bleibt es immer kalt. Der Motor ist ein Brennraum, der mal kalt, mal warm ist. Hier oben [Anm. des Verf.: zeigt wieder auf ein Modell] ist es immer warm und hier unten immer kalt. Diese ungleiche Wärmebeanspruchung, das sind alles Probleme, die man lösen kann.

Aber es kostete alles Geld. ...

Die Japaner waren technisch mit ihren Dichtleisten schnell weiter als NSU. Mit der Kohledichtleiste ging NSU einen ganz anderen Weg, und dann haben sie (die Japaner) nicht mehr präzise gesagt, wie sie ihre Kohledichtleisten herstellen. ... Ich glaube der erste Wankel von Mazda, damals Toyo Kogyo, hieß Cosmo. Als der Cosmo raus war und daneben der Spider, waren die beiden plötzlich Konkurrenten auf dem Markt. Und da funktionierte dieser Grundgedanke: Erfahrungsaustausch ist wunderbar – aber nur bis noch zu einem bestimmten Punkt. Dann versucht man irgendwo, die Sachen für sich zu behalten. Wir haben die Sachen der Japaner auf den Tisch gelegt und haben sie im Labor untersucht. Wir wussten genau, was drin war in deren Dichtleisten, aber nicht, wie man es rein bekommt und wie man es bearbeitet, das wussten wir nicht. Kam aber hinzu, dass wir zu der Zeit schon den Weg zur Metalldichtleiste gingen.

Und die haben das Bruchproblem der Kohle auf andere Weise gelöst und sind bei Kohle damals geblieben. Was sie heute machen, weiß ich übrigens nicht. Vermute aber, sie machen heute noch ihre Super-Kohle.

Dann haben sie als systemimmanenten Wankel-Nachteil noch den höheren Kraftstoffverbrauch. Den sie kaschieren können. Dieser wurde in Ro 80 kaschiert durch eine sehr windschlüpfige Karosserie. Der wurde im Cosmo durch ein kleines, leichtes, zweisitziges Sportauto kaschiert. Das kann man machen. Aber machen Sie mit dem Wankel eine Limousine oder einen Caravan, dann müssen Sie daran glauben.

Die signifikante Frage, die man heute stellen muss, ist nicht die Frage: „Warum sind die Japaner mit ihrem Sportwagen RX beim Wankel geblieben?" sondern „Warum hat sich dieser Motor nicht durch die ganze Palette ihrer Fahrzeuge durchgesetzt?". Die haben doch inzwischen längst zwei, drei Mal die Maschinen neu gekauft zur Fertigung ihrer Hubkolbenmotorenpalette. Das wären doch mehrere Gelegenheiten gewesen, auf Wankel-Fertigungsmaschinen umzustellen. Warum also nicht? Es kam der RX. Dann haben sie den Luce gemacht, ein etwas größeres Auto. Vielleicht etwas dem Ro 80 nachempfunden. Welchen sie dann wieder eingestellt haben. Und jetzt machen sie nur noch dieses kleine Sportwägelchen. Das ist ja auch richtig so. Es ist ein individueller Markt, kein Massenmarkt.

Warum hat sich der Wankelmotor in Masse nicht durchgesetzt? 1. Weil die technischen Probleme einfach so sind, dass am Ende ein Motor die „Haltbarkeit" in der breiten Serie nicht hat. 2. Die Fertigungskosten zu hoch sind. 3. Die Emmissionen viel Aufwand verlangen. 4. Der Kraftstoffverbrauch ein bisschen höher ist als bei anderen.

Der Hubkolben ist immer weiter entwickelt worden. Er ist jedes Jahr sparsamer geworden. Die fahren heute sagenhaft niedrige Verbräuche. Davon hätten wir damals träumen können. Das alles kam dem Wankel nicht zugute.

K: Würden Sie denn grundsätzlich technische Bereiche identifizieren können, in denen der Wankelmotor durchaus eine Zukunft hätte? In der Automobilindustrie?

MT: In der Automobilindustrie? Kaum. Es ist der schwierigste Anwendungsfall. LKW schon gar nicht. Leichte Dinger, wie Rasenmäher, Laubblasgeräte, also möglichst einfache Konstruktionen, bei denen die Laufzeiten auch nicht so wahnsinnig lang sind, da kommt es gar nicht darauf an.

Ich habe so ein Laubblasgerät, welches ich mir in Brüssel gekauft habe. Dann blase ich im Herbst ein bisschen. Habe vielleicht vier Mal geblasen. Vier Mal eine Stunde, sind vier Stunden, mal 10 Jahre, sind 40 Stunden Laufzeit. Oder 70 Stunden. Da ist alles egal. Der Verbrauch, die Emmission, alles ist egal.

In so einem Gartengerät ist der Wankelmotor wahrscheinlich ein bisschen teurer als die Konkurrenz. Dafür haben Sie aber einen vibrationsfreien Motor. Das hätte ja auch Vorteile im Segelflugzeug, als Hilfsmotor auch. Es gibt bestimmt Kunden, die einen kleinen Aufpreis zu zahlen bereit sind. Der Billigvarianten-

Käufer – Geiz ist geil – der kauft ihn natürlich nicht. Muss aber auch nicht sein, es gibt genug Andere.

K: Können Sie sich vorstellen, dass der Wankelmotor noch mal flächendeckend eingesetzt wird?

MT: Also, ich sehe keine Renaissance des Wankels. Ich würde es liebend gerne wünschen, aber ich sehe ihn nur in Sonderanwendungsfällen als gelungene und attraktive Alternative, wo man dann die Vorteile des Motors optimal nutzen kann.

Die „Cottbuser Studien zur Geschichte von Technik, Arbeit und Umwelt"

Angesichts des heutigen Diskussionsstandes sollte nicht eigens betont werden müssen, dass die Bereiche Technik, Arbeit und Umwelt in der historischen Darstellung – und nicht nur hier – untrennbar miteinander verbunden sind.
Die menschliche Arbeit bringt bestimmte Technikformen hervor und das jeweilige Techniksystem wiederum prägt Arbeitsverhältnisse und -bedingungen. Mit dem Mittelsystem der Technik nutzt der Mensch die naturgegebenen Ressourcen, und es sind nicht nur Kapital- und Arbeitseinsatz, die sich im fertigen Produkt widerspiegeln, sondern auch Naturvernutzung. Die Geschichte einer Produktion zu schreiben ohne diese Naturvernutzung zu berücksichtigen, entspricht nicht mehr dem heutigen Kenntnisstand.
Freilich müssen Technik, Arbeit und Umwelt unter vielerlei Konnotationen beschrieben werden: Ökonomische, politische, gesellschaftliche Bedingungen sind die wichtigsten davon, die anthropologische, humane Dimension nicht minder. Aber diese Ansätze sind bereits häufiger berücksichtigt worden, mitunter sind sie inzwischen Gegenstände eigener Disziplinen.
Die Reihe hat hingegen die enge Verknüpfung jener Bereiche, die herkömmlicherweise getrennt in den Subdisziplinen Technikgeschichte, Geschichte der Arbeit und Umweltgeschichte abgehandelt werden, zum Thema. Vorrangig sollen also Beiträge aufgenommen werden, die die Beschreibung und Analyse des Wechselspieles von Technik, Arbeit und Umwelt zum Gegenstand haben.

Da die Leistung einer Reihe immer als ein Gesamtes gesehen werden muss, soll dieses Kernanliegen jedoch keinen Ausschließlichkeitscharakter gewinnen: Studien zu den Teilbereichen, die Baustein zur Kenntnis jener Wechselbeziehungen sind, finden hier genauso ihren Platz. Ein Leitgedanke hat schließlich viele Facetten, die zu beleuchten sind.

Konkret sind es vor allem drei Typen von Literatur, die die Reihe prägen werden:
- Studien und Monographien,
- Tagungsbände sowie
- Aufsatz- und Textsammlungen.

Damit sollen sowohl neueste Ergebnisse der Forschung und Forschungsdiskussionen präsentiert, wie auch schwer beschaffbare Beiträge zu einzelnen Themen vorgelegt werden. Berichte aus der Forschung einerseits und Studienmaterialien andererseits will die Reihe damit vereinen.

Die Benennung als „Cottbuser Studien zur Geschichte von Technik, Arbeit und Umwelt" schließlich will keinesfalls eine lokale Eingrenzung andeuten, sondern den Impuls einer neugegründeten Universität im Titel widerspiegeln: Cottbus ist der Ort der Konzeption und Initiation der Reihe, Cottbus will sich als neuer Arbeits- und Denkort in den Diskurs einschalten und bietet mit der Reihe eine weitere Plattform. Mögen viele die Einladung annehmen und die Reihe zu einem offenen Forum mitgestalten!

Cottbuser Studien zur Geschichte von Technik, Arbeit und Umwelt

Herausgegeben von Günter Bayerl

BAND 1

Günter Bayerl, Norman Fuchsloch,
Torsten Meyer (Hrsg.)
UMWELTGESCHICHTE
Methoden, Themen, Potentiale
1996, 334 Seiten, br., 25,50 €, ISBN 3-89325-448-X

BAND 2

Burkhard Dietz, Michael Fessner,
Helmut Maier (Hrsg.)
TECHNISCHE INTELLIGENZ UND »KULTURFAKTOR TECHNIK«
Kulturvorstellungen von Technikern und Ingenieuren
zwischen Kaiserreich und
früher Bundesrepublik Deutschland
1996, 325 Seiten, br., 25,50 €, ISBN 3-89325-447-1

BAND 3

Stefan Poser
MUSEUM DER GEFAHREN
Die gesellschaftliche Bedeutung der Sicherheitstechnik
1998, 264 Seiten, br., 25,50 €, ISBN 3-89325-634-2

BAND 4

Bernd Herrmann
»NUN BLÜHT ES VON END' ZU END' ALL ÜBERALL«
Die Eindeichung des Nieder-Oderbruches 1747–1753.
Umweltgeschichtliche Materialien zum Wandel eines
Naturraums
1997, 238 Seiten, br., 25,50 €, ISBN 3-89325-499-4

BAND 5

Marcus Popplow
NEU, NÜTZLICH UND ERFINDUNGSREICH
Die Idealisierung von Technik in der frühen Neuzeit
1998, 220 Seiten, br., 25,50 €
ISBN 3-89325-604-0

BAND 6

Petra Clemens
DIE AUS DER TUCHBUDE
Alltag und Lebensgeschichten
Forster Textilarbeiterinnen
1998, 160 Seiten, br., 15,30 €, ISBN 3-89325-633-4

BAND 7

Günter Bayerl, Wolfhard Weber (Hrsg.)
SOZIALGESCHICHTE DER TECHNIK
Ulrich Troitzsch zum 60. Geburtstag
1997, 352 Seiten, br., 25,50 €, ISBN 3-89325-587-7

BAND 8

Gerhard A. Stadler, Anita Kuisle (Hrsg.)
TECHNIK ZWISCHEN AKZEPTANZ UND WIDERSTAND
Gesprächskreis Technikgeschichte 1982–1996
1999, 280 Seiten, br, 25,50 €, ISBN 3-89325-725-X

BAND 9

Günter Bayerl, Jürgen Beckmann (Hrsg.)
JOHANN BECKMANN (1739–1811)
Beiträge zu Leben, Werk und Wirkung des
Begründers der Allgemeinen Technologie
1999, 386 Seiten, br., 29,90 €, ISBN 3-89325-768-3

BAND 10

Hans-Peter Müller (Hrsg.)
SOZIALPOLITIK DER AUFKLÄRUNG
Johann Beckmann und die Folgen: Ansätze
moderner Sozialpolitik im 18. Jahrhundert
1999, 120 Seiten, br., 19,50 €, ISBN 3-89325-733-0

BAND 11

Peter-Michael Steinsiek
NACHHALTIGKEIT AUF ZEIT
Waldschutz im Westharz vor 1800
1999, 340 Seiten, br., 25,50 €, ISBN 3-89325-779-9

BAND 12

leider vergriffen

BAND 13

Ulrich Troitzsch (Hrsg.)
»NÜTZLICHE KÜNSTE«
Kultur- und Sozialgeschichte der Technik
im 18. Jahrhundert
1999, 284 Seiten, br., 25,50 €, ISBN 3-89325-817-5

BAND 14

Christoph Bernhardt (Hrsg.)
ENVIRONMENTAL PROBLEMS IN EUROPEAN CITIES IN 19TH AND 20TH CENTURY
Umweltprobleme in europäischen Städten des 19. und 20. Jahrhunderts
2. verb. Auflage 2004, 230 Seiten, br., 25,50 €, ISBN 3-89325-931-7

BAND 15

Wolfhard Weber, Lutz Engelskirchen
STREIT UM DIE TECHNIKGESCHICHTE IN DEUTSCHLAND 1945–1975
2000, 446 Seiten, br., 25,50 €, ISBN 3-89325-992-9

BAND 16

Astrid Segert, Irene Zierke
AUF DER SUCHE NACH EDEN
Die lebensreformerische Genossenschaft Eden an der Schwelle zum 21. Jahrhundert
2001, 284 Seiten, br., 19,50 €, ISBN 3-8309-1015-0

BAND 17

Gerhard Banse, Hans-Peter Müller (Hrsg.)
JOHANN BECKMANN UND DIE FOLGEN
Erfindungen – Versuch der historischen, theoretischen und empirischen Annäherung an einen vielschichtigen Begriff
2001, 298 Seiten, br., 25,50 €, ISBN 3-8309-1091-6

BAND 18

Reinhold Reith, Dorothea Schmidt (Hrsg.)
KLEINE BETRIEBE – ANGEPASSTE TECHNOLOGIE?
Hoffnungen, Erfahrungen und Ernüchterungen aus sozial- und technikhistorischer Sicht
2002, 168 Seiten, br., 7 Abb., 19,80 €, ISBN 3-8309-1176-9

BAND 19

Günter Bayerl, Dirk Maier (Hrsg.)
DIE NIEDERLAUSITZ VOM 18. JAHRHUNDERT BIS HEUTE: EINE GESTÖRTE KULTURLANDSCHAFT?
2002, 360 Seiten, br., zahlr. Abb., 25,50 €
ISBN 3-8309-1197-1

BAND 20

Susanne Köstering, Renate Rüb (Hrsg.)
MÜLL VON GESTERN?
Eine umweltgeschichtliche Erkundung in Berlin und Brandenburg
2003, 190 Seiten, br., 36 Abb., 19,90 €
ISBN 3-8309-1258-7

BAND 21

Reinhold Reith, Torsten Meyer (Hrsg.)
LUXUS UND KONSUM – EINE HISTORISCHE ANNÄHERUNG
2003, 256 Seiten, br., 25,50 €, ISBN 3-8309-1276-5

BAND 22

Günter Bayerl, Torsten Meyer (Hrsg.)
DIE VERÄNDERUNG DER KULTURLANDSCHAFT
Nutzungen – Sichtweisen – Planungen
2003, 352 Seiten, br., 25,50 €, ISBN 3-8309-1315-X

BAND 23

Lars Bluma, Karl Pichol, Wolfhard Weber (Hrsg.)
TECHNIKVERMITTLUNG UND TECHNIKPOPULARISIERUNG
Historische und didaktische Perspektiven
2004, 284 Seiten, br., 25,50 €, ISBN 3-8309-1361-3

BAND 24

Jan Ulrich Büttner
ASBEST IN DER VORMODERNE
Vom Mythos zur Wissenschaft
2004, 332 Seiten, br., 25,50 €, ISBN 3-8309-1402-4

BAND 25

Werner Lorenz, Torsten Meyer (Hrsg.)
TECHNIK UND VERANTWORTUNG IM NATIONALSOZIALISMUS
2004, 180 Seiten, br., zahlr. sw-Abb., 25,50 €
ISBN 3-8309-1407-5

BAND 26

Christina Brede
DAS INSTRUMENT DER SAUBERKEIT
Die Entwicklung der Massenproduktion von Feinseifen in Deutschland 1850 bis 2000
2005, 364 Seiten, br., 29,90 €, ISBN 3-8309-1439-3

BAND 27

Albrecht Kirsche
ZISTERZIENSER, GLASMACHER UND DRECHSLER
Glashütten in Erzgebirge und Vogtland und ihr Einfluss auf die Seiffener Holzkunst
2005, 254 S., br., zahlr. Abb., 25,50 €
ISBN 3-8309-1544-6